Beck'sche Reihe

BsR 1119

BsR

New Age und Esoterik haben Einzug in die Volkshochschulen gehalten; die einschlägigen Abteilungen sind in vielen Buchhandlungen die umfangreichsten. Die Zahl der Veröffentlichungen zu den unterschiedlichsten Arten von Parawissenschaften ist ebenso unüberschaubar wie die Menge der Workshops, die das Erlernen des Wünschelrutengehens, des Kartenlesens, des Erstellens von Horoskopen und vieles mehr im Schnellgang verheißen. Allen Parawissenschaften ist gemeinsam, daß sie sich nicht als Glaubenslehre verstehen, sondern sich auf ein begründbares Wissen berufen, das den empirischen Methoden der Schulwissenschaften „noch nicht" zugänglich sei – und darum ist in diesem Buch auch nicht von Glaubensinhalten oder Sekten die Rede, sondern von Disziplinen, die einen eigenen Geltungsanspruch neben oder alternativ zu den Schulwissenschaften stellen.

Das *Kleine Lexikon der Parawissenschaften* gibt einen Überblick über die wichtigsten Strömungen, die im deutschen Sprachraum gegenwärtig eine Rolle spielen. Wo ein Bereich Teil einer umfassenderen Disziplin ist, wird ein entsprechender Querverweis gegeben; das Stichwort Telepathie etwa verweist auf den Beitrag Parapsychologie. So ist das Kleine Lexikon eine übersichtliche Orientierungshilfe in der unüberschaubar erscheinenden Fülle parawissenschaftlicher Phänomene.

Gerald L. Eberlein, geb. 1930, Dr. phil., ist Professor für Soziologie an der Technischen Universität München (siehe Seite 183).

Kleines Lexikon der Parawissenschaften

Herausgegeben von Gerald L. Eberlein

Mit Beiträgen von

Eberhard Bauer, Hans-Dieter Betz, Gerald L. Eberlein, Suitbert Ertel, Helmut Gebelein, Erlendur Haraldsson, Joachim Hornung, Ilas Körner-Wellershaus, Anton Krammer, Susanne Lanwerd, Oskar Lockowandt, Walter v. Lucadou, Ulrich Magin, Alois Payer, Ingrid Scherff, Michael Schneider, Emi Speidel, Josef Sudbrack, Michael Terwey, Hartmut Zinser

VERLAG C.H.BECK

Die Deutsche Bibliothek – CIP-Einheitsaufnahme

Kleines Lexikon der Parawissenschaften / hrsg. von Gerald L. Eberlein. Mit Beitr. von Eberhard Bauer ... – München : Beck, 1995
(Beck'sche Reihe ; 1119)
ISBN 3 406 39219 9
NE: Eberlein, Gerald [Hrsg.]; Bauer, Eberhard; GT

Originalausgabe
ISBN 3 406 39219 9

Umschlagentwurf: Uwe Göbel, München

Satz und Druck: Presse-Druck- und Verlags-GmbH, Augsburg
Gedruckt auf säurefreiem,
aus chlorfrei gebleichtem Zellstoff hergestelltem Papier
Printed in Germany

Inhalt

Vorwort 7
Einleitung 9

Alchemie 12
Anomalistik 17
Anthroposophie 19
Astrologie 24
Atlantologie 36
Biorhythmus 44
Esoterik 49
Geheimwissenschaften 53
Geomantie 56
Graphologie 61
Harmonik 66
Homöopathie 70
I Ging 75
Kryptozoologie 79
Magie 85
Mystik 89
Morphische Felder 94
New Age 101
Okkultismus 106
Para-Gläubigkeit 112
Paraphysik 117
Parapsychologie 123
Parasoziologie 133
Prä-Astronautik 135
Prophetie 143
Radiästhesie 150
Reinkarnation 157
Tarot 164
Ufologie 169
Wunder 177

Die Autorinnen und Autoren 183

Vorwort

Astrologie an Volkshochschulen, mehr Besucher spiritistischer Zirkel als von Gottesdiensten, Esoterik als umfangreichste Abteilung in Buchhandlungen, sechs ständig das UFO-Thema behandelnde deutschsprachige Zeitschriften, Studienzirkel für Weltuntergangsprophezeiungen, mit Okkultpraktiken experimentierende Schüler – ein naturwissenschaftlicher Kenntnisstand, der die berühmte, auf dem Wasser schwimmende Nähnadel nicht durch dessen Oberflächenspannung physikalisch, sondern durch PSI „paraphysikalisch" erklären zu müssen glaubt. Überall wird das Fehlen schulwissenschaftlicher Informierung überdeutlich.

Das vorliegende *Kleine Lexikon der Parawissenschaften* versucht als „Minimalenzyklopädie" eine erste Orientierung anzubieten. Auf vieles Dazugehörige mußte verzichtet werden: Parawissenschaftliche Bestandteile alter und neuer Religionen konnten (abgesehen von →Mystik) ebensowenig berücksichtigt werden wie alte und neue philosophische, besonders gnostische Strömungen, sieht man von Neupythagorismus (→Harmonik) ab. Ebensowenig konnten Psychagogien und das Panorama international verbreiteter Geheimlehren, z.B. Theosophie, Eingang finden.

So bleibt eine Auswahl von Disziplinen, die gegenüber den Schulwissenschaften einen konkurrierenden oder gar alternativen Geltungsanspruch erheben und die im deutschen Sprachraum gegenwärtig Gewicht haben. Das gilt für →Anthroposophie ebenso wie für →Geomantie, für →I Ging und Sheldrakes →Morphische Resonanztheorie, natürlich auch für →Parapsychologie, Dänikens →Prä-Astronautik, →Radiästhesie und →Reinkarnationsforschung.

Hingegen wurden an Universitäten vertretene umstrittene und randständige Disziplinen, z.B. Sterbensforschung, nicht aufgenommen. Thanatologie arbeitet überdisziplinär und streng empirisch, um den Sterbensprozeß aufzuhellen. Im Gegensatz zu älteren Nachschlagewerken und Enzyklopädien, die fast nur ideengeschichtlich vorgehen, schreiben die Autoren des *Kleinen Lexikons* von einer empirisch-analytischen Position, wie sie in den zeitgenössischen Erfahrungswissenschaften international üblich ist. Der Leser findet dadurch erstmals Parawissenschaften so dargestellt und kritisch bewertet, wie es auch bei Schulwissenschaften selbstverständlich ist.

Autoren und Herausgeber haben sich der leichteren Erreichbarkeit halber überwiegend auf deutschsprachige Literatur zur Vertiefung der Stichwörter beschränkt.

Ein Nachschlagewerk entsteht aus langjähriger Beschäftigung mit der und vielfacher Diskussion über die dargebotene Thematik. So müßte ich einer unübersehbaren Zahl von Menschen für viele fruchtbare Gespräche, Hinweise und Ratschläge danken. Stellvertretend will ich mich auf wenige Namen beschränken. Neben den Autoren seien genannt: die Freunde und Kollegen G. und A. Bauermeister; C. Gaedemann, München; R. Henke, Sandhausen; die Freunde und Kollegen W. und E. Leinfellner, Wien; A. Resch, Innsbruck; den Herren G. Schiwy und D. Beisel vom Verlag C. H. Beck, die geduldig das Buch gefördert haben. Last, but not least bin ich meiner Frau Petra sehr zu Dank verpflichtet: Als „Testpublikum" hat sie mit nie nachlassender Skepsis und scharfsinniger Kritik die Auseinandersetzung mit einem so sumpfigen Forschungsgebiet begleitet, wo bloße Zustimmung leicht in die Irre geführt hätte.

Da die Unzahl paramedizinischer, sogenannter außerschulgemäßer Heilmethoden ein eigenes Lexikon erfordern würde, wurde hier nur →Homöopathie als ein Beispiel aufgenommen.

Selbstverständlich durften bei 20 Angehörigen von über einem Dutzend Disziplinen weder Deckungsgleichheit ihrer wissenschaftlichen Meinung noch stilistische Konformität erwartet werden.

Für konstruktive Kritik und Hinweise sind Herausgeber und Verlag dankbar.

München, Frühjahr 1995 *Gerald L. Eberlein*

Einleitung

Der Begriff *Parawissenschaft* ist jüngsten Datums und stammt aus der internationalen Wissenschaftsforschung. Neben den an Hochschulen, Akademien, Forschungsinstituten usw. verankerten Schulwissenschaften existieren in allen modernisierten, pluralistischen Gesellschaften sogenannte Parawissenschaften als Subkultur. Sie treten mit konkurrierendem oder gar alternativem Anspruch den Schulwissenschaften gegenüber, die ja weder alleingültiger Erkenntnisweg sind noch absolute Wahrheit ihrer Einsichten behaupten können. Demgegenüber fordern Parawissenschaftler ein bekennerisches Engagement; sie behaupten, ihr Objekt existiere mit absoluter Sicherheit, beanspruchen eigene Verfahren und Forschungsansätze (Horoskopstellen, Pendeln, spiritistische Sitzungen). Hochschulwissenschaften orientieren sich an anderen Forschungskriterien als Parawissenschaften: *Elementarismus,* also analytische Zerlegung; *Kausalismus,* d.h. „harte", deterministische, zumindest aber statistische Zusammenhänge zwischen Ursache und Wirkung; *Naturalismus,* alleiniges Zulassen natürlicher, „diesseitiger" Erklärungen; ferner *Szientismus,* wissenschaftliche Erkenntnis als Selbstzweck zumindest der Grundlagenforschung; *Methodismus,* nämlich objektivierende Forschungslogik als Eigenwert, und *Technizismus,* die Anwendung hochdifferenzierter Forschungstechniken als Vor-Bedingung. Absicht der Schulwissenschaften ist wertfreie *Information,* auf die Humanwelt angewandt das Modell des „aufgeklärten Menschen". Oberste Zielsetzung ist grenzenlose, stetig fortschreitende Aufklärung.

Sagte man früher, jenseits der Grenzen institutionalisierter Wissenschaften beginne der →Okkultismus (H. Miers), so kann man heute ebensogut sagen, Schulwissenschaft schiebe ihre Forschungsgrenzen ständig weiter in den parawissenschaftlichen Bereich vor. Zu deren Forschungskriterien gehören: *Holismus,* also ganzheitlicher Zusammenhang der Erscheinungen; *Analogik,* d.h. Entsprechungsdenken, in der Astrologie etwa „wie oben, so unten"; *Esoterismus* als Inbegriff von Geheimlehren (→Esoterik) und Geheimwissen (→Geheimwissenschaften); *metaphysisch-mystisches*

Denken, besonders in spekulativer Gestalt; *Subjektivismus*, nämlich Einfühlung und persönliche Deutung, endlich *Krypturgie*, worunter das Wirken geheimer Kräfte zu verstehen ist. Parawissenschaftliches Welt- und Menschenbild zielen auf das empirisch allein unerkennbare, verborgene Wesen von Kosmos und Mensch. Gegenüber Information steht hier *Initiation*, wodurch der Para-Anhänger als Adept in geheimes Wissen eingeführt wird. Nicht Aufklärung, sondern Erleuchtung wird von Parawissenschaften gesucht.

Als exemplarisches Leitbild moderner Natur- und Humanwissenschaften gilt heute das *empirisch-analytische Paradigma*. Der Forscher stellt Fragen an die Natur- oder Sozialwelt, die in Gestalt erfahrungswissenschaftlich prüfbarer Hypothesen eine empirische, idealerweise quantifizierbare Antwort erhalten. Ergebnisse solcher im weitesten Sinne zu verstehenden Experimente werden mittels logischer Instrumentarien eindeutig formuliert, verallgemeinert und in bereits bestätigte Theorien eingebaut. Der Schulwissenschaftler geht z.T. unbefragt von dieser „Orthodoxie“, d.h. diesen aus Kollegenkonsens gebildeten Grundannahmen, aus. Alle nicht universitären Disziplinen, die weder historisch noch empirisch-analytisch vorgehen, bezeichnet er als *Pseudo*wissenschaft. Fraglos sind also Parawissenschaften für institutionalisierte Forscher Pseudowissenschaft.

Der Leser kann das *Kleine Lexikon* als „Minimal-Enzyklopädie“ nicht anerkannter Wissenschaften alphabetisch lesen. Er ist aber eingeladen, sich auch ganz andere Wege zu suchen. Der Blick auf alternative Parawissenschaften der Natur erfaßt →Alchemie, →Atlantologie, →Geomantie, →Harmonik, →Kryptozoologie, →Paraphysik, →Prä-Astronautik und →Radiästhesie. Paradisziplinen der Humanwelt wären etwa →Anthroposophie, →Astrologie, →Biorhythmik, →Graphologie, →Homöopathie, →Parapsychologie, →Parasoziologie, →Reinkarnationsforschung. Eine eher systematische Umschau könnte von →Esoterik, →Geheimwissenschaften, →Para-Gläubigkeit, →Harmonik über →Magie, →Morphische Resonanztheorie, →Mystik zu →Okkultismus, →Prophetie und →Theorie der Wunder führen.

Der Herausgeber hat dies Lexikon deswegen erarbeitet, weil er selbst ein solches Buch vergeblich gesucht hat. Die vorliegende Darstellung der Parawissenschaften ist weder von blinder Akzeptanz noch von negierender „Wegerklärung“ geleitet, vielmehr von einer Position der →Anomalistik. Ihr zufolge sind ungewöhnliche Phänomene möglichst vorurteilsfrei zu erforschen.

Literatur:

R. Cavendish (Hrsg.), Encyclopedia of the Unexplained. Magic, Occultism and Parapsychology, London 1974; G. Eberlein, Menschenbilder im Paradigmenwandel: Hochschul- gegen Parawissenschaften, in: K. Weis (Hrsg.), Bilder vom Menschen in Wissenschaft, Technik und Religion, München 1993; G. Eberlein (Hrsg.), Schulwissenschaft, Parawissenschaft, Pseudowissenschaft, Stuttgart 1991; F. Hitching, Die letzten Rätsel unserer Welt, Frankfurt 1989; H. Miers, Lexikon des Geheimwissens, München 1976.

Gerald L. Eberlein

Alchemie

Der Name Alchemie wurde im mittelalterlichen Europa etwa ab dem 12. Jahrhundert einem Wissensgebäude gegeben, das sich mit der Entdeckung der Gesetze des Kosmos und der Natur beschäftigte und diese zum Besten der Menschen nutzen wollte. In dieser Absicht findet sich von alters her eine Verbindung zur Astrologie. Beide Wissensgebäude teilen den Glauben, daß die Prozesse, die der Mensch am Himmel und auf der Erde beobachten kann, richtig verstanden, den Willen des Schöpfers offenbaren.

Das Wort Alchemie ist aus dem Arabischen abgeleitet, die Vorsilbe Al ist ein arabischer Artikel, doch ist die Herkunft der Silbe „Chem" noch immer unklar. Möglicherweise stammt es aus dem Koptischen; in dieser Sprache bezeichnete „kemi" das Land Ägypten bzw. eine schwarze Erde, wie sie im fruchtbaren Niltal vorkommt. Diese Ableitung könnte erklären, daß die Alchemie auch als schwarze oder ägyptische Kunst bezeichnet wird. „Chem" könnte auch auf das griechische „Chymos", Flüssigkeit oder Saft einer Pflanze, zurückgehen; damit wird auf praktische Tätigkeiten hingewiesen, denn eine der Aufgaben der Alchemie war seit alters her die Bereitung von Arzneimitteln und Drogen u.a. aus Pflanzen. Es gibt aber noch andere Ableitungen der Silbe „Chem". Auf eine aus *Zedlers Universallexikon aller Wissenschaften und Künste* (18. Jahrhundert) möchte ich noch hinweisen. Dort finden wir, Alchemia stamme vom Arabischen Al und Chama, das bedeute, durch das Feuer erforscht. Dieser Deutung würden die meisten Alchemisten wohl am ehesten zustimmen. So finden wir z.B. bei Paracelsus im Buch *Paramirum:* „Ohne Anwendung des Feuers kann man über die Qualitäten der Substanzen noch keinerlei Aussagen machen. Das Feuer erprobt alle Dinge. Wenn also das Unreine entfernt wird, sind drei Substanzen übrig." Und ebenfalls im Buch *Paramirum:* „Durch das Feuer wächst der Arzt ... Darum lerne die Alchemie oder Spagyrie."

Die meisten Menschen werden bei dem Wort Alchemie allerdings an die Geschichten von Scharlatanen denken, die vorgaben, aus unedlen Metallen, z.B. Blei oder Quecksilber, Gold machen zu können. Wenn einer von ihnen Glück hatte, so fand er immerhin Porzellan, wie Johann Friedrich Böttiger; hatte er dieses Glück nicht und wurde als Betrüger entlarvt, so wurde er schwer bestraft, häufig sogar mit dem Tod durch Hängen.

Tatsächlich war die Alchemie ein völlig anderes System der Naturerklärung als unsere heutigen Naturwissenschaften. Dieses System, das auch als „Hermetische Philosophie" bezeichnet wurde – ein Begriff, der in der europäischen Kulturgeschichte synonym ist mit dem Begriff „Alchemie" –, zeichnet sich durch zwei wesentliche Grundannahmen aus, die in unseren modernen Naturwissenschaften nicht mehr gelten. Die Alchemie war eine „ganzheitliche Wissenschaft", sie umfaßte Kunst, Medizin, Religion, Wissenschaft etc. Das Symbol dieser Ganzheitlichkeit ist der Ouroboros, die Schlange oder der Drache, die sich in den eigenen Schwanz beißen. Gleichzeitig ist der Ouroboros aber auch ein Symbol der ewigen Wiederkehr.

Die Alchemie war im frühen Mittelalter eine Art Universalwissenschaft. Auch wenn diese „Wissenschaft" auf Annahmen basierte, die in den modernen Naturwissenschaften nicht mehr gelten, war sie in sich durchaus rational. Anders wäre auch nicht zu verstehen, daß sich die klügsten und belesensten Männer der Zeit, so Albertus Magnus, Roger Bacon, Nicolaus von Cues, um nur einige von ihnen zu nennen, mit ihr befaßten. Die Ganzheitlichkeit bedeutete auch, daß in diesem Modell der Naturerklärung moralisch-ethische Kategorien genauso wie ästhetische Kategorien ihren Platz hatten. Dies ist einer der Gründe dafür, daß die Alchemisten selbst ihre Wissenschaft als Kunst bezeichneten. Diese ganzheitliche Wissenschaft ging durch die Trennung in die Bereiche Naturwissenschaften, Human- oder Geisteswissenschaften, Kunst, Medizin, Religion etc. verloren.

Der zweite Punkt, der die Alchemie von der Naturwissenschaft unterscheidet, ist der Umgang mit der Natur. Die Alchemie folgt der Natur, orientiert sich an der Natur, während die Naturwissenschaften die Natur unterwerfen. Nicht mehr die Beeinflussung der Natur durch Anpassung, wie in der Alchemie, sondern die Unterwerfung der Natur durch Arbeit ist nunmehr das Programm. Beeinflussung der Natur bedeutet, daß Analogien zwischen verschiedenen Ebenen angenommen werden. So werden Zuordnungen zwischen Planeten, Mineralien, Tieren, Pflanzen, Körperteilen und Krankheiten postuliert.

Bis ins 18. Jahrhundert hinein galt Alchemie als die älteste Wissenschaft – eine Wissenschaft, die schon Adam im Paradies von

Gott gegeben worden war, deren Kenntnisse aber durch die Sündhaftigkeit der Menschen in der Sintflut verlorengegangen seien. Nur ein geringer Teil des früheren großen Wissens sei über die Sintflut hinaus gerettet worden, dieser kleine Teil des Wissens sei in der Alchemie überliefert worden. Diese Auffassung vertrat Isaac Newton, und sie war der Anlaß für seine lebenslange Beschäftigung mit der Alchemie. Noch in der ersten Geschichte der Alchemie des anerkannten Historikers Nicolas Lenglet de Fresnoy, die 1742 in Paris erschien und interessanterweise *Geschichte der hermetischen Philosophie* hieß, findet sich diese Vorstellung.

Das Hauptziel der alchemistischen Arbeit war und ist das „Große Werk", die Herstellung des Steins der Weisen oder des Steins der Philosophen *(Lapis philosophorum)*, der in den Schriften mit den verschiedensten Decknamen bezeichnet wird. Der Stein der Weisen soll die Eigenschaft besitzen, unedle Metalle in Gold verwandeln zu können. Dabei ist er kein Stein, wie uns diejenigen mitteilen, die angeben, ihn besessen zu haben, sondern ein rotes oder gelbes Pulver, das Pulver der Projektion. Dieses Pulver widersteht dem Feuer wie ein Stein, daher wird es ein Stein genannt, erfahren wir von Antoine-Joseph Pernety (1716–1801). Wird dieses Pulver auf die Schmelze eines unedlen Metalls gegeben, „projiziert", so erhält man Gold. Natürlich ist das „Große Werk" sehr schwierig und zeitaufwendig. Meist wird ein Prozeß in sieben oder zwölf Stufen genannt. Sind es sieben, so sind die Stufen mit den sieben klassischen Planeten verbunden; sind es zwölf, so sind die Stufen mit den Tierkreiszeichen verbunden.

Uns, versehen mit den Kenntnissen der Chemie der Elemente, erscheint die Vorstellung unsinnig, Gold sei aus unedlen Metallen durch eine chemische Reaktion, eine Reaktion bei niedriger Energie, herstellbar. Die Alchemie und deren grundlegende Vorstellungen können folglich nur eigenartige Verirrungen der Wissenschaftsgeschichte sein. Nur mit Hilfe von Reaktionen des Atomkerns, also Reaktionen, die bei hoher Energie ablaufen, können wir inzwischen solche Elementumwandlungen akzeptieren. Und so ist Gold als Produkt einer Kernreaktion auch dargestellt worden. Dieses Verfahren führt zu radioaktivem, also unbeständigem Gold und ist nebenbei auch noch sehr teuer.

Bis ins 18. Jahrhundert allerdings war der Elementbegriff anders definiert. Elemente waren nicht die chemisch nicht mehr zerlegbaren Stoffe, die wir im Periodensystem der Elemente aufgeführt finden, sondern die vier klassischen Elemente Wasser, Feuer, Luft und Erde. Die Transmutation eines unedlen Metalls in Gold war eine „einfache“ Stoffumwandlung. Einig war man sich allerdings darüber, daß diese Stoffumwandlung ein komplizierter und langwieriger Prozeß ist.

Der Stein der Weisen konnte aber nicht nur die Transmutation der unedlen Metalle zu Gold leisten; er galt auch als Universalelixier, als ein Mittel, vollkommene Gesundheit zu geben und das Leben zu verlängern bzw. die Menschen zu verjüngen. Die Idee der Verjüngung ergab sich aus der Beobachtung der Tiere. Schon im Gilgamesch-Epos können wir lesen, daß sich die Schlangen durch das Abstreifen der Haut verjüngen. Und was macht eigentlich ein Schönheitschirurg anderes, wenn er die Haut strafft? Auch hier erweckt er durch die faltenfreie Haut den Anschein der Jugendlichkeit, also einer Verjüngung. In der chinesischen und indischen Alchemie stand dieser medizinische Aspekt im Vordergrund der Arbeit, in der europäischen Alchemie, besonders in ihrer Spätzeit, dagegen war es die Erlangung materiellen Reichtums durch Gold.

Nach Ansicht der Alchemisten strebt alles in der Natur nach Vervollkommnung. Alle Metalle werden im Laufe der Zeit zu Gold werden. Der Alchemist beschleunigt nur diesen Vorgang. Der Stein der Weisen, der die noch unvollkommenen Metalle, die krank sind – sie werden die „leprösen Metalle“ genannt –, heilen kann, kann auch den Menschen heilen.

Schon bei Paracelsus ist zu lesen, daß alle Dinge aus drei Substanzen bestehen. Gold war für die Alchemisten deshalb so interessant, weil dieses Metall zu gleichen Teilen aus den drei Substanzen oder Prinzipien der Alchemie, aus Sulfur, Merkur und Sal, bestehen soll und es daher das vollkommenste Metall sei. Dabei entsprechen diese Prinzipien nicht den Stoffen, die die Chemiker Quecksilber, Schwefel oder Salz nennen, sie stellen Prinzipien dar, die durch diese Stoffe nur relativ gut repräsentiert werden.

Die Welt ist unvollkommen, da sie den Sündenfall mitgemacht hat. Der Mensch, der Mikrokosmos, ist durch den Opfertod Christi erlöst worden, die Erlösung der Welt, des Makrokosmos, ist noch zu leisten. Das Mittel, das dies bewirken kann, ist der Stein der Weisen, der *Lapis philosophorum.* Der Tiefenpsychologe C. G. Jung hat auf diese Christus-Lapis-Parallele hingewiesen.

Die alchemistischen Texte sind schwer verständlich; sie waren keine einfachen Laborvorschriften wie die der heutigen Chemiker, obwohl auch sie eine „Geheimsprache“ benutzen, in die man im Laufe des Studiums eingewiesen bzw. eingeweiht werden muß. Die Texte sind zumindest auf drei Ebenen zu interpretieren, die den drei Prinzipien Merkur, Sulfur und Sal entsprechen.

Dem Merkur entspricht eine tiefenpsychologische Interpretation: der Gott Merkur oder Hermes ist der Seelenführer, der Mittler zwischen Ober- und Unterwelt. Bilder und Symbole aus dem Unbewußten finden sich in den Schriften, diesen Aspekt hat besonders C. G. Jung herausgearbeitet. Dem Sulfur entspricht eine hermetisch-religiöse Komponente. Dies führt zur mystischen Schau Gottes, zu einer spirituellen Alchemie. Jakob Böhme hat die alchemistische Terminologie in seinen Werken in dieser Weise verwendet. Dem Sal entsprechen die Laborvorschriften, die aus den Texten entnommen werden können.

Die Alchemie ist nicht tot. Weiterhin wird spirituelle Alchemie betrieben. Archetypische Bilder – wie Jung es nannte – aus der Alchemie haben noch immer eine Wirkung auf die Menschen, daher finden sie sich bis in die Werbung hinein. Und auch auf der Suche nach dem Stein der Weisen arbeiten weiterhin moderne Alchemisten und hoffen, das Lebenselixier zu finden oder die Transmutation zu Gold zu erreichen. Das Hauptgebiet jedoch, das überlebt hat, ist die Herstellung von Heilmitteln. In der Nachfolge von Paracelsus, der für die Herstellung von Heilmitteln den Begriff „Spagyrik“ geprägt hat, gibt es weiterhin Firmen, die solche Mittel herstellen – Mittel, die nach Aussagen von Ärzten, die damit arbeiten, sehr wirkungsvoll sind.

Da die Alchemie natürlich keine Wissenschaft im Sinne der heutigen Wissenschaften ist, ist die Zukunft der spagyrischen Heilmittel allerdings ungewiß, sie sind in Gefahr, als unwirksam verboten zu werden. Damit würden Prinzipien, die sich jahrhundertelang als wirksam erwiesen haben, verboten, weil sie nicht den gerade gültigen Paradigmen der Wissenschaft entsprechen.

Literatur:

A. v. Bernus, Alchymie und Heilkunst, Nürnberg 1981; T. Burckhardt, Alchemie, Sinn und Weltbild, Olten/Freiburg 1960, Andechs 1992; M. Eliade, Schmiede und Alchemisten, Stuttgart 1980; H. Gebelein, Alchemie, München 1991; C. G. Jung, Psychologie und Alchemie, Freiburg 1975; M. Junious, Praktisches Handbuch der Pflanzen-Alchemie, Interlaken 1982; J. v. Lennep, Alchimie,

Brüssel 1985; E. O. v. Lippmann, Entstehung und Ausbreitung der Alchemie, Hildesheim 1978; K. Chr. Schmieder, Geschichte der Alchemie, Halle 1832, Langen 1987. *H. Gebelein*

Anomalistik

Die parawissenschaftliche (Schulwissenschaftler: pseudowissenschaftliche) Hochflut in den Medien führte 1976 in USA zur Gründung des *Committee for the Investigation of the Paranormal* (CSICOP), das die weithin beachtete Zeitschrift *The Skeptical Inquirer* (Auflage: ca. 40 000) herausgibt und mit Ablegern in zahlreichen Ländern vertreten ist. CSICOP will eine breite Öffentlichkeit davon überzeugen, daß parawissenschaftliche Ansprüche in der Regel auf Irrtümern, Fehlinterpretationen, unzulässigen Verallgemeinerungen, ja Betrug beruhen. Diese Grundtendenz trifft sicher häufig zu, und die Aufgabe wissenschaftlicher Klärung para- oder pseudowissenschaftlicher Behauptungen ist zweifellos berechtigt (v. Randow 1993). CSICOP und seine deutsche Gründung, die *Gesellschaft zur wissenschaftlichen Untersuchung der Parawissenschaften* (GWUP), bestehen nicht nur aus Wissenschaftlern, sondern vielfach aus wissenschaftsnahen Persönlichkeiten, die aber nicht selbst „Forschung als Beruf" ausüben. Diese weltweit organisierten Skeptiker urteilen also nach dem Stande herkömmlicher Fachmeinungen, nicht unbedingt nach neuesten, vor allem auf spezifische Grenzprobleme orientierten Forschungsergebnissen. Als Kern- und Reizthemen erwiesen sich bald →Astrologie und →Parapsychologie: Empirische Ergebnisse kritischer Parapsychologen und psychologischer Astrologieforscher wurden von CSICOP teilweise nicht leidenschaftslos untersucht, sondern an jahrelang tagende Unterkomitees verwiesen, so daß Beobachter meinten, die unbequemen Resultate sollten „unter den Teppich gekehrt" werden. Seitdem hat sich in USA wie Europa der Eindruck gefestigt, daß es organisierten Skeptikern in erster Linie um eine aggressive „Entlarvungsstrategie" gehe, um all das auszuschließen, was nicht in das wohlgefügte Weltbild traditioneller Schulwissenschaften passen will.

Schon 1978 gründeten pragmatische CSICOP-Mitglieder den *Zetetic Scholar*, worin eine unreglementierte, offene Diskussion kontroverser parawissenschaftlicher Forschungsergebnisse stattfand. Sein Gründer M. Truzzi betonte, echte Skepsis bedeute zwar, nicht alles zu glauben; hingegen verstehe CSICOP Skepsis eher als generelle „Ungläubigkeit“ allem Unbekannten gegenüber und äußere weit mehr schnelle Antworten als bedächtige Fragen.

1981 schließlich ergriff eine naturwissenschaftliche Forschergruppe neue Initiativen, um anomale Phänomene zu untersuchen, die nicht in festgefügte Fächergrenzen der Universitäten fallen, mit der Verständigung: „Wissenschaft ist der Prozeß, einen rationalen Konsens auf der Basis objektiver Daten und Analysen aufzubauen.“ So entstand die *Society for Scientific Exploration,* die ein Informationsblatt *The Explorer,* seit 1987 das *Journal of Scientific Exploration* veröffentlicht. Anlaß war die fachwissenschaftlich ausstehende Auseinandersetzung mit dem UFO-Problem →Ufologie, und es waren damals überwiegend Astronomen und Astrophysiker, die eine Forschungslücke anmahnten.

Die Anomalisten verwenden bewußt nicht den Begriff „Parawissenschaft“; sie beschäftigen sich mit Sachverhalten, die aus dem Rahmen des Üblichen fallen, die Stolpersteine auf dem Weg der Hochschulwissenschaften darstellen, weil sie in keine existierende Theorie passen oder keiner fertigen Methodik zugänglich scheinen. Pragmatisch ist deshalb von *Anomalistik (Anomalistics)* die Rede. Die internationale Vereinigung der Anomalisten besteht nur aus Hochschulwissenschaftlern, tagt jährlich in Nordamerika und hält neuerdings im Zweijahresturnus auch „Euro-Meetings“ ab.

Einem „Positionspapier“ (1993) ist zu entnehmen, daß die *Society* sich als professionelles Forum für Probleme versteht, die von den Schulwissenschaften ignoriert oder vernachlässigt werden. Auch sollen wissenschaftstheoretische und soziologische Hemmnisse einer möglichst vorurteilsfreien anomalistischen Forschung erhellt werden, die auch „Häresien“ (Sturrock) nicht scheut. Statt „Weg-Erklärung“ wird die intellektuelle Herausforderung durch scheinbare oder anscheinende Anomalien gesehen; Studierende werden daran erinnert, daß Wissenschaft nicht in Lehrbüchern, sondern mit Unbekanntem beginnt und in Lehrbüchern endet. Dem Nichtwissenschaftler wird die Bedeutung der Tatsache nahegebracht, daß intensives öffentliches Interesse an „anomalistischen“ Problemen vorurteilsfreie Bewertung durch objektive Forschung verlangt. Schließlich werden Politik und Gesellschaft darauf hingewiesen, daß heutige Anomalien Technologien von morgen werden könnten. Diese neue anomalistische Forschungsperspektive ändert herkömmliche parawissenschaftliche Fragestellungen in fruchtbarer Richtung. →Parapsychologie wird ebenso von informational-energetischen Beziehungen (Biologie-Physik) her gesehen wie vom Mensch-Maschine-Verhältnis (Psychokinese, →Paraphysik). →Astrologie und →Ufologie werden astro- und geophysikalisch (Magnetismus, Strahlungen, Lichterscheinungen) aufgefaßt, und statt der „Psi"-Hypothese wird auf die Erforschung von Informations- bzw. Bewußtseinsprozessen abgehoben. Grundlagenproblemen wie Kausalität, Raum, Zeit, Feldkonzepten usw. wird vermehrte Aufmerksamkeit geschenkt.

Jüngst deutet sich der Beginn einer Kooperation zwischen organisierten Skeptikern und Anomalisten an: In einer kritischen Kolumne des *Journal* kommen CSICOP-Autoren zu Wort, und in Deutschland gab es erste Streitgespräche zwischen GWUP-Skeptikern und Anomalisten, zunächst im Bereich von Physik und Psychologie.

Literatur:
B. Haisch und P. Sturrock (Hrsg.), At Certainty's Edge, Stanford, USA (in Vorbereitung); The Explorer, Stanford, USA, seit 1984; Journal of Scientific Exploration, Stanford, USA, seit 1986; G. v. Randow, Mein paranormales Fahrrad, Reinbek 1993; Skeptical Inquirer, Buffalo, USA, seit 1976; Skeptiker, München, seit 1987; Zetetic Scholar, Ypsilanti, USA, 1978–1987. *G. Eberlein*

Anthroposophie

Der Begriff *Anthroposophie* tritt bereits bei I. H. Fichte und R. Zimmermann auf. Aus diesem Umfeld übernahm Rudolf Steiner das Wort Anthroposophie, um damit seine eigene Weltanschauung nach dem Zerwürfnis mit der Theosophischen Gesellschaft zu benennen. In der Anthroposophie (wörtlich Weisheit [sophia] vom Menschen [anthropos]) sah Steiner selbst einen Erkenntnisweg auf wissenschaftlicher Basis. Diese wissenschaftliche Grundlage kann in zwei Teilgebiete unterschieden werden, die aufeinander aufbauen: den Goetheanismus und die anthroposophische Geisteswissenschaft.

Goetheanismus. Goethe ging es darum, durch das Studium der äußeren Erscheinungen (Morphologie) die inneren Gesetzmäßigkeiten von lebenden Wesen zu erfassen, dabei aber chemische und mechanisch-physikalische Methoden nur als Hilfsmittel zuzulassen, da sie die wichtige Einheit der zu erforschenden Lebewesen in Einzelteile zerlegen. Aus dem so betriebenen Studium heraus bildete Goethe den Begriff der Metamorphose, der, nach der einen Seite verfolgt, zur Vielfalt der Lebensformen, zur anderen Seite in den geistigen Bereich hinein verfolgt, zur Urgestalt der Lebensformen (wie Urpflanze, Urtier) führt.

Steiner griff diese Methodik auf, versuchte sie auf das Feld der allgemeinen Erkenntnistheorie auszudehnen und entwickelte eine Methodik, die er Goetheanismus nannte. Nicht um strenge Trennung subjektiven Erlebens und objektiver Forschung ging es, sondern um ein Zusammenführen beider Tätigkeiten im forschenden Individuum. Wissenschaft – so Steiner – kann weder subjektiv noch objektiv sein, sondern muß über diese Trennung hinausgehen, die subjektive Wahrnehmung und genaue Beobachtung mit der objektiven distanzierenden Sachanalyse verbinden. Je präziser die Außenwahrnehmung gelingt, und je geübter das Denken ist, um so klarer wird die hinter der Wahrnehmung verborgene Uridee beschrieben werden können.

Dem Goetheanismus liegt die Ansicht zugrunde, daß alle mit Hilfe der Sinne gewonnenen Erfahrungen sekundärer Art sind, während nur das Denken direkt erlebt wird. Daher sieht Steiner im Denken das Zentrum, in dem alle Gesetzmäßigkeiten der Welt enthalten sind – mehr noch: Es führt über das Individuum hinaus und mündet in eine Ebene der All-Einheit. Das vertiefende Denken könne folglich weder subjektiv noch objektiv, sondern müsse „über beiden Begriffen stehend" sein.

Geisteswissenschaft. Die Darlegungen zum Goetheanismus weisen bereits in eine für die Anthroposophie weit stärker kennzeichnende Ebene hinein: Mit Hilfe des ins Geistige hineinreichenden Denkens ist das Individuum befähigt, Einsichten in die tieferen Zusammenhänge oder Geheimnisse zu gewinnen, in die das rein sinnliche Wahrnehmen und Denken nicht eindringen kann. Bei dieser Prämisse beginnt die anthroposophische Geisteswissenschaft. Deren Entwicklung vollzieht sich vor dem Hintergrund von Steiners Begegnung mit der theosophischen Lehre Mme. Blavatskys und Anni Besants und seiner zeitweiligen Mitgliedschaft in der magischen Loge O.T.O. (→Esoterik). Steiner beabsichtigt, einen Weg zur übersinnlichen Erkenntnis zu weisen, der einer dem naturwissenschaftlichen Denken ähnlichen Überprüfbarkeit standhält. Die naturwissenschaftliche Denkweise soll auf das Nicht-

Sinnliche übertragen werden, um dadurch zu fundierten Forschungsresultaten über die geistigen Welten zu gelangen. Die so konstatierte Geisteswissenschaft unterscheidet sich von den herkömmlichen Geisteswissenschaften, denn sie hält sich direkt an ihren Forschungsgegenstand: das Geistige selbst. Die Instrumente ihrer Forschung werden „innere Sinneswerkzeuge" genannt, die ein „geistiges Auge" erschließen, das zu einem „höheren Schauen" befähigt.

Auf den Einwand gefaßt, daß ein geisteswissenschaftliches Studieren oder Forschen im genannten Sinne eine andere Form von Glauben und Religion meine, erläutert Steiner: Wie jeder Mensch lesen und schreiben lernen kann, so stehen auch jedem die Methoden geistiger Erkenntnis zur Verfügung – wer wirklich sucht, für den gibt es kein Hindernis. Und alle, die nach dieser Methode arbeiten, werden zu ähnlichen Ergebnissen gelangen. Dem „Begreifen durch den bloßen Glauben" setzt Steiner ein Begreifen durch Wissen und Erkenntnis entgegen, das durch Nach-Denken der Ergebnisse bewiesen werde, die bereits erfahrene Geistesforscher – wie Steiner selbst – geäußert haben.

Anders als der universitäre Geisteswissenschaftler beruft sich der anthroposophische Geistesforscher nicht auf literarische Quellen, sondern arbeitet mit den Mitteln übersinnlicher und unumstößlicher Erkenntnisse, die durch einen auf Christus hin ausgerichteten esoterischen Schulungsweg erworben werden. Steiner kann daher auch von Theosophie und Mystik sprechen, wenn er die Geisteswissenschaft meint. Am deutlichsten tritt die von Steiner selbst okkult genannte Ausrichtung der Geisteswissenschaft in einem anderen Synonym hervor, dem Begriff der Geheimwissenschaft. Allerdings bricht Steiner mit der bis dahin in der okkulten Praxis angewandten Gepflogenheit der Geheimhaltung gegenüber Außenstehenden. Seine Einsichten in die höheren Welten legte er in zwei Büchern (*Die Theosophie* und *Die Geheimwissenschaft im Umriß*), aber vor allem in zahlreichen Vorträgen dar.

Praktische Anwendungen der Anthroposophie. Aufgrund seiner Kenntnisse der geistigen Welten sieht Steiner den Geistesforscher dazu befähigt, sich zu beinahe allen Problemstellungen des Lebens fundiert äußern zu können. Eine Aufgabe von missionarischem Ausmaß ist zu bewältigen, um in einer krisenhaften, dem Materialismus verfallenen Welt durch Impulse aus der geistigen Schau auf vielen Gebieten zu einer tiefen Erneuerung des menschlichen und wissenschaftlichen Lebens beizutragen. Mit diesem Selbstverständnis hat sich Steiner persönlich auf zahlreichen Gebieten aktiv engagiert: Medizin, Pädagogik (Gründung der Waldorfschulen), Gesellschaftswissenschaft, Wirtschaftswissenschaft, Landwirtschaft (Gründung der biologisch-dynamischen Landwirtschaft), Theologie, Künste (Architektur, Bildhauerei, Eurythmie [bewegte Sprache und Musik], Malerei, Sprachgestaltung [Rezitation und Schauspielkunst]) und Gründung der „Freien Hochschule für Geisteswissenschaft“ in Dornach bei Basel.

Immer wieder hat Steiner betont, daß die meisten seiner praktischen Betätigungen auf der Grundlage des Goetheanismus entstanden sind und aus der geisteswissenschaftlichen Erkenntnis heraus initiiert wurden und angewendet werden müssen. Das läßt sich an der biologisch-dynamischen Landwirtschaft ebenso zeigen wie an der anthroposophischen Medizin. Es wird betont, daß die Heilkunde, aber auch der Umgang mit der Natur, eine zusammenhängende, die Einheit des Phänomens bewahrende Anschauung benötigen. Dabei kann es vorkommen, daß manche Hinweise Steiners erst Jahrzehnte später ihre Bestätigung finden: So verwies 1994 die englische Zeitung *The Guardian* in einem Artikel über „Rinderwahnsinn“ auf den „Visionär“ Rudolf Steiner, der bereits 1923 auf die Gefahr einer entsprechenden Tierkrankheit aufmerksam gemacht habe. Steiner hatte damals erklärt, daß an Wiederkäuer kein Tierkörpermehl verfüttert werden dürfe, da bei solchen Tieren andernfalls eine Form des Wahnsinns auftreten würde. Der auf den Grundlagen der biologisch-dynamischen Landwirtschaft arbeitende *Demeter*-Bund nahm bereits 1960 ein entsprechendes Verbot in seine Richtlinien zur Tierhaltung auf.

Gemäß Steiners Geisteswissenschaft umfaßt die Gesamtheit eines Menschen den Körper, den feinstofflichen Leib, die Seele und den Geist (das Ich). Eingesetzt werden deshalb neben der →Homöopathie, Naturheilverfahren und Schulmedizin auch künstlerische Therapieformen (Heileurythmie, Maltherapie etc.), um auf das ins Ungleichgewicht geratene Ganze der vier Lebensebenen heilenden Einfluß zu nehmen. Eine Maltherapie führt beispielsweise durch den Umgang mit fließenden Wasserfarben zur Lösung von Atemstauungen. Es kann aber auch die Anwendung bestimmter „Farbtemperaturen“ empfohlen werden, um den Genesungsprozeß zu unterstützen: Das Malen mit „kalten Farben“ (gemäß Goethes Farbenlehre blau und grün) wirkt sich günstig bei Entzündungs- und Fieberkrankheiten aus, während „warme Farben" (rot und gelb) etwa bei Rheuma positive Wirkung zeigen. Erfolge zeigt die anthroposophische Medizin oft dort, wo herkömmliche Methoden versagen (z. B. bei chronischen Krankheiten).

Kunstformen haben für Steiner aber nicht nur eine therapeutische Bedeutung, sondern sie sind ebenfalls Bestandteil seines Wissenschaftsverständnisses, für das geistige und schöpferisch-praktische Tätigkeiten zusammengehören. In diesem Sinne spricht Steiner u. a. von der Heilkunst, von der Erziehungskunst oder auch von der Sozialkunst, wenn es um das gesellschaftliche Miteinander der Menschen geht.

Kritik und Grenzen des anthroposophischen Wissenschaftsverständnisses. Die Problematik des anthroposophischen Wissenschaftsverständnisses zeigt sich bereits darin, daß Steiner seinen Begriff der Naturwissenschaft an Goethes Morphologie entwickelt hat. Goethe hatte sich selbst von dem auf Newton beruhenden Weltbild abgegrenzt – eine Position, die Steiner übernimmt, in seinem Sinne ausbaut und mit dem Begriff Goetheanismus bezeichnet, um dadurch die Unterscheidung zur herkömmlichen Naturwissenschaft deutlich zu machen.

Die nur ansatzweise bestehende Kongruenz mit dem geläufigen Wissenschaftsverständnis ist deutlich: Steiners in spirituellen Anschauungen fundierte Äußerungen entziehen sich einer möglichen Überprüfbarkeit durch nicht-anthroposophische Methoden. Handelt es sich beim Goetheanismus noch überwiegend um eine Erfahrungswissenschaft, so entzieht sich die anthroposophische Geisteswissenschaft jeglichen Formen möglicher Überprüfbarkeit außerhalb ihres eigenen Systems. Das von Steiner für Geisteswissenschaft verwendete Idiom (→Geheimwissenschaften) macht die Widersprüchlichkeit des ganzen Ansatzes besonders deutlich: Die Kombination von „Geheim" und „Wissenschaft" fügt zusammen, was diametral entgegengesetzt ist, und versucht dadurch den Anspruch zu erwecken, Okkultes könne wissenschaftlich objektivierbar sein. Auch die weitgehende Veröffentlichung seiner esoterischen Ansichten kann nicht darüber hinwegtäuschen, daß seine Geisteswissenschaft den Ansprüchen methodisch-kritischer Wissenschaft nicht standhält. Steiners Einsichtnahme in die Geschehnisse und Zusammenhänge der übersinnlichen Welten umschließt nur Wahrheiten *per se*, die durch andere Disziplinen als die der anthroposophischen Geistswissenschaft nicht verifiziert oder widerlegt werden können. Damit schuf sich Steiner eine den Propheten ähnliche unangreifbare Position. Denn niemand – außer ihm selbst – konnte bisher seine geisteswissenschaftlichen Erkenntnisse insgesamt bestätigen.

Im Hinblick auf das Steinersche Wissenschaftsverständnis kann von einem Einweihungs- oder esoterischen Wissen gesprochen werden, das den Drang nach allumfassender Erkenntnis besitzt und in dieser Hinsicht die kritisierten Omnipotenzbestrebungen der Naturwissenschaft in die Dimensionen des Geistigen ausdehnt, indem geläufige Vokabeln der herkömmlichen Wissenschaftswelt auf einen spirituellen Erkenntnisweg übertragen werden. Desungeachtet zeigt der auf den beiden Pfeilern Wahrnehmung und Denken gründende parawissenschaftliche Erkenntnisweg der Anthroposophie nicht zu übersehende Früchte.

Literatur:
R. Steiner, Grundlinien einer Erkenntnistheorie der Goetheschen Weltanschauung, mit besonderer Rücksicht auf Schiller, Dornach 1979; ders., Die Theosophie. Einführung in die übersinnliche Welterkenntnis und Menschenbestimmung, Dornach 1987; ders., Die Geheimwissenschaft im Umriß, Dornach 1989; G.Wehr, R. Steiner – Leben. Erkenntnis. Kulturimpuls, München 1987; Chr. Lindenberg, R. Steiner, Reinbek 1992; I. Körner-Wellershaus, Sozialer Heilsweg Anthroposophie, Alfter b. Bonn 1994.

I. Körner-Wellershaus

Astral-Leib →Esoterik, →Paraphysik

Astrologie

Astrologie ist ein System von Überzeugungen über kosmoterrestrische Zusammenhänge, das sich auf Tradition und persönliche Evidenzerlebnisse und nicht auf wissenschaftliche Forschung stützt. Aus diesem Überzeugungssystem leitet sich eine Praxis her, die zumeist die Form astrologischer Beratung Unkundiger (Klienten) durch Experten (Astrologen) annimmt.

Der Kern astrologischer Lehren ist die Behauptung, daß individuelle Persönlichkeiten und bedeutsame Lebensereignisse (Individualastrologie), oder auch soziale, wirtschaftliche, politische Gebilde und deren Schicksale sowie Naturereignisse, sofern sie in das

Leben des Menschen eingreifen (Mundanastrologie), mit Himmelskörpern (Mond, Planeten, Sonne, Fixsterne in Konfiguration, sogenannte Tierkreiszeichen oder Zodiak) in Zusammenhang stehen. Die Auswahl astrologisch relevanter Himmelskörper ist selektiv; Fixsterne, Supernovae, galaktische Strukturen usw. werden nicht einbezogen, auch Meteore und Meteoriten nicht, Kometen kaum. Auch bleiben die Erkenntnisse der modernen Mond-, Planeten- und Sonnenastronomie und der Kosmologie so gut wie unbeachtet.

Im Unterschied zur Astronomie stellt die Astrologie keine Fragen zu den Himmelskörpern selbst und zu ihren Verhältnissen zueinander (etwa Gravitation, Entfernungen u.a. Meßgrößen), sondern Fragen, die primär das menschliche Leben betreffen (anthropozentrische Perspektive). Im Unterschied zu den Human- und Sozialwissenschaften andererseits bemüht sich die Astrologie nicht um eine beschreibende und erklärende Eingliederung menschlicher Lebensphänomene in den Gesamtkontext des wissenschaftlich verfügbaren Kenntnissystems; sie knüpft also nicht wie die Psychologie z.B. an physikalische, physiologische, anthropologische, soziale, historische, nicht einmal an meteorologische („Himmels"-)Erscheinungen an. Vielmehr hebt sie die von ihr konzipierte Sternenrealität von diesen Ebenen grundsätzlich ab in der Annahme, daß die postulierten Zusammenhänge zwischen Stern und Mensch ohne natürliche Kausalglieder gegeben seien (im Unterschied zur Kosmobiologie, s.u.). Von der Astronomie werden lediglich die berechneten Positionen der Himmelskörper auf ihren geozentrisch definierten Bahnen übernommen (Ephemeride). Die zu einem interessierenden Zeitpunkt angebbaren Positionen der für relevant gehaltenen Himmelsgebilde werden in einem Horoskop versammelt. Innerhalb dieses geschlossenen Systems, das sich gegenüber weiterer Naturerkenntnis verselbständigt hat, werden Beziehungen zwischen Komponenten hergestellt.

Zu diesen Komponenten gehören Objekte und Orte. Als Objekte gelten an erster Stelle die zehn „Planeten"; Sonne und Mond sind hier mitgemeint; die historisch spät entdeckten Uranus, Neptun, Pluto wurden von der Astrologie mitaufgenommen. Komponenten der zweiten Art sind die zwölf Tierkreiszeichen von Widder, Stier... bis Wassermann, Fische. Im Verhältnis zu den Planeten handelt es sich bei den Tierkreiszeichen eher um Orte als um Objekte (Sonne im Widder), gegenüber den Komponenten der dritten Art (die Häuser, s. u.) sind sie eher Objekte als Orte (Widder im Aszendenten).

Die dritte Art Komponenten, die zwölf sogenannten Häuser, sind ausschließlich Orte für Objekte. Sie werden konstruiert, indem man vom jeweiligen Beobachtungspunkt aus auf den Himmel einen Kreis projiziert, durch die Horizontlinie eine weitere Teilung herbeiführt und die beiden Teile mit Hilfe einer Senkrechten durch Zenit und Nadir in 2×2 Teile teilt. Jedes der vier so entstandenen Teile wird nochmals in je drei Segmente aufgeteilt. Bei Projektion der 12 Segmente auf die Ekliptik muß das Häusersystem allerdings durch Umrechnungsverfahren adaptiert werden, was nach verschiedenen Regeln erfolgen kann (Placidus-, Regiomontanus-System etc.). Alle astrologischen Objekte, Planeten wie Tierkreiszeichen, durchlaufen, von einem Beobachtungspunkt aus gesehen, die gegenüber dem jeweiligen Erdhorizont konstanten Häuser in 24 Stunden einmal.

Zwischen den genannten drei Dimensionen Planeten, Zeichen, Häuser gibt es variable und feste Beziehungen. Die variablen Beziehungen ergeben sich aufgrund erstens der täglichen Erdumdrehung, zweitens des jährlichen Umlaufs der Erde um die Sonne, drittens des Umlaufs der Planeten um die Sonne (planetenspezifisch). Invariable Beziehungen werden zwischen Tierkreiszeichen und Planeten angenommen, sie sind willkürlich-konventioneller Art ohne astronomische Grundlage (z. B. wird mit dem Krebs der Mond verknüpft, mit dem Löwen die Sonne, mit der Jungfrau der Merkur). Die variablen Beziehungen sind entweder durch Orte („Mars im Widder", „Mars im 3. Haus") oder durch Winkel (Aspekte) definiert („Mars und Saturn in Opposition" = 180°, „in Quadratur" = 90°). Unter den Winkelbeziehungen spielen die geometrisch bzw. perzeptiv ausgezeichneten (0°, 90°, 180°, 45°, 30°, 60° usw.) eine besondere Rolle.

Zu diesen elementaren Möglichkeiten einer Beschreibung unabhängiger Variabler (UV) – die Analogie der wissenschaftlichen Methodik erleichtert das Verständnis – können ergänzende hinzukommen. Auf der Objektebene werden gelegentlich Asteroiden, Kleinplaneten wie Chiron usw. hinzugenommen. Aufgrund verschiedener astrologischer Schulen (Aalener, Hamburger Schule) und durch modifizierende und ergänzende Ideen meist schriftstellerisch begabter Experten (R. Ebertin, T. Ring, W. Hartmann, L. Greene) bietet sich dem Außenstehenden ein variantenreicher Pluralismus dar. Die Beantwortung der Frage, welche der in die Tausende gehenden Beziehungsmöglichkeiten zwischen den UV-Komponenten im Einzelfall selegiert und kombiniert bzw. wie sie gewichtet werden, hängt vom Ermessen des einzelnen Astrologen bzw. seiner Verpflichtung gegenüber einer der konkurrierenden Schulen ab.

Das Besondere am astrologischen Verfahren ist jedoch nicht die UV-Komplexität, denn komplexe Gefüge (von Bedingungen) sind auch etwa in der klinisch-psychologischen Praxis wissenschaftlich zu bewältigen. Das Unterscheidende ist vielmehr die A-priori-Zuordnung der UV-Komponenten zu abhängigen Variablen (AV) in der astrologischen Sprache: zu Bedeutungen. Im individualastrologischen Verfahren werden z.B. die Tierkreiszeichen (UV) mit bestimmten Persönlichkeitsmerkmalen (AV) verknüpft (Widder = kühn, energisch, aggressiv; Stier = praktisch, konservativ, starrsinnig usw.), ebenso die Planeten (Jupiter = ungestüm, expansiv, heiter; Saturn = melancholisch, ernst, hart). Die Häuser werden mit Lebensbereichsangaben verknüpft (Haus 2 = Besitz; Haus 6 = Arbeit; Haus 7 = Freunde; Haus 10 = Beruf usw.). Auch den Aspekten werden Bedeutungen zugeordnet (Quadratur [90°] und Opposition [180°] = widerständig, ungünstig; Sextil [60°] = harmonisch, günstig). Beispiel einer Deutung des Geburtshoroskops: Jupiter (expansiv) im 6. Haus (Arbeit) ergibt bei Saturn (ernst) im Löwen (schöpferisch) eine positive Kombination, wenn Jupiter und Saturn einen Sextilwinkel haben. Konsequenz: Eine Person mit einem solchen Geburtshoroskop „fängt immer wieder viel Neues an, doch weil dies gepaart ist mit Ernsthaftigkeit und Kreativität, kommt es zu Erfolgen". Bei einer Jupiter-Saturn-Opposition hat die Kombinatorik das negative Vorzeichen des Verhältnisses zu berücksichtigen, Konsequenz: „Fängt oft zu viel Neues an, was der Anlage zu ernsthaftem Schöpfertum im Wege steht", oder ähnlich.

Die hier UV-AV genannten festen Verknüpfungen werden von der Astrologie allerdings nicht als Wirkungs-, sondern als semiotische Beziehungen verstanden, d.h. astrologische UV sind nicht Bedingungen, sondern Zeichen, vergleichbar den Wort- und Lautgebilden einer Sprache, AV sind das Bezeichnete analog den Wortbedeutungen. Verknüpfungen zwischen Zeichen und Bezeichneten sind generell weitgehend arbiträr und bedürfen keiner Legitimation. Auch Lautgebilde wie „Pferd", „cheval", „horse" haben ja gegenüber der ihnen zugeordneten identischen Bedeutung gleichberechtigte Funktion.

Astrologen sprechen meist von „symbolischer" statt von semiotischer Beziehung; doch symbolisch sind ihre Beziehungen nicht durchweg, wenn man vom Symbol ein intrinsisches Bedeutungsmoment verlangt, das der ihm zugeordneten Bedeutung entgegenkommt. Symbolisch kann man allenfalls eine Verknüpfung von Mars mit „dynamisch" nennen (über den Symbolwert der erregenden roten Marsfarbe) oder von Waage mit „ausgleichend" (über die Funktion der Zungen an einer Waage). Doch ist die Zuordnung von z.B. zwölf Lebensbereichen zu den Häuser-Nummern 1–12 eine rein willkürliche.

Das von empirischer Prüfbedürftigkeit befreite Operieren mit festen Bedeutungen, die nach lockeren Regeln frei kombiniert werden können, ermöglicht dem Astrologen ein im rein Semantischen verbleibendes Konstruieren von Persönlichkeits- und Schicksalsbildern, die bei entsprechender Begabung kunstvoll ausgestaltet werden. Offensichtlich befriedigt diese Tätigkeit beim Astrologen in der Praxis ein Sinnfindungsbedürfnis mit aktivführendem, beim Ratsuchenden ein solches mit rezeptiv-suchendem Akzent. Man darf annehmen, daß diejenigen, die beim Astrologen primär Selbstverständnis und Sinngebung durch kosmische Einbettungen suchen, bei ihm insgesamt mehr Erfüllung ihrer Bedürfnisse erleben als bei einem Berater, der nicht-astrologisch vorgeht und sich nur an wissenschaftlichen Erkenntnissen orientiert.

Probleme tauchen allerdings auf, wenn die Ergebnisse solcher Bedeutungskombinationen aus der semantischen Ebene in die Lebensrealität übertragen werden, zumal wenn daraus Handlungen folgen, deren Konsequenzen gewichtig und potentiell auch schädlich sein können. Tatsächlich wird selbst von vorsichtigen Astrologen der Anspruch erhoben, gültige Aussagen machen zu können über das, was hier und jetzt geschieht, was früher geschah (Retrognose) und was geschehen wird (Prognose). Somit muß sich Astrologie als Lehre wie vor allem als Praxis die Frage der Wissenschaft gefallen lassen, ob ihr Verfahren auf Illusion oder Realität gegründet ist. Astrologen selbst, die ihre symbolische Kombinationsarbeit meist mit starker Richtigkeitsevidenz verrichten, stellen mitunter diese Frage an die Wissenschaft. Von dieser erhoffen sie sich ergänzend zur subjektiven Überzeugtheit objektive Evidenz und entsprechend größere Legitimation für ihre Tätigkeit in einer Gesellschaft, die sich bei gewichtigen Entscheidungen – wie in der Medizin und Psychologie – an den Ergebnissen der Wissenschaft orientiert.

Ein Vorteil der Astrologie im Vergleich zu anderen Glaubenssystemen ist, daß ihre Aussagen tatsächlich weitgehend überprüfbar sind. Das liegt an der Präzision ihrer UV mit ihren zeitlichen Charakteristika, die ja von der präzisen Astronomie (Himmelsmechanik) übernommen werden. Überprüfen lassen sich allerdings nicht Fragen zur Richtigkeit oder Falschheit astrologischer Bedeutungssetzungen: „Ist es richtig, dem Wassermann Originalität, den Fischen Kühle zuzuordnen und nicht umgekehrt?" ist keine wissenschaftlich sinnvolle Frage, genausowenig wie es sinnvoll wäre zu fragen, ob es richtig ist, dem Wortgebilde „cheval" die Bedeutung von Pferd zuzuordnen. Was nur überprüft werden kann, ist die Gültigkeit (Validität) einer Anwendung der astrologischen Bedeutungskombinatorik auf konkrete Fälle: „Besitzen die mit Sonne im Wassermann Geborenen mehr Originalität und weniger Kühle als die mit der Sonne in den Fischen Geborenen?"

Die von den Astrologen selbst oder von astrologisch Beratenen oft vorgebrachten Einzelfallevidenzen bei zutreffenden Deutungen können Erstaunen wecken; für die Wissenschaft sind sie dennoch kaum von Belang, da über mögliche Zufälligkeit ohne Kenntnis der Zufallserwartung keine Aussage zu machen ist. Somit hat die Einzelfallforschung bei der Entscheidung der Frage, ob astrologische Aussagen wissenschaftliche Geltung beanspruchen dürfen, kaum Gewicht. Übrig bleibt nur systematisch-statistische Forschung mit hinreichend großen Fallzahlen.

Statistisch prüft man astrologische Zusammenhänge entweder direkt – ohne Einbezug deutender Astrologen – oder indirekt durch Verwertung astrologischer Expertenaussagen. Zur direkten Prüfung werden meist einzelne Zusammenhangshypothesen ausgewählt, wie sie etwa astrologischen Lehrbüchern zu entnehmen sind: Sind Introvertierte häufiger mit der Sonne in geradzahligen Tierkreiszeichen geboren als Extrovertierte? (Pawlik & Buse: nein). Haben Ehepartner in stabilen Ehen mehr „positive" Winkelbeziehungen zwischen Himmelskörpern als geschiedene Partner? (Müller: nein). Sind Ehepartner aus nicht geschiedenen Ehen eher in miteinander verträglichen Sonnenzeichen geboren als solche aus geschiedenen Ehen? (Silverman: nein). Wird das Glück in der Liebe durch prägnante Winkelbeziehungen (Aspekte) zwischen Sonne und Saturn getrübt? (Niehenke: nein).

Man kann die Frage nach der Zusammenhangsart einstweilen offenlassen und mit Hilfe eines Computers alle möglichen UV auf

Relevanz hin durchtesten (Erkundungsversuche, kein Hypothesentesten): Unterscheiden sich Selbstmörder in irgendeiner von vielen durchgeprüften Variablen von Nicht-Suizid-Personen, wobei letztere zufällig unter den in den Selbstmordjahren an den Selbstmordorten Geborenen ausgewählt werden (Pess: nein). Unterscheiden sich Schizophrene von Nichtschizophrenen aufgrund astrologischer Variablen, die in einem Vorversuch als potentiell unterscheidende Merkmale auffällig wurden? (Dean: nein).

Wenn Versuche mit Einzelmerkmalen ein negatives Ergebnis haben, wenden Astrologen oft ein, daß die Merkmale des Horoskops nicht einzeln, sondern im Kontext aller Merkmale ganzheitlich gedeutet werden müßten. Um solchen Einwänden von vornherein auszuweichen, wird man sich eher für indirekte Prüfungen von Zusammenhangsbehauptungen entschließen, da bei diesen Designs Astrologen uneingeschränkt so ganzheitlich arbeiten können, wie sie es für richtig halten. Beispiele: Legt man Astrologen 20 Geburtshoroskope vor, ohne zu sagen, daß sie von Mördern stammen, wird man dann aus den erbetenen Deutungen irgendwelche Hinweise in Richtung Aggressionsneigung entnehmen? (Gauquelin: nein). Legt man Astrologen 20 Geburtshoroskope von Politikern und 20 von Malern vor mit der Bitte, den Horoskopen die richtigen Berufe zuzuordnen, erhält man dann überzufällig viele Treffer? (Ertel: nein).

Mitunter macht man nicht die Validität astrologischer Zusammenhangsbehauptungen selbst, sondern deren Zustandekommen beim Astrologen bzw. deren Akzeptanz bei Personen, auf die sie zutreffen sollten, zum Gegenstand von Untersuchungen. Auch bei diesen indirekten Prüfdesigns geht es aber letztlich um die Frage nach der Validität astrologischer Expertenaussagen. Deren Gültigkeit setzt z.B. voraus, daß verschiedene Experten bei gleicher astrologischer Informationsbasis zu gleichen oder hinreichend ähnlichen Urteilen kommen. Sind die Horoskopdeutungen nach den üblichen Anforderungen der psychologischen Fremdbeurteilungsmethodik als hinreichend reliabel zu bezeichnen? (Dean, Ertel: nein).

Die Gültigkeit astrologischer Aussagen, zumindest der individualastrologischen, setzt auch voraus, daß sie der Individualität der Beurteilten gerecht wird. Astrologen selbst berufen sich zur Begründung der Gültigkeit ihrer Deutungen oft auf Bestätigungen, die sie von individuell Beratenen erhalten. Doch bevor solche

Rückmeldungen als Beweis für differentielle Gültigkeit astrologischer Aussagen gewertet werden, muß erstens ermittelt werden, ob diese Aussagen spezifisch genug sind, und zweitens, ob die astrologisch Beurteilten darüber zuverlässig urteilen können. Legt man einer Versuchsperson eine von Experten erstellte Horoskopdeutung vor und macht sie glauben, ihr liege die eigene Geburtsstunde zugrunde, obgleich das nicht stimmt, so merkt sie in der Regel den Irrtum/Betrug nicht, d.h. Versuchspersonen neigen dazu, in den ihnen zufällig vorgelegten Deutungen ebenso viele auf sie selbst zutreffende Aussagen zu finden, wie in der Deutung ihres richtigen Horoskops.

Der Grund ist, daß die astrologischen Aussagen in der Regel ein erhöhtes Maß an Vagheit und Allgemeinheit (jeder Mensch ist mal „vorsichtig", „entschlossen", Situationsbedingungen bleiben unbenannt) sowie an Bewertungspositivität enthalten. Bei den Beurteilten kommt dem die Neigung entgegen, das Allgemeine jeweils im Rahmen des besonderen Selbstbildes zu konkretisieren und es so, zumal bei positiver Färbung, zu akzeptieren. Die Akzeptanz solcher Aussagen durch die Beurteilten wird zusätzlich durch den Barnum-Effekt gefördert – Slogan des Zirkus Barnum: „für jeden etwas" –, d.h. durch die Neigung, aus einem reichhaltigen Angebot an Aussagen, wie sie in astrologischen Deutungsangeboten üblich sind, die passend erscheinenden auszuwählen und das Gesamtresultat nur nach so selektierten Treffern zu beurteilen.

Es gibt eine vorzügliche methodische Strategie zur Überprüfung der Gültigkeit astrologischer Lehren im Grundsätzlichen, unabhängig von ihrer Schulrichtung und unabhängig von der Kompetenz astrologischer Deuter: Man sammelt geeignete Daten zur Beantwortung der Frage, ob Personen, die von verschiedenen Müttern zum (fast) gleichen Zeitpunkt am (fast) gleichen Ort geboren wurden (Zeitzwillinge, kosmische Zwillinge, Sternzwillinge) einander ähnlicher sind bzw. ähnlichere Schicksale haben als Personen, die zu unterschiedlichen Zeiten geboren wurden. Hier ist keine Spezifizierung von UV vonnöten; alle denkbaren UV-AV-Zusammenhangsregeln werden gleichzeitig zur Bewährung herausgefordert, da sie allesamt auf dem präzisen Postulat der Zeitqualität aufbauen: Die kosmischen Merkmale (Planeten, Zodiak), wie immer sie definiert sein mögen, ändern sich so schnell, wie sich die Erde dreht, da sich ja damit die Zuordnung aller astrologisch relevanten Objekte zu den Häusern ändert. Innerhalb weniger

Stunden also sind grundlegende Änderungen der ganzheitlich konzipierten Zeitqualität zu erwarten – Astrologen fordern für gültige astrologische Deutungen sogar eine Präzision der Geburtszeitangaben von nur 5–15 Minuten Fehlerabweichung vom wahren Wert. Die einzige verbleibende Einschränkung bei dieser Methode ist dadurch gegeben, daß aus der Menge aller möglichen AV einige ausgewählt und in irgendeiner Weise operationalisiert werden müssen, z.B. durch Tests für ausgewählte Temperamentseigenschaften. Ergebnis: In den methodisch besten Zeitzwillinge-Untersuchungen von Gauquelin und Dean hat sich kein Hinweis auf eine größere Persönlichkeitsähnlichkeit zwischen Zeitzwillingen im Vergleich zu Kontrollpaaren ergeben.

Obgleich also nach wissenschaftlichen Kriterien die Astrologie keine Legitimation erhalten hat und auch in Zukunft kaum erwarten darf, wäre es dennoch nicht ratsam, unter sie einen historischen Schlußstrich zu ziehen. Denn zur Überraschung einiger Forscher aus der *scientific community*, die die planetarischen Effektbehauptungen von Michel Gauquelin (1928–1991) überprüften, erwiesen sich diese wie ein „unförmiger Felsbrocken, den die Wissenschaft von ihrer Fahrbahn nicht wird wegrollen können" (nach A. Müller). „Die Arbeit Gauquelins ... hält jeder Prüfung stand und gehört zu dem Besten, was in der Psychologie, der Psychiatrie, der Soziologie oder einer sonstigen Sozialwissenschaft geleistet wurde" (Eysenck und Nias, 1982).

Ist der Mond über dem Horizont aufgegangen (Mond im Aszendenten) – so Gauquelin –, dann werden ca. 4 % mehr Kinder geboren, die später einmal berühmte Schriftsteller werden, als nach dem Zufall im Vergleich zu der Zeit vorher, als der Mond noch unter dem Horizont war, zu erwarten ist. Der Überschuß sinkt ca. zwei Stunden nach Mondaufgang ab, steigt aber wieder über die Zufallserwartung an, wenn der Mond den höchsten Stand (Mond im Medium *coeli*) erreicht. Beim Marsaufgang und seiner Kulmination („G-Zonen") haben zukünftige Sportler, Ärzte und Militärs größere Geburtschancen, beim Jupiter sind es Politiker und Schauspieler, beim Saturn Wissenschaftler und Ärzte, immer mit Überfrequenzen beim Planeten in den beiden sogenannten G-Zonen. Auch Unterfrequenzen gibt es; beim Mars und Saturn werden weniger Musiker, Maler und Schriftsteller geboren, als vom Zufall zu erwarten wäre. Die Effekte wurden zuerst an französischen Persönlichkeiten aufgezeigt und später mit anderen europäischen und

US-amerikanischen Daten repliziert (insgesamt ca. 24000 Personen). Replikationen des Mars- und Saturn-Effekts bei Medizinern mit Gauquelin-unabhängigen Daten gelangen Müller und Ertel (1994), des Mond-Effekts bei Schriftstellern Ertel (1995 mit Müller-Daten), des Mars-Effekts bei Sportlern Comité Para (Belgische Skeptikerorganisation, 1976). Wie Ertel (1995) zeigen konnte, war der Mars-Effekt bei Sportlern auch in den Daten von Skeptikern in den USA (CSICOP, 1979/80) und in Frankreich (CFEPP, 1990) nachweisbar, obgleich diese Forscher eine effektmindernde Datenselektion vorgenommen und bei unzulänglicher Auswertung schwächer auftretende Anzeichen weginterpretiert hatten. Die mitunter dramatischen Auseinandersetzungen Gauquelins und später Ertels mit den Skeptiker-Organisationen über die Existenz des Mars-Effekts („Mars-Effekt-Kontroverse") sind wissenschaftssoziologisch aufschlußreich (→Anomalistik).

Der somit als gesichert zu betrachtende Professionseffekt wird durch den sogenannten Eminenzeffekt spezifiziert, d.h. die Geburtsfrequenzabweichungen sind innerhalb einer Profession je nach späterem Berufserfolg verschieden stark. Gauquelin glaubte noch an eine lineare Korrelation (je mehr Eminenz, um so stärker der planetare Effekt). Ertel konnte jedoch zeigen, daß nach einem Anstieg mit zunehmender Eminenz der Effekt bei höchstem Berufserfolg generell wieder sinkt (kurvilineare Beziehung). So läßt sich auch ein negativer Befund Müllers erklären, der den Planeteneffekt bei einer ausgelesenen Stichprobe von nur Höchsteminenten suchte und statt einer größten Abweichung vom Zufall, die er wie Gauquelin erwartete, gar keine Abweichung mehr vorfand.

Gauquelin hat bei seinen weitergreifenden Behauptungen allerdings schwere Rückschläge einstecken müssen: Zunächst schien ihm ein Vererbungseffekt vorzuliegen. Die Planetenstellungen bei der Geburt von Kindern (hier handelt es sich um nicht-eminente Personen) sollten mit denen ihrer Eltern überzufällig übereinstimmen. Doch bei seinen Replikationsversuchen stellten sich frühere Zusammenhangsbefunde nicht mehr ein. Auch die Charakter-Eigenschafts-Hypothese, die Gauquelin seinen Professions-/Eminenzeffekten zugrunde legen wollte, fand bei Ertel und Müller keine weitere Bestätigung. Gauquelin war der Meinung gewesen, daß sich der Zusammenhang zwischen Planetenstellung und Berufserfolg nicht unvermittelt, sondern nur über zugehörige Temperamentsdispositionen ergeben könnte (Tatkraft, Mut, Ehrgeiz machen den Sportler aus, Nachdenklichkeit, Introversion etc. den Wissenschaftler). Doch hier wie auch wahrscheinlich beim Vererbungsversuch waren ihm unbemerkt methodische Fehler unterlaufen (Selektions-bias: Selektion von Daten, beeinflußt von der Erwartung bestimmter Analyseergebnisse).

Damit ist auch Gauquelins „planetarische Hebammenhypothese“ in die Ferne gerückt, mit welcher er die G-Effekte auf dem Boden der Naturwissenschaft – also nicht-astrologisch – zu erklären versuchte. Die Planeten könnten, so meinte er, energetische Einwirkungen auf das interplanetarische Magnetfeld ausüben, z.B. mit Hilfe von Strahlungsemissionen, die uns heute noch unbekannt sind. Die Magnetfeldstörungen könnten am Ort eines zur Geburt anstehenden Kindes beim Aufgang und bei der Kulmination des Planeten subtile Oszillationen hervorrufen, spezifisch für die einzelnen Planeten. Bei der je nach vererbtem Charakter spezifischen physiologischen Sensibilität der Kinder würden diese auf jeweils passende Reizungen hin über hormonale Vermittler, die man allerdings auch noch nicht kennt, unterschiedlich reagieren und somit den Geburtszeitpunkt mit der Stellung der auslösenden Planeten synchronisieren.

Es ist der Verdacht geäußert worden, daß G- und Eminenzeffekt auf einem versteckten Artefakt beruhen könnten: Astrologiegläubige Eltern könnten die Geburtszeit ihres Kindes bei Mitteilung an die Behörden im Sinne jeweils erwünschter Planetenstellungen etwas verbessert haben. Gegen diese Vermutung sprechen u.a. Befunde Ertels: Er stellte fest, daß die Geburtszeitangaben bei den Standesämtern mit den letzten 150 Jahren zunehmend genauer wurden, daß aber die errechneten planetarischen Effekte keinen Änderungstrend zeigten. Nach der obengenannten Hypothese müßte man eine Effektverminderung erwarten, denn je genauer die Registrierungen, um so weniger Spielraum bleibt für ein „corriger la fortune“.

Ertel hält es für möglich, daß sich in den G-Effekten eine Art planetarische Repräsentanz „kosmischer Information“ geltend macht (keine Kausalität), die er mit den Formen kultureller Gestaltung wie bildende Kunst, Wortkunst, soziale Systemgestaltung, Wissensgestaltung usw. und der Evolution des menschlichen Geistes überhaupt in Verbindung bringt. Er vermutet Beziehungen zu historischen Zusammenhängen, die er in Untersuchungen zur terrestrischen Wirkung der Sonnenaktivität fand. Die derzeit dennoch recht mysteriös erscheinende Verbindung zwischen menschlicher

Kultur, repräsentiert durch Geburten hervorragender Kulturschaffender, und geozentrischer Planetengeometrie hält er für den möglichen Ausgangspunkt zukünftiger Weltbildveränderungen. Ein Erklärungsansatz dieser Art wäre mit allen vorliegenden Gauquelin- und Post-Gauquelin-Befunden einschließlich der negativen Vererbungs- und Charakterbefunde verträglich, sein Ausbau aber von noch nicht voraussehbaren weiteren empirischen Erkenntnissen abhängig.

Angesichts der Befundlage in der Gauquelin-Forschung darf die historische Astrologie nicht mit der Kurzformel „Nichts als Aberglaube" abgetan werden. Denn immerhin haben sich drei Komponenten dieses „Aberglaubens" unter härtesten Prüfbedingungen durchgesetzt: Erstens hängen menschliche Lebensläufe mit den Sternen – genauer: mit mindestens fünf Planeten – zum Geburtszeitpunkt zusammen (statistischer Zusammenhang); zweitens ist die Stellung der Planeten an geometrisch ausgezeichneten Umlaufpositionen bedeutsam (Aufgang, Kulmination); drittens haben Zusammenhänge positive oder negative Richtung (Polarität). Hätte sich der menschliche Geist seit dem 17./18. Jahrhundert im außerwissenschaftlichen Bereich so wie im wissenschaftlichen verhalten und astrologisches Spekulieren völlig aufgegeben, dann wäre dieser Ableger eines offensichtlich echten neuen Erkenntniskerns nicht zustande gekommen. Kritiker haben ihn mit der Bezeichnung „Neo-Astrologie", den Gauquelin zu seinem Nachteil selbst verwendete, in engste Nachbarschaft zur alten Astrologie stellen wollen. Doch mit dieser hat er, abgesehen von den drei Basissätzen, keine weiteren Gemeinsamkeiten; viel mehr als diese sind auch zukünftig kaum zu erwarten.

Gegenüber der Astrologie muß deshalb betont werden, daß ihre Praxis durch die Gauquelin-Befunde keinerlei wissenschaftliche Legitimation gewonnen hat. Das Deuten horoskopischer Gegebenheiten kann als Beitrag zur psychologischen Diagnostik und Lebensberatung nach wie vor nicht wissenschaftlich begründet werden. Andererseits ist auch der Wissenschaft in der Nach-Gauquelin-Ära eine Empfehlung auszusprechen, nämlich daß sie mehr Toleranz als bisher gegenüber der ihr fremd erscheinenden Sterndeute-Mentalität zu üben habe, durch deren Vermittlung sie wider alles Erwarten eine wahrscheinlich recht bedeutsame neue Erkenntnis gewonnen hat. Die in Wissenschaftskreisen oft anzutreffende Feindseligkeit gegenüber dieser scheinbar überholten Form des menschlichen Denkens wäre wie die Ausländerfeindlichkeit, mit der sie verwandt ist, baldmöglichst abzubauen.

Es gibt eine in der Wissenschaft anzusiedelnde Disziplin Kosmobiologie (Problemfelder z.B.: Heliobiologie, Geomagnetobiologie, Chronobiologie), die der Astrologie weniger fernsteht als die übrigen wissenschaftlichen Disziplinen, da sie global-terrestrische, extraterrestrische, somit auch kosmische Bedingungsfaktoren in ihre Perspektiven mit einbezieht. Obgleich Forscher auf diesen Gebieten mit ihrem kausalanalytisch-methodischen Denken im Grundsätzlichen mit der Astrologie nichts gemein haben, verhalten sich Vertreter anderer Spezialisierungen ihnen gegenüber oft so vorurteilsvoll wie gegenüber Astrologen. Erschwert wird die Situation für diese Wissenschaftler dadurch, daß manche Astrologen, die ihre Deutekunst als Wissenschaft anerkannt haben möchten, sich zu diesem Zweck lediglich das beeindruckende wissenschaftliche Etikett „Kosmobiologie“ zulegen, ohne an ihr astrologisches Credo wissenschaftstheoretisch vertretbare Maßstäbe anzulegen. Es wird Aufgabe von Kosmobiologen und -psychologen der wissenschaftlichen Provenienz sein, zur Lösung der soziologischen Rezeptionsprobleme auf der Grenze zwischen Wissenschaft und Astrologie das Ihre beizutragen.

Literatur:

U. Becker, Lexikon der Astrologie, Freiburg 1981; G. A. Dean und A. C. M. Mather, Recent Advances in Natal Astrology: A Critical Review 1900–1976, Perth 1977; S. Ertel, Die Gauquelin-Planeteneffekte. Forschungsstand 1993, in: Grenzgebiete der Wissenschaft 42/1993, 99–114; H. J. Eysenck und D. Nias, Astrologie – Wissenschaft oder Aberglaube, München, 1982; M. Gauquelin, Die Wahrheit der Astrologie, Freiburg 1987; B. A. Mertz, Der Weg zum Horoskop. Astrologie für Einsteiger, München 1994; P. Niehenke, Astrologie, eine Einführung, Stuttgart 1994; ders., Kritische Astrologie. Zur erkenntnistheoretischen und empirisch-psychologischen Prüfung ihres Anspruchs, Freiburg 1987.

S. Ertel

Atlantologie

Im Gegensatz zu anderen Grenzwissenschaften läßt sich der Beginn der Atlantologie datieren. Das untergegangene Inselreich wird erstmals in zwei Altersschriften des griechischen Philosophen

Plato (427–347 v. Chr.) erwähnt. Obwohl Plato erzählt, der Staatsmann Solon hätte den Bericht von ägyptischen Priestern in Sais erhalten, gehen sämtliche Atlantis-Spekulationen auf die Dialoge *Timaios* und *Kritias* zurück.

In *Timaios* erzählt Plato von der „gewaltigen Kriegsmacht" der Atlanter, die versucht habe, Griechenland, Ägypten und andere Mittelmeerländer zu erobern. Dieses Heer stammte von Atlantis, einer Insel vor der Mündung des Mittelmeers, „größer als Asien und Libyen zusammen".

Diese Insel Atlantis beherrschte „von den innerhalb (Gibraltars) liegenden Ländern Libyen bis nach Ägypten und Europa bis nach Tyrrhenien hin". Die Streitmächte der Insel und die seiner mittelmeerischen Besitztümer vereinigten sich zu der Heeresmacht, die auszog, um die damals bekannte Welt zu erobern. Das gewaltige Unternehmen, so Plato, sei auch fast gelungen, allerdings „überwanden die Griechen die Andringenden" und gaben so „den anderen von uns ... die Freiheit zurück". Die Armee sei dann „in einem schlimmen Tag und einer schlimmen Nacht" bei Athen unter der Erde versunken, „ebenso verschwand die Insel Atlantis, indem sie im Meer unterging".

Im Dialog *Kritias* wird Atlantis genauer beschrieben. Seit jenem Krieg „zwischen denen, die jenseits der Säulen des Herakles, und all jenen, die innerhalb derselben wohnten", seien 9000 Jahre vergangen. Heute befinde sich an der Stelle, an der einstmals die Insel Atlantis lag, nur noch „undurchdringlicher Schlamm".

In der Mitte der Insel Atlantis habe sich eine Ebene befunden, die ans Meer gestoßen sei. Vom Meeresufer etwa 50 Stadien (rund 10 km) landeinwärts habe sich ein „nach allen Seiten niedriger Berg" befunden, aus dem zwei Quellen traten. Der Hügel war von drei gewaltigen, kreisrunden Wasserkanälen umgeben, die mit Schiffen befahren werden konnten. Dort befand sich die Königsburg der Atlanter.

Die Insel Atlantis selbst war in zehn Landgebiete aufgeteilt, über die jeweils ein König herrschte. Eines der Gebiete erstreckte sich von „den Säulen des Herakles bis nach Cadiz". Das Land Atlantis war sehr fruchtbar, in seinen großen Wäldern und Sümpfen lebten sogar Elefanten. Unter den vielen Früchten der Insel hebt Plato besonders die Olivenbäume hervor. Es gab auch zahlreiche wertvolle Bodenschätze, unter anderem das bereits zu Platos Zeiten bekannte „Bergerz" (oreichalkos).

Auf dem Berg innerhalb der Wasserringe hatten die Atlanter ihre Hauptstadt angelegt, über die Kanäle wurden Brücken geschlagen, ein Kanal von 50 Stadien Länge gegraben, der den innersten Wasserring mit dem Meer verband, um Schiffe bis an die Stadt fahren zu lassen. In den Felsen des Berges wurden große Schiffsarsenale eingegraben. Die innerste Insel umgaben die Atlanter mit einer hohen, starken Mauer, die in Zinn gefaßt und außen mit Erz verkleidet war. Die Burg selbst wurde mit „Bergerz" gestählt.

In *Kritias* beschreibt Plato nun das Innere der Burg auf dem Berg. Dort befanden sich nicht nur die Gemächer des Königs, sondern auch der Tempel des Gottes Poseidon, der „barbarisch" (also nichtgriechisch) anzusehen war. Der gewaltige Tempel war ein Stadion (180 m) lang und 3 Plethren (90 m) breit. Die Außenwand des Gotteshauses war mit Silber überzogen, im Innern befand sich die riesige Statue Poseidons. Um die eigentliche Königsburg herum erstreckte sich die Stadt, in den Hafengegenden „wimmelte es von Schiffen und Kaufleuten, welche aus allen Gegenden hierher kamen und bei Tag und Nacht Geschrei, Getümmel und Getöse ... verursachten". Die Stadt mit den umliegenden, durch weitläufige Bewässerungsanlagen versorgten Obstgärten, die große Rennbahn für sportliche Wettkämpfe und die Hafenbecken mit den Dreiruderern der Kaufleute und der Atlantischen Armee müssen ein beeindruckender Anblick gewesen sein.

Die fruchtbare Ebene lag auf der Südseite eines Gebirges, das sie fast umschloß. In den hohen Bergen lebten zahlreiche wilde Tiere in großen Wäldern, Seen und Flüssen.

Die Atlantis-Ebene selbst maß 2000×3000 Stadien (320×470 km) und war fast quadratisch. „Wo es aber noch an der vollen Regelmäßigkeit ... fehlte, war ihr diese dadurch gegeben worden, daß sie auf allen Seiten einen Graben herumgezogen hatten." Dieser Graben war ein Stadion (180 m) breit und 1 Plethron (30 m) tief! Die Ebene wurde von einem engmaschigen Gitternetz von 30 m breiten Kanälen durchzogen, über die Bauholz und andere Rohstoffe in die Stadt gebracht wurden.

Ein so fruchtbares Land war reich. Die Armee verfügte über 10000 Kriegswagen, 1200 Schiffe, Pferde und Schwerbewaffnete ohne Zahl – und diese Rechnung erfaßt nur einen der zehn Inselteile, die Region rings um die Königsburg. Diesen gewaltigen Heereszug, der dann das Mittelmeer überschwemmte, führte der König von Atlantis.

Die Atlanter besaßen eine Schrift, in der sie ihre Gesetze auf einer Säule aus Bergerz aufgezeichnet hatten. Alle fünf bis sechs Jahre kamen die zehn Inselkönige dort zusammen, um zu beraten und Stiere zu opfern. Die Könige selbst, so Plato, stammten von dem Gott Poseidon ab, jedoch hatten sich die Atlanter im Verlaufe ihrer Geschichte zu sehr mit den Sterblichen vermischt und waren so „entartet". Sie waren zu prunksüchtigen und dekadenten Menschen geworden, und daher beschloß Zeus, sie zu bestrafen.

Hier bricht der *Kritias* unvollendet ab. Der Krieg gegen Ägypten und Athen, Hauptteil des *Timaios*-Berichtes, kommt im *Kritias* nur noch am Rande vor, und die Datierung des Unterganges von Atlantis zeitgleich mit der Vernichtung des Heeres wird nicht mehr erwähnt. In welchem Zusammenhang Kriegszug und Untergang der Insel miteinander stehen, welche europäischen Länder – außer den implizit genannten Portugal, Spanien, Frankreich und Italien – noch zur Atlantischen Allianz gehörten, bleibt unbeantwortet.

Es ist eine äußerst faszinierende Geschichte, aber sie war gleich von Anfang an umstritten. Aristoteles (384–322), einer der engsten Vertrauten Platos, hielt Atlantis schlichtweg für eine Erfindung des Philosophen: „Der Mann, der träumte, ließ sein Traumbild wieder zerrinnen."

Auch heute noch stoßen Archäologen auf große Probleme, wenn man Atlantis als Wirklichkeit akzeptieren will: Zu unglaublich ist das, was Plato berichtet, es fügt sich nicht in das Schema, das die Archäologen von der Vergangenheit des Mittelmeerraumes entworfen haben. Zum einen schildert der Atlantis-Bericht eine typisch bronzezeitliche Kultur, mit der Verwendung von Zinn, der Kenntnis der Schrift, mit Dreiruderern, Streitwagen, einer monarchischen Regierungsform. Diese recht präzise Darstellung stimmt aber nicht mit dem angeblichen Alter des Berichtes überein, der ja Ereignisse um das Jahr 10000 v. Chr. porträtieren soll. Selbst wenn es sich – wie gelegentlich vermutet wurde – um einen Übertragungsfehler handelt und die ägyptischen Priester tatsächlich von Mondjahren sprachen, ist aus dem Zeitraum 1500 v. Chr. keine Kultur bekannt, die den gesamten westlichen Mittelmeerraum beherrscht hat. Aus dieser Zeit kennt die Archäologie eine Vielzahl von örtlichen Kulturen, die wenig mehr gemeinsam hatten als eine megalithische Bauweise. Von einem von Königen regierten Weltreich, von einem frühen vereinigten Europa kann keine Rede sein.

Trotz all dieser Einwände hat die Atlantis-Erzählung seit jeher auf Hobbyarchäologen eine große Anziehungskraft ausgeübt. Der Mythos fasziniert, weil er die Ursprünge unserer Zivilisation erklärt, weil es eine hochmoralische Geschichte von Aufstieg, Hochmut und Fall ist, und letztlich auch gerade deshalb, weil der Atlantis-Bericht trotz all der Details recht vage und vielfältig lokalisierbar ist und daher zahllose Identifikationen erlaubt.

Die wichtigste Lokalisierung ist sicher im Atlantischen Ozean. Diese These wurde am nachdrücklichsten von dem amerikanischen Autor Ignatius Donnelly vertreten. In seinem 1882 erschienenen Bestseller *Atlantis the Antediluvian World* vertrat er die Ansicht, viele Ähnlichkeiten zwischen ägyptischer, europäischer und amerikanischer Frühgeschichte (z.B. der Bau von Pyramiden, die Sonnenverehrung) könne nur auf eine Urkultur, eben Atlantis, zurückzuführen sein. Er vermutete, der damals frisch entdeckte mittelatlantische Rücken, ein Gebirge, das sich zwischen Island und der Antarktis erstreckt, sei der untergegangene Rest der Insel. Atlantis, die Mutter der Kultur, habe 12000 v. Chr. geblüht, die Erinnerung daran sei im Bericht vom Garten Eden, die Erinnerung an den Untergang im Sintflutbericht überliefert. Die Überlebenden von Atlantis siedelten in Afrika und Amerika und begründeten die ägyptische und die mexikanische Kultur.

Mit Ähnlichkeiten zwischen den Pyramiden der Maya und Azteken und den Pyramiden in Ägypten argumentiert auch Otto Muck, einer der wichtigsten deutschen Verfechter eines mittelatlantischen Atlantis. Muck hat sogar das präzise Datum des Untergangs der Insel errechnet: In einem 1954 veröffentlichten Buch nennt er den 5. Juni 8498 v. Chr., 13 Uhr, als Termin eines Planetoideneinschlags, durch den Atlantis unterging.

Ähnlich wie Muck plaziert auch der franko-brasilianische Forscher Marcel Homet Atlantis in die Atlantikmitte, doch er will die Spuren der Urkultur nicht nur in Ägypten, sondern auch in Brasilien und Schwarzafrika entdeckt haben. Homet äußert sich nicht zur möglichen Untergangsursache; Charles Berlitz hingegen, ein amerikanischer Autor, der Atlantis im Atlantik und bei den Bahamas vermutet, schreibt den Atlantern eine technologische Hochkultur zu, mit Kernkraft, Flugzeugen und magischen Kristallen. Ganz der Stimmung der Zeit folgend, vermutete er in seinem 1974 erschienenen Atlantis-Buch, die menschliche Urkultur sei durch den Mißbrauch ihrer Hochtechnologie zerstört worden.

Die Thesen, die Atlantis als eiszeitliche Hochkultur im Atlantik sehen, entsprechen zwar Platos Datierung und Lokalisierung, doch nicht seiner Beschreibung der Insel und ihrer Bewohner. Zudem haben zahlreiche wissenschaftliche Expeditionen festgestellt, daß es sich beim mittelatlantischen Gebirgsrücken nicht um die unter den Wasserspiegel gesunkenen Reste eines Kontinents handelt, sondern im Gegenteil um recht junge Vulkane, deren Spitzen über das Wasser ragen. Der Göteborger Geologe Professor H. Pettersson hat daher schon 1948 davon gesprochen, daß Atlantis „eine geologische Leiche" sei.

Aus diesem Grund fehlt es nicht an Autoren, die Atlantis entgegen den Angaben Platos nicht im Atlantik, sondern an anderen Stellen des Globus suchen: Über 20000 Werke mit Atlantis-Thesen sollen bisher veröffentlicht worden sein, über 50 Lokalisierungen wurden dabei verfochten und wieder widerlegt. Unter den erfolgreichsten Kandidaten findet sich die Thera-These, die besagt, Atlantis sei mit der griechischen Insel Santorin identisch, einem Vulkan, der in der Bronzezeit ausbrach und dabei eine ganze Insel zerstörte. Diese These, die vor allem unter Akademikern Anhänger gefunden hat und die von dem Archäologen Prof. Galanopoulos und den Schriftstellern J. W. Mavor und J. V. Luce vertreten wurde, hat den Vorteil, daß sie keine unglaublichen Manipulationen unseres Weltbildes erfordert, und den Nachteil, daß sie überhaupt keine Übereinstimmung mit Platos Bericht aufweist. Ähnlich steht es mit der von dem deutschen Archäologen Prof. Adolf Schulten vehement vertretenen Meinung, Atlantis sei in Wirklichkeit die sagenhafte Handelsstadt Tartessos in der Mündung des Guadalquivir gewesen, das biblische Tarschisch. Schulten hat in der Nähe des andalusischen Sanlucar de Barramed gegraben, aber weder Tartessos noch Atlantis gefunden. Ohnehin ist der 1150 v. Chr. wohl von Etruskern gegründete Ort erst nach der Abfassung des Atlantis-Berichtes zerstört worden.

Es ist nicht möglich, sämtliche Atlantis-Identifizierungen aufzulisten; allerdings ist recht deutlich zu bemerken, daß häufig Lokalpatriotismus eine gewisse Rolle spielte: Die Forscher haben Atlantis oft direkt vor der Haustür gefunden, in Holland, in Schweden, Katalonien, in Malta, Mecklenburg, am Nordkap, in Portugal oder Amerika. Aber auch Ceylon, Spitzbergen, der Kaukasus oder die Krim sind genannt worden. Der deutsche Völkerkundler Leo Frobenius glaubte Atlantis in der Sahara gefunden zu haben, Hans

Steuerwald vermutet die Königsstadt beim St. Michael's Mount in Cornwall, der Physiker Helmut Tributsch tippt auf die Insel Gavr Inis vor der bretonischen Küste. Der Journalist Uwe Topper versuchte in einem Buch zu belegen, daß Atlantis in Wirklichkeit identisch sei mit der Megalithkultur der Iberischen Halbinsel, und der Pastor Jürgen Spanuth hat in vielen Büchern wortreich die in der Archäologie des Dritten Reiches gründende Hypothese verkündet, die Atlantis-Legende beschreibe die germanische Bronzezeit, von der alle europäische Kultur stamme; die Königsinsel selbst habe sich auf dem Steingrund befunden, einer Untiefe bei Helgoland.

Die jüngste Identifizierung stammt von dem Geologen Zangger, der sich sicher ist, daß Atlantis in Wirklichkeit Troja war – zwar liegt das weder vor den Säulen des Herakles, noch hat es bereits 10000 v. Chr. existiert, aber immerhin haben die Trojaner einmal Krieg gegen Athen geführt, womit zumindest eine Angabe des Atlantis-Berichtes erfüllt ist. Daß all diese Autoren ihre Identifizierungen mit Platos Text begründen und in jedem Fall durch ihre Erklärung alle Details des Berichtes bestätigt finden, zeigt, wie vielfältig auslegbar die scheinbar so präzise Erzählung ist.

Wo immer die Natur- und Geschichtswissenschaft versagt, springt die →Esoterik gerne ein. Es ist daher nicht verwunderlich, daß Platos Angaben durch hellseherisch geschaute Beschreibungen der Atlanter ergänzt wurden. Dabei sind die Atlanter der Esoteriker die allwissenden Vorfahren der Menschen. Die Begründerin der Theosophie, Madame Helena Petrovna Blavatsky (1831–1891), nennt die Atlanter in der 1888 erschienenen „Geheimlehre" eine der „Wurzelrassen" der Menschheit, zusammen mit den Völkern des ebenfalls fiktiven Kontinents Lemuria. Nach Blavatsky führten die Atlanter ein herrliches, harmonisches Leben. Weitere Details aus Atlantis schaute William Scott-Elliott, Blavatskys Nachfolger, durch „astrales Hellsehen". Rudolf Steiner (1861–1925), Theosoph und Begründer der →Anthroposophie, sah die Atlanter ebenfalls als erleuchtete Meister mit einer hochentwickelten und magischen Technologie. Sie besaßen das geheime Wissen um okkulte Lebenskraft, fliegende Maschinen und waren von Göttern selbst unterrichtet worden.

Edgar Cayce, ein amerikanischer Hellseher, berichtete in seinen Trancen ausführlich vom Leben der Atlanter und ihrer feinen geistigen Technik, deren Mißbrauch allerdings zu dem Untergang der

Insel geführt habe, als sich die durch riesige Kristalle gewonnene Kraft der Insulaner nicht mehr beherrschen ließ. Cayces Tranceberichte sind die Grundlage zu Charles Berlitz' Atlantis-These gewesen. Er prognostizierte sogar für 1969 das Wiederauftauchen von Atlantis. Zu dieser Zeit wurden bei Bimini, vor der Küste Floridas gegenüber Miami, unterseeische Steinformationen entdeckt, deren natürliche oder künstliche Entstehung bis heute umstritten ist.

Da es weltweit an fast jeder Küste durch Erdbeben, Sturmfluten und Vulkanausbrüche zu Landverlusten und zum Untergang kleinerer Inseln kommt, gibt es vielerorts lokale Legenden von versunkenen Königreichen. In Cornwall wird von dem Reiche Lyonesse erzählt, das vor Land's End gelegen haben soll, in der Bretagne von der Stadt Ys, im Ostseeraum von Vineta und an der deutschen Nordseeküste von der Handelsstadt Rungholt (die allerdings historisch verbürgt ist).

Neben diesen Ortssagen, die immer wieder als Variationen des Atlantis-Themas aufgefaßt wurden, bewegen die Esoteriker noch zwei weitere angeblich versunkene Kontinente. In Lemuria, einem verschwundenen Kontinent im Indischen Ozean, soll nach der Ansicht der Theosophen eine der Wurzelrassen der Menschen gelebt haben. Der Kontinent Mu, ein gewaltiges pazifisches Inselreich mit hochstehender Kultur, ist eine reine Erfindung des Abenteurers und Schriftstellers James Churchward. Er will in indischen Klöstern und bei Ausgrabungen in Mittelamerika auf archäologische Dokumente gestoßen sein, die von Mu berichten – allerdings ist er auch der einzige, der diese Beweise jemals zu Gesicht bekommen hat.

Es gehört nicht viel Phantasie dazu, weitere Atlantis-Thesen vorherzusagen, die teils archäologisch möglich und teilweise nur esoterisch empfänglichen Menschen wahrscheinlich sein werden. Die jüngste Methode unter Esoterikern ist jedenfalls, „sensitive" Menschen in Hypnose zu versetzen, sie in die Zeit vor ihrer Geburt und zurück in ihr Leben in Atlantis zu führen. Mit solchen Schilderungen sind bereits mehrere Bücher gefüllt worden, allerdings verraten die Berichte nur wenig Neues: Das meiste ist bereits aus esoterischen Werken, aus Science-fiction-Stories und den Büchern der →Prä-Astronautik bekannt.

Atlantis ist seit Platon zum Urtypus eines geheimnisvollen, gesuchten Landes geworden: Verlorenes Eden, gefürchtete geologische, klimatologische und ökologische Katastrophe, politische

Utopie – bis in Träume und psychotherapeutische Symbolik von Zeitgenossen.

Literatur:

G. Ashe, Atlantis, London 1992; Ch. Berlitz, Das Atlantis-Rätsel, Hamburg 1976; H. Biedermann, Die versunkenen Länder, Graz 1978; D. Kamper und U. Sonnemann, Atlantis zum Beispiel, Darmstadt/Neuwied 1986; G. Kehnscherper, Auf der Suche nach Atlantis, Leipzig 1978; O. Muck, Alles über Atlantis, Düsseldorf/Wien 1976; N. Pennick, Lost Lands and Sunken Cities, London 1987. *U. Magin*

Aura →Okkultismus, →Paraphysik, →Parapsychologie, →Radiästhesie

Außersinnliche Wahrnehmung (ASW) →Parapsychologie

Bildungsaberglaube →Okkultismus

Bilokation →Parapsychologie, →Wunder

Biorhythmus

Nach einer von Wilhelm Fliess entwickelten Lehre sollen beim Menschen starre Rhythmen mit fester Periodendauer existieren. Sie würden zum Geburtszeitpunkt beginnen und bis zum Tod regelmäßig schwingen. Für jeden Tag im Leben könne aus der Lage der Schwingungen auf besondere Leistungsfähigkeit (hoch) oder herabgesetzte Lebenstüchtigkeit (tief) geschlossen werden. Alle überprüfbaren Fakten und Berichte zeigen jedoch, daß solche starren Rhythmen nicht existieren und es sich um eine Irrlehre handelt.

Die Existenz biologischer Rhythmen ist hingegen gesichert; die entsprechenden komplexen Zusammenhänge werden in der als Chronobiologie bezeichneten Wissenschaftsdisziplin untersucht. Biologische Systeme zeigen eine Vielfalt von Rhythmen unterschiedlichster Art, die aber nicht absolut starr sind und in der Regel entscheidend von äußeren Signalgebern beeinflußt und synchronisiert werden.

Historisches. Verschiedenste Lehren über Rhythmen sind in den Kulturen der Menschheit verankert, ohne daß ein wissenschaftlich verläßliches Niveau erreicht worden wäre. Der Berliner Arzt Wilhelm Fliess stellte – nach eigenen Beobachtungen als Hals-Nasen-Ohren-Arzt – einige genau definierte Regeln auf, welche ganz konkret nachprüfbar sind und seitdem weite Verbreitung fanden. Er propagierte, etwa zeitgleich mit dem Wiener Psychologen Swoboda, daß mit der Geburt zwei Rhythmen zu schwingen beginnen, der Körper- oder männliche Rhythmus mit 23 Tagen und der Seelen- oder weibliche Rhythmus mit 28 Tagen Periodendauer. Später fügte der Innsbrucker Ingenieur Teltscher einen dritten Rhythmus mit 33 Tagen Länge hinzu, der die geistige Aktivität des Menschen charakterisieren soll (Intelligenzperiode).

Demnach würden mit dem Zeitpunkt der Geburt für das ganze Leben starr vorherprogrammierte Wechsel für Befindlichkeit und Verhalten festgelegt. So wäre etwa die Gefahr einer Herzerkrankung für alle Menschen, die je lebten, derzeit leben oder künftig geboren werden und das 60. Lebensjahr erreichen, z. B. 21 985 Tage nach ihrer Geburt erheblich größer als drei Tage vor oder nach diesem Tag. Viele Verfechter der starren Rhythmuslehre erkannten aber offenbar das Problem, menschliche Befindlichkeiten und Fähigkeiten mit drei exakten und festen Perioden zu beschreiben und fügten daher weitere Schwingungen hinzu, etwa 13, 18, 38 und 43 Tage (Giebat), so daß oft mit bis zu sieben Rhythmen argumentiert wird.

Berechnung der Rhythmenlage. Zur Beurteilung der Tagesform eines Menschen ist Voraussetzung, die Lage der einzelnen Rhythmen am betreffenden Tag zu kennen. Wenn man mit der Mehrzahl der Verfechter davon ausgeht, daß der Tag der Geburt alle Rhythmen gleichphasig in Gang setzt, dann läßt sich unter Berücksichtigung der Schaltjahre sehr einfach ausrechnen, welchen Schwingungszustand (Phasenlage) die einzelnen Perioden gerade erreicht haben. Dies sei an einem Beispiel bildhaft erläutert:

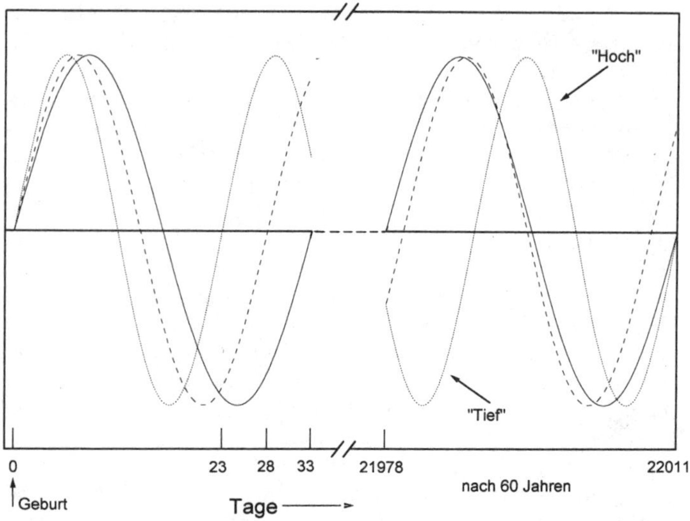

Für die taggenaue Berechnung stehen Tabellen, Rechenschieber und zeitgemäße Computerprogramme zur Verfügung (z. B. sog. Bio-Taschenrechner). Insofern stellt es keinerlei Problem dar, die tägliche Rhythmenlage für eine beliebige Person allein aus deren Geburtstag zu errechnen.

Bedeutung und Interpretation der Rhythmenlage. Die Verfechter der Lehre stimmen darin überein, daß Hoch-Lagen positive und Tief-Lagen negative Auswirkungen auf die Leistungsfähigkeit des Menschen anzeigen sollen. Da jedoch die drei Kurven nur selten gleichzeitig Hoch oder Tief zeigen und meist in gemischten Phasen vorliegen, wird die Interpretation wegen der unterstellten gegenseitigen Beeinflussung schwierig. Hier werden daher nur die verfochtenen Bedeutungen und der Einflußbereich der drei Hauptrhythmen, speziell nach Giebat, dargestellt.

23-Tage-Rhythmus (männlich): Physische Verfassung und Belastbarkeit, Aktivität, lebenspraktische Fähigkeiten, Widerstand der Selbstbehauptung, persönliche Durchsetzungskraft.

28-Tage-Rhythmus (weiblich): Physische Verfassung und Belastbarkeit, Gefühlsleben, Gemütsverfassung und Stimmungslage, Empfindsamkeit und Einfühlungsvermögen, sexuell betonte Neigungen, Intuition.

33-Tage-Rhythmus (Intelligenz): Geistige Verfassung, Aufmerksamkeit und Konzentrationsvermögen, logisches Denken und Kombinieren.

Weitere Rhythmen mit 13, 18, 38 und 43 Tagen werden mit Selbstwertgefühl und Geltungsstreben, sexueller Ansprechbarkeit, Leistung, Formgefühl, Gestaltungsvermögen und Phantasie in Verbindung gebracht.

Kritische Prüfungen der Lehre. Es sind zahlreiche Arbeiten veröffentlicht worden, welche den behaupteten Zusammenhang zwischen Rhythmenlage und Eintreten damit angeblich verbundener bestimmter, klar zu erkennender Ereignisse im Leben des Menschen überprüften. Anders untersuchte die Lebensspanne sämtlicher 125 844 Sterbefälle, die sich innerhalb eines Jahres in einem Bundesland der Deutschen Bundesrepublik ereigneten; es war keinerlei Rhythmuseffekt nachweisbar, selbst wenn die Annahme über die behaupteten Längen der Perioden fallengelassen und auf irgendwelche beliebigen Periodizitäten geprüft wurde. Weitere Untersuchungen betrafen z.B. Leistungen von Sportlern, die Zeitpunkte von 10 480 Selbstmorden, den Tod von 2214 besonderen Persönlichkeiten oder 881 Autounfälle. Übersichten zu zahlreichen weiteren Studien mit Zehntausenden von Fällen werden berichtet.

Die Ergebnisse sind eindeutig: Wie selten auf dem Gebiet der Grenzphänomene kann hier ohne Zweifel bestätigt werden, daß nicht die geringste Spur des in Rede stehenden Zusammenhangs auffindbar ist. Unterstellt man die Richtigkeit der Lehre, dann hätte die Mehrzahl der bekanntgewordenen Untersuchungen einen klaren und eindeutigen Effekt aufzeigen müssen; nimmt man abschwächend an, daß die Lehre ansatzweise korrekte Elemente enthält, dann hätte man zumindest einen kleinen, aber statistisch absicherbaren Effekt finden müssen – das ist aber nicht der Fall. Aus der unumstößlichen Tatsache, daß die angemessenen und fairen Prüfungen keinerlei Beweis für die Gültigkeit der starren Rhythmen erbrachten, kann nur geschlossen werden, daß es sich um eine Irrlehre handelt.

Die Verfechter der Lehre ersinnen allerlei Argumente, wonach die genannten Prüfungen nicht stichhaltig seien; so z.B. beim Todesfall das Hinauszögern durch medizinische Maßnahmen, bei Selbstmord die Berücksichtigung von zeitlich vorher liegenden Ursachen oder Phasenverschiebungen durch besondere Umstände.

Solche u. ä. Argumente sind an sich vernünftig; die Verfechter müssen jedoch erkennen, daß sie damit ihrer eigenen, zu naiven Lehre den Todesstoß versetzen, weil die zunächst erhobenen, angeblich empirisch gefundenen Regeln wieder außer Kraft gesetzt werden, der Willkür der Interpretation Tür und Tor geöffnet und jede objektive Nachprüfung vereitelt wird.

Chronobiologie. Niemand bezweifelt die Existenz einer Vielzahl biologischer Rhythmen bei Pflanzen, Tier und Mensch. Die Zusammenhänge sind jedoch äußerst komplex und nur in Ansätzen wissenschaftlich verstanden. Daher gewinnt die Erforschung der biologischen oder inneren Uhren von Lebewesen zunehmend an Bedeutung, und es finden Anstrengungen statt, die Variation von Körperfunktionen vor allem im Tages- und Jahresrhythmus zu erforschen. Ein wesentliches Merkmal besteht darin, daß diese Vorgänge nicht absolut periodisch verlaufen (daher *circadian*); sie sind zwar an eine innere Uhr gekoppelt, diese wird aber durch äußere Einflüsse (chemische, physikalische und soziale Faktoren, Licht) ständig geändert bzw. neu synchronisiert und auch durch biologische Umstände wie Aktivität, Körpertemperatur oder Hormonspiegel des Lebewesens oder Menschen verstellt. Absolut starre Rhythmen, wie etwa Quarz-Oszillatoren in technischen Uhren, sind in biologischen Systemen bisher nicht beobachtet worden und aufgrund der entwicklungsbedingten Angepaßtheit an variable Umweltfaktoren auch nicht zu erwarten.

Literatur:

W. Fliess, Ablauf des Lebens, Grundlegung zur exakten Biologie, Leipzig/Wien 1906; H. Swoboda, Die Perioden des menschlichen Organismus in ihrer psychologischen und biologischen Bedeutung, Leipzig/Wien 1909; B. Giebat, Biorhythmik, München 1992; J. Anders, Statistische Untersuchungen zur Biorhythmik, in: Zeitschr. f. Parapsychol. u. Grenzgebiete d. Psychologie, Jg. 19, 4/1977, S. 161–167; G. Rey, H. Riedwyl und A. Widmer, Zur ‚Lehre von Biorhythmen' nach Fliess, in: Sozial- u. Präventivmedizin, Bd. 21, S. 43–46, 1976; T. Roenneberg, Zelluläre Mechanismen der biologischen Uhr, in: Münchener Medizin. Wochenschrift, 132. Jg., 1990, S. 625–628; Lebensräume und Zeiträume, in: Universitas, Bd. 3, 1992, S. 236–245.

H.-D. Betz

Entautomatisierung →Esoterik, →Mystik

Esoterik

Das Wort kommt aus dem Griechischen und bedeutet „nach innen gerichtet"; entsprechend meint exoterisch dann „nach außen gerichtet". Gemeint sind damit Riten und Gebräuche von „Insidern" eines in sich geschlossenen Kultverbandes (z.B. Mysterienreligionen, →Mystik), die Außenstehenden unbekannt und geheim sind. Esoteriker sind also Mitglieder geheimer Bünde und studieren Lehren, die sich rein rationaler Mitteilbarkeit entziehen, sich also nicht als Teil der Schulwissenschaften verstehen. Versteht man üblicherweise Esoterik als Suche nach verborgener Erkenntnis, so muß man den Blick zunächst auf die historische Erscheinung Gnosis richten.

Im 3. Jahrhundert v. Chr. erscheint magisch-irrationales Denken aus dem Orient in Gestalt von Mysterienreligionen im Abendland. Sie enthüllen kosmische Geheimnisse und suchen durch Erfahrungen der Ekstase oder systematisch aufgebaute Initiation eine spirituelle Entwicklung bei ihren Anhängern in Gang zu setzen.

Ihr Kern: Der menschliche Geist repräsentiert göttliches Wesen, ist aber in der Materie gefangen – einer Welt, die von einem gleichgültigen oder gar bösen Demiurgen geschaffen ist (z.B. Mithras-Kult). Esoterische Ideen gingen dann in antike Philosophenschulen über, besonders den Neuplatonismus (Plotin; Porphyrios). Diese verstanden Geschaffenes als Emanationen des Göttlichen; ihnen zufolge war die Welt mit zunehmender materieller Dichte immer weiter von der Natur Gottes entfernt.

Lange Zeit gab es nicht nur eine jüdische und eine hellenistische, sondern auch eine christliche Gnosis. Die esoterischen Weltanschauungen sind dualistisch: Das Gute und das Böse in der Welt werden unterschieden und der Mensch zu unbedingter Parteinahme gefordert. Er hat die Wahl, sich entweder asketisch aus der Welt zurückzuziehen oder aber ihre Ordnung dadurch zu leugnen, daß er die natürlichen Kräfte dieser Welt in sinnlichen Exzessen zu erschöpfen sucht. Die Katharer gingen als *perfecti* den asketischen Weg, während der orgiastische nur von heute vergessenen Sekten gewählt wurde.

Die esoterische Tradition taucht in der Renaissance als Hermetismus, die Lehre des fiktiven Hermes Trismegistos, auf, und zwar in der Gestalt von Magie und meditativen Techniken. G. Bruno,

T. della Mirandola und J. Dee waren prominente Denker jener Zeit, die eine Priesterkaste ablehnten und jeden Menschen in seiner Beziehung zu Gott unmittelbar verstanden – womit sie sich günstigstenfalls als Abweichler, schlimmstenfalls als zum Tode verurteilte Häretiker erwiesen.

Für die weitere Entwicklung esoterisch-gnostischer Anschauungen in der Neuzeit seien stichwortartig nur Teile der Freimaurerei, die Rosenkreuzer, schließlich Ende des 19. Jh.s die aus indischen Wurzeln abgeleitete Theosophie sowie die →Anthroposophie ihres abtrünnigen Sekretärs R. Steiner genannt. Im Zusammenhang der Esoterik sind im 20. Jh. auch magische Logen wie *Ordo Templi Orientis* (O. T. O.) sowie bedeutende Weisheitsschulen, insbesondere die von G. I. Gurdjieff und B. D. Ouspensky zu nennen. Esoterik ist in unserer Zeit zu einem Begriff „religiöser Individualkultur" geworden – ein Religionstypus, der die Innerlichkeit mit einer neuartigen religiösen Mobilität verknüpft; diese versucht sich durch Übereinstimmung mit der modernen Lebenswelt zu rechtfertigen (Ch. Bochinger).

Zur Veranschaulichung des Gesagten sei kurz auf die *Ordo Templi Orientis* eingegangen. 1906 in Deutschland von damals prominenten Okkultisten (Th. Reuß, K. Kellner) gegründet, wollte eine kleine Zahl von der Öffentlichkeit abgeschirmter Mitglieder die →Geheimwissenschaften begründen und die alten Wege magischer, d.h. „transrationaler" Selbstverwirklichung neu beleben. Dies schloß Rituale mit vermeintlich sexualmagischen Kräften ein. Diese damals wohl prominenteste Geheimloge sollte man sich nicht allzu akademisch vorstellen: Obgleich ein Teil der Mitglieder den Doktortitel trug, handelte es sich bei dieser wie anderen Geheimgesellschaften überwiegend um Schriftsteller, Sammler, Buchhändler, Okkultpersönlichkeiten (→Parapsychologie) sowie um schillernde Scharlatane (im ersten Jahrhundertdrittel beispielsweise um den äußerst umstrittenen Magier A. Crowley). O. T. O. breitete sich später nach Großbritannien, USA usw. weltweit aus. Es ist ideengeschichtlich durchaus von Interesse, daß der Anthroposophiebegründer R. Steiner zeitweilig Mitglied des britischen O. T. O. gewesen ist (gesichert ist allerdings, daß er niemals eine sexualmagische Prüfung abgelegt und O. T. O. bald wieder verlassen hat). Ebenso hat der spätere Begründer von Dianetik und Scientology, R. Hubbard, 1945 an Sitzungen des nordamerikanischen O. T. O.-Ablegers teilgenommen.

Gemeinsam ist esoterischen Gruppierungen aller Art noch immer die Bemühung, einem vermeintlich oder wirklich vorherrschenden Materiebegriff der angeblich „platten“ Aufklärung durch die exakten Naturwissenschaften Begriff und Wirklichkeit von Geist entgegenzusetzen. Philosophiegeschichtlich gesprochen, soll hier anstelle von mechanischem oder gar dialektischem Materialismus nun magischer oder objektiver Idealismus des Initiierten treten. Durch das Aufkommen des klassischen Spiritismus im letzten Drittel des 19. Jh.s wandelte sich die Betonung des „Geistes“ immer mehr in die Hinwendung zu „Geistern“, mit denen in mediumistischen Sitzungen Kontakt aufgenommen worden sein sollte.

Obgleich noch heute in deutschen Großstädten angeblich sonntags mehr Menschen spiritische Sitzungen als Gottesdienste besuchen sollen, ist dieser klassische Spiritismus gesellschaftlich nicht mehr respektierlich: Zeitgenössische Esoteriker sprechen – übereinstimmend mit angelsächsischem Sprachgebrauch des 19. Jahrhunderts – lieber von „Spiritualismus“, und am liebsten formuliert der →New-Age-Anhänger seine Überzeugung heute im Globalmotto „Geist und Natur“.

Experten verweisen immer wieder darauf, daß heute von Esoterik nicht mehr die Rede sein könne, da diese Kategorie beinahe zehn Prozent des deutschen Buchmarkts einnehme, wobei es sich z. T. um Auflagenmillionäre handle.

Als Paradebeispiel eines weltweit verbreiteten esoterischen Systems sei die Lehre von G. Gurdjieff und seines sokratischen Schülers P. Ouspensky skizziert. Gurdjieff, ursprünglich britischer Geheimdienstmann, hatte auf weltweiten Reisen zum Jahrhundertbeginn eine aus hinduistischem Yoga, buddhistischem Selbsterlösungsweg, sufitischen Derwischtänzen und orthodoxem Christentum eklektisch zusammengefügte Weltanschauung erarbeitet. Diese wollte gleichermaßen metaphysisches Welt- und Menschenbild wie auch eine praktikable Harmonisierung des Denkens, Fühlens und der Motorik liefern. Beide Autoren gehen dabei von einer neuplatonischen Kosmologie aus: Das Absolute sendet sechs in Oktaven angeordnete Schöpfungsstrahlen aus, die über die Biosphäre bis zum Geist reichen, symbolisiert durch das Eneagramm (Neuneck). Die diesen Ausstrahlungen entsprechenden esoterischen Energiestöße zwischen den Oktaven muß der Initiierte erzeugen und mit ihnen umzugehen lernen. Das Menschenbild ist von einer relativ einfachen Psychologie bestimmt, die den Menschen als Maschine versteht. Er besteht aus drei Gehirnen, die Bewegung und Instinkt, Gefühle und Intellekt etagenweise steuern und so die Illusion der Einheit einer konsistenten Person erzeugen. Dem entsprechen drei Menschentypen, nämlich der motorisch-triebhafte, der emotionale und der denkende.

Als geradezu dogmatischer Grundsachverhalt wird die These aufgestellt, der wirkliche Mensch schlafe, habe jedoch die Chance, ein Selbst- und objektives, also kosmisches Bewußtsein mit – modern transpersonal gesprochen – „Gipfelerlebnissen“ zu entwikkeln. Als Pathologien des Wachzustandes werden Identifikation, Liebesunfähigkeit, mechanisches Geschwätz, unnötige Motorik und negative Gefühle genannt. Persönlichkeitsentwicklung habe das Ziel, das wahre Wesen durch die Entwicklung des eigenen magnetischen Zentrums zu verwirklichen. Dies geschieht über sieben Stufen, in deren Verlauf zusätzlich zum fleischlichen Körper ein „astraler“ (Gefühle, Wünsche), „spiritueller“ (Geist), schließlich ein „kausativer“ Leib (Bewußtsein, Wille) zu entwickeln sei: So wird stufenweise eine Erringung von Unsterblichkeit möglich. Gurdjieff und Ouspensky sehen das Leitziel ihres Werkes in der Methodik der Selbstentwicklung, und zwar auf vier Wegen: Der Fakir lernt den widerständigen Leib zu beherrschen, der Mönch die ungewiß fluktuierende Seele, der Yogi den unbeständigen Geist. Gurdjieff und Ouspensky betonen – übereinstimmend mit einer geringen Zahl esoterischer Lehren – den vierten Weg, nämlich die drei genannten Wege zu integrieren, und zwar im Alltagsleben: Der Adept müsse „in, nicht von dieser Welt“ sein.

Dazu sind drei Arbeitsphasen zu bewältigen: Einmal die Umsetzung des jahrtausendealten Mottos „Erkenne dich selbst!“; weiter ist „Selbst-Erinnerung“ zu erzeugen, also das Bemühen, möglichst häufig im Tagesverlauf seiner selbst voll bewußt zu sein. Psychologisch gesprochen, geht es zunächst um „Entautomatisierung“ (→Mystik) unserer zahlreichen routinemäßig eingeschliffenen Wahrnehmungs-, Gefühls-, Denk- und Handlungsgewohnheiten durch Ausdehnung der Aufmerksamkeitsspanne als Grundelement eigentlichen Selbst-Bewußtseins. Ein Hilfsmittel dabei sind aus dem islamischen Sufismus entwickelte motorische Rhythmen und Tänze, die ein „Bewußtsein der Glieder“ erzeugen sollen. Die zweite Arbeitsphase erprobt neue Formen der Zusammenarbeit in der esoterischen Kleingruppe, das Abfallen standardisierter Gefühlsmuster und das systematische Training von Rücksicht als

Grundübung zum Lernen der Liebe. Die dritte Phase schließlich gilt den Bedürfnissen der esoterischen Organisation selbst, die ja durch ihre Mitglieder zu fördern ist und diese bis an die gewöhnlich unbekannten Grenzen ihrer Leistungsfähigkeit zu bringen hat.

Gurdjieff-Ouspensky-Gruppen sind heute überall in der westlichen Welt aufzufinden, wobei interessanterweise Gurdjieffs Originalkonzept vor allem in angelsächsischen Ländern gefördert wird, während deutschsprachige Gesellschaften eher Ouspenskys stärker intellektualisierte weltanschauliche Vision forcieren. Ob ein derart eklektizistischer Weg – gebildet aus Derwischtänzen, neupythagoräischer Zahlenmystik und Yogatechniken, meist formuliert in der Wissenschaftssprache der Jahrhundertwende – Chancen zur Selbstverwirklichung für uns Heutige bietet, darf wohl bezweifelt werden. Ob eine Gurdjieff- oder Ouspensky-Gruppe eher erstarrte Dogmatik betreibt, ob sie wirklich psychologisch oder gar spirituell arbeitet, muß jeder Suchende für sich selbst entscheiden.

Literatur:

G. Eberlein, Was ist Esoterik?; in: Quatuor Coronati, Jb. Nr. 30, Freim. Forschungsges. (Hrsg.), Bayreuth 1993, S. 127–132; Encyclopedia of the Unexplained, R. Cavendish (Hrsg.), London 1974, Artikel: Gnosticism and German Occult Groups; W. G. Gray, Magie. Das Praxisbuch der magischen Rituale, München 1992; G. Gurdjieff, All und Alles, Basel 1990–1992, 3 Bde.; P. Ouspensky, Ein neues Modell des Universums, Basel 1986; ders., Der Vierte Weg, Basel 1991; Ch. Tart, Transpersonale Psychologie, Olten 1978, 10. Kap.: Modelle westlicher Magie. *G. Eberlein*

Geheimlehren →Geheimwissenschaften

Geheimwissenschaften

Unter Geheimwissenschaften wurden in Renaissance und Neuzeit okkulte Philosophien verstanden, insbesondere Alchemie, Astrologie, Kabbala, Magie und Prophetien jeglicher Art. Heute sind damit eher aktuelle okkulte Lehren gemeint, namentlich asiatische Weisheiten, Geistheilung, →I Ging, makrobiotische Ernährung, →Tarot. Bei systematischer Betrachtung umfassen heute Parawissenschaften das, was früher als Geheimwissenschaft galt. Generell liegt Geheim- bzw. Parawissenschaften grundsätzlich eine gegenüber Schulwissenschaften und Philosophie alternative Erkenntnistheorie zugrunde: Sie zielt auf Erkenntnis „höherer Welten“, auf idealistische bis spiritualistische Weltbilder und Metaphysiken, besonders aber auf ein esoterisches Menschenbild: Wertvolle Initiation gegen wertneutrale Information, Erleuchtung gegen Aufklärung, Adeptentum gegen intellektuelles Studium, esoterische Sucherkreise gegen akademische Forschergemeinschaften.

Sowenig eine zehnprozentige Buchmarktsparte „Esoterik“ wirklich noch esoterisch sein kann, sowenig können massenhaft veröffentlichte Parawissenschaften – selbst in Kleingruppen weitergegebene Geheimlehren – wirklich noch geheim sein. Auch von Geheimgesellschaften kann wohl kaum mehr gesprochen werden: Fast alle nennenswerten spirituell ausgerichteten Vereinigungen – seien es Anthroposophen, Freimaurerlogen, Rosenkreuzer, Eckankar o. ä. – sind in Großstadt-Telefonbüchern zu finden. Sie werben mit Zeitungsanzeigen und Aushängen für ihre Vorträge und begrüßen hoch erfreut jeden Neuling bei ihren Gästeabenden. Natürlich haben sie teilweise sehr gut gemachte Werbemittel für Print- und elektronische Medien aufzuweisen; meist handelt es sich um eingetragene Vereine (ihre Vorstandsmitglieder kann man bei Gericht nachschlagen), die meist föderativ national wie international in Nonprofit-Dachorganisationen konzernförmig strukturiert sind. Ihre Kernschriften stehen in jeder wissenschaftlich anspruchsvollen Bibliothek, ihre lokalen Vereinigungen sind für den soziologischen Blick subkulturell getönte, bürokratisch aufgebaute Freizeitorganisationen. Was könnte hier noch geheim sein, und wo liegen denn hier noch Unterschiede zwischen Para- und Schulwissenschaften?

Sieht man zunächst einmal von Ernährungs- und Heilungsmethoden und -moden ebenso ab wie von idealistisch-spiritualistischen Weltbildern, so bleiben – von →Alchemie, →Anthroposophie, →Astrologie, →Harmonik, →I Ging, →Magie, →Mystik, →Parapsychologie, →Reinkarnation bis →Tarot – esoterische Psychologien übrig, die als „psychospirituelle Technologien“ (R. Ornstein) der Verwirklichung des menschlichen Potentials dienen sollen. Diese Psychologien sind, wie mehrfach erwähnt, auch im mystischen Bereich aller Weltreligionen anzutreffen. Fragt man nun, wie weit sich die universitäre Psychologie mit ihren esoterischen Konkurrenten auseinandersetzt, dürfte man kaum überrascht sein zu hören, daß dies in der Tiefenpsychologie seit Jahrzehnten geschieht. So wie sich S. Freud und C. G. Jung mit Parapsychologie – damals „wissenschaftlicher Okkultismus" genannt – zumindest in ihrer zweiten Lebenshälfte beschäftigt haben, so geschieht dies seit Ende der sechziger Jahre seitens der sogenannten Transpersonalen Psychologie (TP), die nach Behaviorismus als erster und Psychoanalyse als zweiter sodann humanistischer als dritter, sich nun als vierte Psychologie betrachtet. Kernthema der TP ist die Erforschung veränderter Bewußtseinszustände, also Wachen, Schlaf/Traum, Meditation, Hypnose, Drogeneinwirkung, mystische Schau u. a. Erklärung und Prognose solcher „veränderten Bewußtseinszustände" ist die Feststellung gemeinsam, daß der Mensch nicht in der historischen Gestalt der Person aufgeht. TP ist ein Paradebeispiel dafür, daß anstelle von →New-Age-Ideologien und metaphysischer Spekulation anspruchsvolle psychologische Experimentation und vielversprechende Ansätze der Theoriebildung treten können. Auch psychotherapeutische Anwendungen von TP zeichnen sich ab (Boorstein).

Diese neue Disziplin hat sich als produktiver Ansatzpunkt einer interdisziplinären Bewußtseinsforschung erwiesen; sie wird heute besonders in USA an Universitäten erforscht und gelehrt (Tart). Dabei werden die historischen Bewußtseinsstufen (magisch – mythisch – mental – supramental) in ihrer soziokulturellen Eigenart dargestellt und mit gängigen tiefenpsychologisch-psychotherapeutischen Schulen in Beziehung gesetzt. Es ist zu erwarten, daß TP mit der Erforschung der esoterischen Psychologien als „Bewegungen zum wahren Selbst", also einer transrationalen Selbstverwirklichung, ganz neue Wege betreten wird.

Versucht man, die Ziele esoterischer Psychologien religiöser wie „geheimwissenschaftlicher" Art als Fragestellungen der TP zusammenzufassen, so ergibt sich:

Es geht um Methoden, die beanspruchen, körperliche Entspannung und geistige Konzentration als Vorbedingungen spiritueller Entfaltung zu ermöglichen.

Darauf bauen zahlreiche Meditationsverfahren auf, die den unaufhörlichen Wahrnehmungs-, Einfalls- und Bewußtseinsstrom abzuschalten trachten, um durch Selbstbeobachtung eine Bewußtseinsveränderung zu erreichen. Dies geschieht durch Entautomatisierung unserer psychischen und intellektuellen alltäglichen Routineprozesse und läßt dadurch eine verstärkte hellwache Selbst- und

Fremdbeobachtung („Ausdehnung der Aufmerksamkeitsspanne") zu. Den mystischen Bereichen (→Mystik) der Hochreligionen, aber auch den meisten esoterischen Lehren zufolge, treten im Verlauf dieses Bewußtwerdungs- und Bewußtseinsveränderungsprozesses paranormale Wahrnehmungen und Erfahrungen auf, die von Telepathie bis zu Kommunikation mit Verstorbenen reichen sollen. Ob dies Auftreten paranormaler Erscheinungen (→Parapsychologie) gesetzmäßig erfolgt und ob derartige Phänomene auf solchen „geheimwissenschaftlichen" Trainingswegen gesetzmäßig erreichbar und manipulierbar sind, ist ein Forschungsprogramm der TP für die nächsten Jahrzehnte. Ob bei solch spiritueller Arbeit eventuell Bewußtseinsstrukturen informationaler Art aufgebaut werden, die körperunabhängig sind und sogar den Sterbensprozeß überdauern könnten – dies ist eine Forschungsfrage, deren Bearbeitung und Lösung durch TP in absehbarer Zeit heute nicht vorstellbar ist. Zielsetzung esoterisch-„geheimwissenschaftlicher" Methoden wäre, hellwach und bewußt zu leben und zu handeln (zu R. Steiners Geheimwissenschaft →Anthroposophie).

Literatur:
Ch. R. Bochinger, „New Age" und moderne Religion. Religionswissenschaftliche Analysen, Gütersloh 1994; H. Miers, Lexikon des Geheimwissens, München 1976; C. Naranjo und R. Ornstein, Psychologie der Meditation, Frankfurt 1976; Ch. Tart, Transpersonale Psychologie, Olten/Freiburg 1978, bes. Riordan: Gurdjieff; ders., Hellwach und bewußt leben, München 1988; S. Boorstein (Hrsg.), Transpersonale Psychotherapie, München 1988. *G. Eberlein*

Geomantie

Der Begriff Geomantie (oder Geomantik) bezeichnet ursprünglich ein Orakelsystem, bei dem aus zufälligen Figuren im Sand die Zukunft vorhergesagt wird; seit dem 19. Jahrhundert nennt man auch die esoterische Lehre von der Verteilung sakraler und dynastischer Bauten in der Landschaft so. Die führende Zeitschrift *The Ley Hunter* nennt Geomantie „die holistische Betrachtung prähistorischer Stätten und ihrer Landschaften. Sie umfaßt die Untersuchung der miteinander vernetzten Gebiete der Archäologie, der Volkskunde, der Leys, der Astronomie der Vorzeit, der Geophysik, des Mutens und der ungewöhnlichen Phänomene und Bewußtseinszustände". Die Erforschung ehemaliger geomantischer Prinzipien ist für die Geomanten „glaubensorientiert" und soll in eine bessere Zukunft führen, in der Menschen – wie einstmals – in Harmonie mit der Erde leben.

Obwohl viele Völker Prinzipien kennen, die über die Orientierung eines Bauwerkes in der Landschaft entscheiden, beginnt die moderne Geomantie 1925, als der aus Hereford, England, stammende Geschäftsmann Alfred Watkins in seinem Buch *The Old Straight Track* die These veröffentlichte, die frühesten Handelsrouten der Menschen seien lange, kerzengerade Wege, die „Leys", gewesen. Ihr Verlauf wurde durch Erdhügel und Teiche markiert, die später zu heiligen Orten wurden, zu Dolmen, Steinkreisen, Kirchen, Wallfahrtsorten und heiligen Quellen. Verbinde man diese Orte auf einer topografischen Karte, dann ließen sich die alten Wege wieder entdecken.

Zu seiner Zeit stieß Watkins auf Unverständnis und Ablehnung seitens der Archäologie, die im Steinzeitmenschen noch allzusehr den grunzenden Affen ohne Zivilisation sah. Watkins' These stellte den Fortschrittsglauben der Historiker in Frage; heute hingegen weiß man, daß die Menschen der Jungstein- und Bronzezeit sehr wohl gerade Steinmonumente und astronomische Sichtlinien konstruierten, wenn diese auch rituellen Zwecken dienten und bei weitem nicht die Präzision erreichten, die ihnen populärwissenschaftliche Zeitschriften zuschreiben. Zur gleichen Zeit wie Watkins studierte auch Katherine Maltwood die topografischen Karten von Glastonbury in Somerset, England. Sie fand in den Karten allerdings keine Leys, sondern – sorgsam in Flußläufen und Ackergrenzen konserviert – die Umrisse der zwölf Tierkreiszeichen. Einige dieser Tierfiguren sollten mehrere Kilometer lang sein, Maltwood hat sie 1935 ausführlich in *Glastonbury's Temple of the Stars* beschrieben.

1969 erfolgte, nachdem diese Bücher längst vergessen waren, eine Synthese aus beiden in John Michells Buch *The View over Atlantis*. Michell verglich Leys und „terrestrische Zodiaks" mit der chinesischen Lehre des Feng Shui. Feng Shui ist eine jahrtausendealte Tradition, die die korrekte Positionierung von Sakralbauten, Gräbern, Palästen und Straßen in der Landschaft definiert. Dabei müssen die Bauwerke so gestaltet und plaziert sein, daß sie die Qi-Energie der Landschaft optimal nutzen und die der Topografie immanenten Yin- und Yang-Qualitäten ausgleichen. Feng Shui vermeidet gerade Linien, weil sich auf ihnen die Energie zu schnell fortbewegt, und blockiert sie mit Spiegeln oder Steinen. Nur der Kaiser selbst darf gerade Linien errichten.

Michell verglich Feng Shui mit Akupunktur; er folgerte, Menhire, Dolmen und Kirchen seien gleichsam die Nadeln, die den feinstofflichen Körper der Erde regulieren. Nach ihm sind Leys Linien von gutartigen Erdstrahlen, ihre Nutzung in der Steinzeit ist als Märchen vom Goldenen Zeitalter, von der reichen Insel Atlantis (→Atlantologie) in der Sagenwelt erhalten geblieben. Heilige Könige errichten gewaltige Ley-Netzwerke, regieren so das Land und schenken ihm Fruchtbarkeit und spirituelle Energie. Michells „poetische Vision" galt unter Geomanten als Dogma, bis es 1990 durch die Arbeiten Paul Devereux' zu einem von ihm so genannten Paradigmenwechsel kam.

Devereux, der den *Ley Hunter* herausgibt, war seit mehr als einem Jahrzehnt unzufrieden gewesen, weil es immer mehr Aufsätze über mit der Wünschelrute „gemutete" Energielinien gab, doch kaum Arbeiten über die tatsächlichen Vorstellungen fremder Völker und Zeiten. Das Auffinden eines esoterischen Kraftortes per Wünschelrute oder Pendel hatte die Kenntnis der Archäologie ersetzt. Obwohl Devereux selbst viele der esoterischen Vorstellungen vertreten hat (etwa, daß Ufos (→Ufologie) über Leys entstehen, daß Monster durch paranormale Prozesse aus Erdenergie entstehen etc.), lehnt er diese nach seinem Überzeugungswandel vollkommen ab.

Das neue Paradigma geht davon aus, daß die ersten Leys von schamanischen Gesellschaften angelegt wurden. Aus dem, was man über Schamanen und ihre Reise ins Land der Ahnen sowie über akzeptierte gerade Linien der Steinzeit – etwa Steinreihen und die kuriosen *cursus* in England – weiß, folgert er, Leys seien eine Art in die Landschaft hineinprojizierte Erinnerung an den Flug des Schamanen gewesen. Die durch Drogen oder Meditation erzeugten außerkörperlichen Flugerlebnisse wurden als geradlinige (Luftlinie) Reise in andere Seinswelten gedeutet und daher als lange gerade Wege durch das Land in die Realität umgesetzt. Nach dem Untergang des Schamanismus in Europa ging die Führungsmacht des Magiers auf den König und Priester über, die Kontinuität der Entwicklung wird durch die langen Sakralstraßen und Königswege sowie die geradlinige Anordnung von mittelalterlichen Kirchen und Kapellen angezeigt. In die Folklore sind die alten Traditionen vom Flug des Schamanen über sein Land als Überlieferungen von Toten- und Geisterwegen (die zumindest in Ostdeutschland stets kerzengerade waren, in England spricht man noch von *dead straight*) und Hexenflügen zum Sabbat eingegangen.

Das neue Paradigma erklärt viele der vorher esoterisch gedeuteten Sagen von geraden Linien innerhalb eines Denkschemas, das der modernen Anthropologie und auch Geschichtsforschung – etwa Carlo Ginzburgs Ideen über die Ursprünge des Hexenglaubens – durchaus entspricht.

Dennoch ist das neue Dogma nicht frei von Esoterik: So vermutet Devereux, Schamanen hätten natürliche Erdkräfte wie radioaktive Strahlung genutzt, um sich in Trance zu versetzen, daher befänden sich Steinkreise und Dolmen entlang von Verwerfungslinien. Da die Erde ein lebender Organismus, Gaia, sei, habe sie auf diese Weise über Jahrtausende mit dem Menschen kommuniziert. Wollen wir überleben, so Devereux, müssen wir „eine Geomantie für das 3. Jahrtausend" formulieren, uns wieder in Trance mit Mutter Erde versöhnen.

In Deutschland selbst werden Devereux' Ideen bisher nur wenig zur Kenntnis genommen; hier bedeutet Geomantie nach wie vor das Erpendeln von wohltuenden Erdströmen, über die dann New Age-Zentren erbaut werden. Andere deutsche Geomanten haben Michells Analogie zu Atlantis wörtlich genommen und großangelegte Gitterwerke um Karlsruhe entdeckt, die angeblich von Bewohnern des versunkenen Kontinents angelegt wurden. Zur Auffindung dieser europaweiten Netzwerke bedarf es nicht einmal topografischer Karten, ein Autoatlas genügt. Daß sich die Fehlerquote durch das unpräzise Arbeiten mit ungenauen Vorlagen erhöht, ist belanglos, wenn man diese Einwände mit den großartigen symbolischen Liniengewirren vergleicht, die diese Enthusiasten erstellen.

Eine typisch deutsche Version der Geomantie stellen verschiedene prä-astronautische Veröffentlichungen dar, die in den auf Landkarten gefundenen geraden Verbindungslinien zwischen prähistorischen Bauwerken keine Erdstrahllinien vermuten, sondern die Flugbahnen außerirdischer Besucher der Vorzeit. Dabei wird sowohl die Präzision als auch die Zahl und Länge der nachgewiesen geomantischen Linien der Stein- und Bronzezeit stark übertrieben (→Prä-Astronautik).

Daß tatsächlich gerade Linien Bestandteil der Kultur traditioneller schamanischer Gesellschaften sind, zeigen die über ganz Südamerika verbreiteten geradlinigen Sakralstraßen. Die bekannteste und rätselhafteste dieser Anlagen liegt auf der Hochebene von Nazca und ist von Erich von Däniken als Abbild eines prähistorischen Weltraumflughafens identifiziert worden.

Die Rolle, die heute die Geomantie im breiten Glaubensangebot der Esoterik einnimmt, vertrat im 19. Jahrhundert die Pyramidologie. Wie bei der Untersuchung der Leys erhofften sich Laienforscher aus der Analyse der Lage, Ausrichtung und Dimensionen der Cheops-Pyramide Rückschlüsse auf „höheres Wissen". Der Brite John Taylor behauptete 1859 in *The Great Pyramid*, die Cheops-Pyramide sei von Noah kurz vor der Sintflut aufgrund göttlicher Inspiration errichtet worden. Sie enthalte in ihren Maßen verschlüsselt sämtliches Wissen der Welt. Die Ideen wurden kurze Zeit später von Charles Piazzi Smyth aufgegriffen, der im Gegensatz zu Taylor Ägypten selbst besucht hatte. In *Our Inheritance in the Great Pyramid* (1864) und *Life and Work at the Great Pyramid* (1867) behauptete er, daß die Cheops-Pyramide direkt im Zentrum der Kontinente stehe, daß ihre Dimensionen, mit sich selbst, mit Pi oder einem anderen Pyramidenmaß multipliziert, genaue Angaben über die Größe der Erde, die Zahl und Entfernung der Planeten sowie über die Weltgeschichte enthielte – nicht nur Christi Geburt, auch der Weltuntergang sei in den Dimensionen der Pyramide codiert. Einige Beispiele zeigen Smyths Methode deutlich: Die Höhe der Pyramide, dividiert durch zweimal die Länge einer Seite, ergibt Pi; die Höhe mal einer Million ergibt den Abstand Erde-Sonne (in Metern!), die Seitenlänge, dividiert durch die Durchschnittsbreite eines Bausteins, lautet 365. Spätere Autoren, etwa Menzies, benutzten Smyths Methodik, um mit den Maßen der Gänge, Kammern und des Sarges die Weltgeschichte zu prophezeien; Menzies fand als Erschaffungsdatum 4004 v. Chr. und als Datum des Weltendes die Jahre zwischen 1882 und 1911.

Obwohl sich diese Deutungen zum Weltuntergang mittlerweile als zweifelhaft herausgestellt haben, erscheinen heute noch, vor allem von seiten der Prä-Astronautiker, Aufsätze über die in der Pyramide verborgenen mathematischen Kenntnisse, die außerirdischen Ursprungs sein sollen. Während Kritiker versucht haben, den Unsinn solcher Deutungen dadurch zu entkräften, daß sie ebenso beachtenswerte mathematische Spielereien mit Hollandfahrrädern (Cornelis de Jager) oder englischen Klärwerken (Bob Forrest) anstellten, ist jedwede Spekulation um die wahre Bedeutung der Maße sehr einfach damit zu ignorieren, daß niemand die Maße der Cheops-Pyramide kennt – der Außenputz ist längst abgefallen, die Höhe der verlorenen aufgesetzten Spitze ist unbekannt, die Seiten heute durch die Erosion von deutlich unterschiedlicher Länge.

Vor ihrer Wiederentdeckung durch die Esoteriker waren geomantische Anlagen der Vorzeit eine der Hauptstützen der germanophilen Geschichtsschreibung der Nazi-Zeit. Das Projekt „Ahnenerbe" untersuchte die angeblichen heiligen Linien und astronomischen Ausrichtungen der Externsteine und weiterer zwei Dutzend angeblich prähistorischer Fundorte. Die moderne Archäologie hat keine einzige der im Dritten Reich „entdeckten" heiligen Linien oder germanischen Kultplätze bestätigen können. Obwohl die manipulierten geomantischen Spekulationen von Teudt, Wirth und anderen zur Untermauerung der Rassenideologie dienten, sind viele dieser Vorstellungen (von der großen Urmutter bis hin zu dem Kraftort Externsteine) Allgemeingut der deutschen New Age-Bewegung, ohne daß eine kritische Auseinandersetzung mit den Ursprüngen der Geschichtsfälschungen stattgefunden hätte.

Literatur:

J. Michell, Die Geomantie von Atlantis, München 1986; ders., Sonne, Mond und Steine, Löhrbach 1993; N. Pennick, Einst war uns die Erde heilig, Zürich 1987; ders. und P. Devereux, Leys und lineare Rätsel in der Geomantie, Chur 1991; A. Watkins, The Old Straight Track, London 1974. *U. Magin*

Graphologie

Die Graphologie ist seit ihrer Entstehung umstritten gewesen, und ihre Geschichte war stets sehr wechselvoll. Nach einem ersten Höhepunkt um die Jahrhundertwende – 1896 wurde von Busse, Klages und Meyer die *Deutsche Graphologische Gesellschaft* gegründet – folgte nach dem Zweiten Weltkrieg eine erneute akademische Blütezeit. Bedeutende Hochschullehrer befürworteten und förderten die praktische und wissenschaftliche Beschäftigung mit ihr. Es gab kaum eine Universität, die die Graphologie nicht in ihrem Studienprogramm hatte; an einigen Hochschulen gab es sogar mehrsemestrige Ausbildungsprogramme, die ausschließlich der Graphologie gewidmet waren. Es erschienen mehrere noch heute anerkannte Lehrbücher, und Arbeiten über die Graphologie waren promotionswürdig. Das Fach genoß große Achtung und konnte sich auf die Zustimmung der *scientific community* stützen.

Vergleicht man mit dieser Hochschätzung die jetzige Lage der Graphologie, so muß man einen erheblichen akademischen Prestigeverlust konstatieren. Berufene und Unberufene äußern sich über ihren Unwert, von denen aber keiner die inzwischen komplizierte Forschungslage kennt. Auch Fachkollegen verhalten sich hier leider nicht wie Wahrheitssuchende, sondern eher wie eine Imitanten-Horde, die alte Vorurteile reproduziert. Im Unterschied zu Nachbarländern, in denen sie stets weiterlebte, wie in Frankreich, oder „revitalisiert" wird, wie in England, Schweden und Finnland, wird sie bei uns nur noch in privaten Schulen von zweifelhaftem Wert tradiert. Da sie an keiner deutschen Universität mehr gelehrt wird, wird sie aber auch der wissenschaftlichen Kontrolle entzogen und nimmt an den innovatorischen Entwicklungen der Mutterdisziplin Psychologie keinen Anteil mehr. Im Gegensatz dazu scheint sie sich jedoch nach informellen Auskünften aus der Praxis in der Wirtschaft bei der Personalauswahl großen Zuspruchs zu erfreuen.

Diesem Tiefstand in der akademischen Würdigung steht aber die bis heute unerschütterte Tatsache gegenüber, daß noch kein stichhaltiger Beweis gegen den Anspruch der Graphologie erbracht werden konnte. Sie nimmt für sich in Anspruch, eine psychodiagnostische Methode zu sein, mit der man zuverlässig allgemeine Persönlichkeitseigenschaften (Dispositionen) feststellen kann; zukünftiges, wirklich antreffbares Verhalten kann sie nicht vorhersagen, wohl kann sie aber für bestimmte Situationen aus dieser Eigenschaftsstruktur mehr oder weniger zutreffende Verhaltensvermutungen ableiten. Dabei ist der Graphologe ständig mit dem Problem konfrontiert, zwei Extreme meiden zu müssen: Seine Aussagen dürfen nicht zu allgemein sein, da sie dann praktisch nicht brauchbar sind, sie dürfen aber auch nicht zu speziell sein, da sich dann das Irrtumsrisiko erhöht.

Trotz dieses Problems geht der Anspruch der Graphologie über die bloße Feststellung von Eigenschaften hinaus und zielt durchaus auf die Voraussage einer mehr oder weniger begrenzten Verhaltensvariation ab; denn die Ermittlung von Eigenschaften ohne jede Beziehung zu zukünftigem Verhalten (was Klages, 1936, die „Verkehrshaltung des Schreibers" genannt hat), wäre ja funktions- und somit sinnlos. Um das Risiko von Fehlbeurteilungen möglichst gering zu halten, sollte die Graphologie nur in Verbindung mit anderen psychodiagnostischen Verfahren eingesetzt werden. Beim jetzigen Stand der Forschung verbietet sich jedenfalls ihre alleinige Anwendung. Inhaltlich handelt es sich zum Beispiel um Aussagen über die Stabilität und Labilität einer Person, um ihre Kontaktbereitschaft und auch -fähigkeit, um die Richtung ihrer Interessen, um ihre Konflikt- und Streßtoleranz, um ihre Begabungsformen, um die Differenziertheit ihres Erlebens und anderes mehr. Spezialbegabungen kann man aus der Handschrift nicht entnehmen; so ist es unmöglich, in der Handschrift Albert Einsteins seine Genialität festzustellen.

Die Grundannahme der Graphologie. Schreiben ist zunächst eine Zweckhandlung, allerdings eine ganz besondere, denn sie ist die einzige, die sich selbst dokumentiert und – so können wir hinzufügen – die wiederum durch die Wahrnehmung des Dokumentierens beeinflußt wird (Leitbildprinzip genannt). Der Zweck des Schreibens ist die Mitteilung. Um diesem Zweck dienen zu können, muß das Schreiben und sein bleibend gegenständliches Ergebnis, die Schrift, gewissen Qualitäten genügen. So muß die Schrift zum Beispiel leserlich sein, andernfalls der Sinn des Geschriebenen nicht verstanden werden kann. Der Phänomenbestand des Schreibens erschöpft sich darin jedoch nicht; denn diese Handlung kann innerhalb der Grenzen dieses Zweckes in sehr unterschiedlicher Weise ausgeführt werden. Das „Muß" der Leserlichkeit umschließt nämlich ein sehr breites „Kann" der Ausführung (Heiß, 1966). Diese individuelle Gestaltung der Schrift und ihre Entstehungsbedingungen sind der Gegenstand der Graphologie. Die Gestaltungsformen sind unbegrenzt (Individualitätsannahme). Um dies zu demonstrieren, sammelte der französische Graphologe Crépieux-Jamin (1927) zweihundert verschiedene Formen des großen M, „ohne jemals auf identische Formen zu stoßen". Bemerkenswerterweise fand jede Person auch ihr eigenes M aus der Sammlung heraus.

Um nun zur Deutung der Handschrift zu kommen, nahm man an, daß diese Bewegungsform zum menschlichen Ausdruck zu rechnen sei, und so wie man im Gesicht die Stimmung des betreffenden Menschen unmittelbar „erschauen“ kann, so meinte man auch aus den Zügen seiner Handschrift seine Charaktereigenschaften erfassen zu können.

Nicht nur die häufigen offensichtlichen Fehlbeurteilungen, sondern auch die Tatsache, daß die Handschrift eben nicht dem menschlichen Ausdruck analog ist, haben diese Begründung als unhaltbar erwiesen. Durch die Leibfremdheit ihres Werkmaterials sowohl wie durch den „personabgelösten Ergon-Charakter“ (Werkselbständigkeit) unterscheidet sich die Handschrift vom menschlichen Ausdruck. Eben dieser Ergon-Charakter, daß sie also eine Werkwirklichkeit besitzt, bedingt aber, daß der diagnostische Zugang zur Persönlichkeit durch sie nicht ein unmittelbares Verstehen, sondern nur ein in vielfacher Weise vermitteltes Erschließen sein kann. Nicht ein unmittelbares Erschauen also, sondern ein bisweilen langwieriger Urteilsprozeß führt zur Diagnose.

Die Sicherung graphologischer Aussagen. Neben dem Erkenntnisinteresse selbst macht die große Verantwortung, die die Graphologie bei der Statuszuweisung besonders hoher sozialer Positionen übernimmt, die Sicherung ihrer Aussagen notwendig und unabdingbar. Sie muß empirisch sein, spekulative Ableitungen sogenannter Deuteregeln genügen heutigen wissenschaftlichen Ansprüchen nicht mehr. Man beobachtet gegenwärtig verschiedene Ansätze, die Sicherung der Grundlagen voranzutreiben.

In der sogenannten graphometrischen Forschungsrichtung versuchte man, Zusammenhänge zwischen verschiedenen graphischen Variablen und verschiedenen Kriteriumsvariablen zu ermitteln, um die Deutebestimmungen der Handschriftvariablen aufzuklären. (Beispiel einer Deuterelation: Der nach oben geschlossene Bogen, die sogenannte Arkade, bedeutet Distanziertheit, Beherrschung, Reserve.) Aus zwei Gründen hat sich dieses methodische Vorgehen als nur begrenzt erfolgreich erwiesen:

1. Zumeist wurden als solche Kriterienvariablen Tests der unterschiedlichsten Form verwendet (Intelligenztests, Formdeutetests nach Art des Rorschachtests usw., auch Fragebögen), deren Sicherung selbst fraglich ist. Daher ist bei geringen korrelativen Zusammenhängen nicht eine geringe Gültigkeit (Validität), sondern eine differenzielle Gültigkeit anzunehmen (Divergenz-Theorem). Das heißt, daß sich zum Beispiel bei niedrigen Korrelationen zwischen graphischen Variablen und Intelligenztests eben nicht die Testintelligenz zeigt – dies hat bisher übrigens auch kein Graphologe je be-

hauptet –, sondern eine andere psychische Dimension und eben auch eine andere Form der Intelligenz. Allgemein läßt sich sagen, daß diese Dimensionen viel komplexer zu sein scheinen als einfache Testleistungen. So gibt es Hinweise dafür, daß sich statt der einfachen Fähigkeit, eine einstellige Zahlenreihe fortzusetzen, in der Handschrift viel eher der differenzierte Umgang mit Kulturgegenständen zu zeigen scheint (Differenziertheitsgrad der Person, Bildung).

2. Die Testleistungen bilden die vorherzusagende Wirklichkeit nur unzulänglich und bisweilen gar nicht sachangemessen ab. Es gibt zum Beispiel keinen einzigen Test und auch keine Testbatterie, die eine erfolgreiche Vertretertätigkeit vorhersagen ließe.

Aus dieser Befundlage ergibt sich, daß solche Kriterien gefordert sind, die das vorherzusagende Verhalten auch wirklich und zweifelsfrei repräsentieren (Außenkriterien). Arbeiten zur Sicherung mit solchen Kriterien wie zum Beispiel Expertenurteile (z.B. von Meistern) gibt es zwar, sie sind jedoch selten. Das ist nicht verwunderlich, wenn man bedenkt, wie ungewöhnlich schwierig es ist, solche Beurteilungen zu finden. Wann immer man mit Personalabteilungen zusammenarbeitet, stößt man auf das schwierige Problem der unzureichenden Arbeitsplatzbeschreibung. Die Auskünfte über die Arbeitsanforderungen sind zumeist sehr abstrakt und zusammenfassend, und daher ist es bisweilen kaum möglich, sie durch bestimmtes Verhalten zu operationalisieren. Ein Beispiel hierfür ist das für hohe Positionen vom Bewerber immer wieder erwartete Organisationstalent mit seinen sehr vagen Konnotationen.

Perspektivenwechsel als neuer Lösungsweg. Beim Studium der Gutachtenpräsentation im Personalbüro und auch sonst ist oft zu beobachten, daß Gutachtenempfänger (Personalberater u.a.) anfänglich die Richtigkeit des Urteils verneinen, um es nach einer vertieften Diskussion zu bejahen, und dies ohne jeden erkennbaren erzwungenen Gruppenkonsens. Wir haben dieses Phänomen prozessuale Stimmigkeit genannt und daraus den Schluß gezogen, daß die Einteilung gutachterlicher Aussagen dichotomischer Art nach „trifft zu“ oder „trifft nicht zu“ den Vorgang unzulässig reduziert und simplifiziert. Man muß vielmehr den gesamten diagnostischen Prozeß, wie er sich in der Personalberatung wirklich abspielt, wieder in den Blick nehmen, der sich dann als ein über verschiedene Phasen laufender komplizierter Kommunikationsprozeß darstellt, bei dem nur eine unvollständige Informationsübermittlung zwischen Gutachter und Empfänger stattfindet (Lockowandt, 1988; Bürgi, 1990).

Dies hat seinen Grund in den sehr unterschiedlichen Bezugsrahmen, durch die beide Fachleute ihre Urteile generieren. Der Graphologe interpretiert mikromotorische Bewegungsformen, der Personalberater urteilt nach einem an jahrelanger Arbeitsnorm und -effektivität sowie an sozialer Verträglichkeit orientierten Bezugsrahmen. Daher ist die Erwartung sofortiger Übereinstimmung beider Urteile naiv. Vielmehr müssen zunächst angemessene Bedingungen geschaffen werden, die die Informationsübermittlung vergrößern und somit eine Stimmigkeit erst ermöglichen. Zukünftig werden also Überprüfungen der Graphologie zunächst die unterschiedlich generierten Verständnishorizonte der Gutachtenpartner aufzuklären haben, damit Stimmigkeiten überhaupt erst sachangemessen entstehen können.

Für Graphologen folgt daraus, daß sie nicht mit der Promptheit in der Art von Tells Apfelschuß Eigenschaften aus der Handschrift zu zaubern versuchen sollten, um ihre Klienten zu verblüffen. Personalberater ihrerseits sollten dies auch gar nicht erwarten.

Literatur:
A. Bürgi, Gedanken zu einer wissenschaftlichen Fundierung der Graphologie, in: Zeitschrift für Menschenkunde, 2/1990, 70–90; J. Crépieux-Jamin, Die Grundlagen der Graphologie und der Schriftexpertise, Heidelberg 1927; R. Heiß, Die Deutung der Handschrift, Hamburg 1966, 3. Aufl.; L. Klages, Der Mensch und seine Handschrift, München 1983; O. Lockowandt, Zum Problem der Validierung graphologischer Beurteilungen, in: Zs. f. Menschenkunde, 3/1988, 52 Jg., 138–156; O. Lockowandt (Hrsg.), Bielefelder Graphologische Bibliographie (BGB), Bielefeld 1990, 2. Aufl.; W. H. Müller und A. Enskat, Graphologische Diagnostik. Ihre Grundlagen, Möglichkeiten und Grenzen, Bern 1993, 4., korrigierte und ergänzte Aufl. (mit einem Anhang von O. Lockowandt); R. Pophal, Zur Psychophysiologie der Spannungserscheinungen in der Handschrift, Rudolstadt 1949, 2., umgearbeitete und vermehrte Aufl.

O. Lockowandt

Harmonik

Das Wort Harmonik kommt vom griechischen *harmonikos*, das harmonisch, zur Musik gehörig, bedeutet. Doch darf Harmonik nicht verwechselt werden mit der Harmonie- oder Akkordlehre in der Musik, obwohl gewisse elementare Ausdrücke der Harmonielehre darin enthalten sind. Schon bei den Pythagoreern, wo die Harmonik ihren Ausgang nahm, hatte der Begriff einen weit breiteren Umfang und bedeutete die Lehre von der Harmonie der Welt bzw. die Lehre von Maß und Wert, zurückgehend auf Zahl und Ton, auf das Urphänomen der „Tonzahl". Für die Pythagoreer war nicht die Zahl allein maßgebend, sondern die Tonzahl – die tönende, erkenntnisträchtige Zahl. Auf dieser beruhte die Lehre vom Klang der Welt, wie man die Harmonik auch bezeichnen könnte. Gemeint ist damit jene grandiose Entdeckung am Monochord, jenem von Pythagoras (um 570–480 v. Chr.) eingeführten einsaitigen Versuchsinstrument, daß die musikalische Tonhöhe von der Länge der Saite abhängt. Mit dieser Entdeckung des zahlenmäßig fixierbaren Verhältnisses von Tonhöhen und Saitenlängen läutete Pythagoras die Geburtsstunde der abendländischen Wissenschaft ein, und in diesem Sinne steht die Harmonik am Anfang des europäisch-exaktwissenschaftlichen Denkens.

Die Tonzahl stellt den Kern der Harmonik dar, jenes Urphänomens, welches man nicht versteht, solange man sich der Welt nur zählend und messend nähert, wie es die Naturwissenschaften, insbesondere die Physik, tun. Im Gegensatz dazu geht es in der Harmonik nicht nur darum, die Welt zählend und messend zu begreifen, sondern diese auch zu empfinden und zu werten. Empfinden und Werten sind ein seelisches Vermögen, das uns eingeboren ist, und es genügt nicht, die Welt nur zu „begreifen", also mit dem Tastsinn zu arbeiten (Haptik), oder sich etwas „vorzustellen", also mit dem Sehsinn zu arbeiten (Optik), denn der Mensch begreift nicht nur und stellt sich etwas vor, er wertet auch. Und in der Tonzahl, die zugleich auch Tonwert ist, jenem exakten Zusammenhang von Zahl (Saitenlänge bzw. Frequenz = Schwingungszahl) und Wert (Ton), offenbart sich diese Tatsache in ihrer reinsten und unmittelbarsten Form. Durch das Ohr sind wir imstande, die Richtigkeit bzw. Reinheit eines Intervalls, z. B. einer Oktave oder Quinte, zu hören und damit ein ganz bestimmtes Zahlenverhältnis a priori, ohne Umweg über den Verstand, wahrzunehmen.

Das Wesentliche der pythagoreischen Entdeckung der Tonzahl besteht in ihrem symmetrischen Ansatz: Einerseits werden qualitative Unterschiede (Tonempfindung) auf quantitative (Maßzahl) zurückgeführt – was das pythagoreische Erbe und Fundament der heutigen exakten Wissenschaften darstellt, und andererseits wird umgekehrt gezeigt, daß sich Quantitatives bewerten und empfinden läßt. Auf diese wechselseitige Beziehung kommt es in der Harmonik an, während sich die heutige Wissenschaft fast ausschließlich auf den ersten Aspekt beschränkt. In der Tonzahl ist eben nicht nur der objektiv meßbare, quantitative Aspekt gemeint, sondern zugleich der subjektiv empfundene, wertmäßige qualitative Aspekt. Subjektives und Objektives, Seelisches und Materielles, Qualität und Quantität, Wert und Maß, kommen in der Tonzahl auf bestimmte, genau kontrollierte Weise zusammen. Damit ist der Ansatzpunkt für eine wissenschaftliche Behandlung der harmonikalen Erscheinungen gegeben. Die Harmonik im weiteren, außermusikalischen Sinne hat es mit Entsprechungen zu tun, mit Analogien auf den verschiedensten Gebieten der Wissenschaften, der Kunst, der Philosophie, bis hin zur religiösen Symbolik.

Die harmonikale Weltbetrachtung blieb zwar das ganze Altertum und Mittelalter lebendig, aber erst in der Renaissance erlangte sie durch Johannes Kepler (1571–1630) einen neuen Höhepunkt. Seine Art, die Natur und den Kosmos zu betrachten, ist typisch für die Harmonik. Es geht ihm in erster Linie um das Erkennen von gestalthaften Zusammenhängen, und er knüpfte dabei direkt an die pythagoreische Lehre von den Zahlenproportionen an. In seinem 1619 erschienenen Hauptwerk *Harmonices mundi* (Weltharmonik) ersteht die alte Idee der Pythagoreer von der Sphärenharmonie wieder in Form einer grandiosen Schau der zwischen Planetenbahnen bestehenden Harmonien, welche nur dem geistigen Ohr erkennbar sind. Für ihn lag z.B. der eigentliche Grund für die Ellipsenform der Planetenbahnen darin, daß daraus unterschiedliche Winkelgeschwindigkeiten in den Extrempunkten ihrer Bahnen – dem Perihel und Aphel – resultieren, welche sowohl bei einem einzelnen Planeten als auch zwischen verschiedenen Planeten harmonikale Verhältnisse aufweisen. Kepler betrachtete Naturerkenntnis als Nachvollziehen des Schöpfungsplanes Gottes, und dieser wählte bei der Erschaffung der Welt bewußt nicht die Kreisform für die Planeten, weil sein eigentliches Ziel die musikalische Harmonie gewesen sei.

Nach Kepler geriet die harmonikale Betrachtungsweise der Welt durch die mechanistische Denkweise des aufkommenden naturwissenschaftlichen Zeitalters wieder in den Hintergrund. Aber der Impuls des pythagoreischen Ansatzes von Musik, Mathematik und Seele ging auch in der Neuzeit nicht ganz verloren, wie beispielsweise die Aussage von Gottfried Wilhelm Leibniz zeigt: „Die Musik ist eine verborgene arithmetische Übung der Seele, die dabei nicht weiß, daß sie mit Zahlen umgeht." Aber erst 1868 erschien das zweibändige Werk *Die harmonikale Symbolik des Altertums* von Albert von Thimus (1806–1878). Er rekonstruiert darin das pythagoreische Denken und stellt es in den Zusammenhang einer musikalischen Weltsicht aller bekannten alten Kulturen. Doch sein wichtigster Beitrag für die Harmonik von heute ist sicherlich die Findung des sogenannten Lambdoma. Dabei handelt es sich um ein unendliches Ordnungsschema, bei welchem alle Tonzahlen (Intervallproportionen) in systematischer Weise angeordnet sind. So wie in der Chemie die Elemente die Grundbausteine der Materie darstellen und das Periodensystem die Beziehung zwischen den Elementen herstellt, so ist in der Harmonik die Tonzahl das Urphänomen, und das Lambdoma repräsentiert den inneren Zusammenhang der Tonzahlen. Das Lambdoma besitzt in der heutigen Harmonik eine zentrale Rolle, denn es ist nicht nur ein mathematisches Schema oder ein Muster von Tonzahlen, es ist zugleich ein tiefsinniges Symbol.

Den eigentlichen Höhepunkt erreichte die Harmonik im 20. Jh. durch Hans Kayser (1891–1964), der sein ganzes Leben der Harmonik widmete und seine Ideen in vielen Büchern darlegte, darunter sein umfassendstes Werk, das *Lehrbuch der Harmonik*, in dem er die Ergebnisse seiner Forschungen zusammenfaßt. Anlehnend an den Kristallographen Viktor Goldschmidt (1853–1933), der am Bau der Kristalle musikalische Gesetzmäßigkeiten entdeckt hatte, beschäftigte sich Kayser zunächst mit der harmonikalen Struktur der Kristalle und dehnte in der Folge seine Untersuchungen auf die Harmonik der Pflanzen, Tiere, Architektur, Metaphysik und religiösen Symbolik aus. Alle seine Werke reden einer ganzheitlichen Weltwahrnehmung das Wort, die sich nicht allein in einer speziellen Weltanschauung = Aisthesis erschöpft, sondern in Ergänzung zu dieser ruft er zu einer Akroasis = Weltanhörung – ein anderer Name für Harmonik – auf, worunter er eine allgemeine, alles durchdringende Geisteshaltung verstand.

Rudolf Haase, ein Schüler von Kayser, setzte an dem von ihm gegründeten *Hans-Kayser-Institut für harmonikale Grundlagenforschung* an der Hochschule für Musik und darstellende Kunst in Wien – dem bisher weltweit einzigen Lehrstuhl für Harmonik – die harmonikale Forschung in einem mehr induktiven Sinn fort, im Gegensatz zu Kayser, dessen Zugang mehr deduktiv, von der Mystik herkommend war. Haase hat ebenfalls viele Bücher geschrieben, darunter *Der meßbare Einklang*, in dem er die Harmonik auf streng empirische Basis zu stellen versucht.

In unserer Zeit gibt es inzwischen viele Einzelforscher, die sich der harmonikalen Betrachtungsweise verbunden fühlen; insbesondere sei der Kreis der Freunde um Hans Kayser in Bern hervorgehoben, der viele Schriften über Harmonik herausgebracht hat. Auch existiert ein internationaler neupythagoreischer Bund *Ordo Rosae Aureae* (O. R. A.), eine esoterische Gemeinschaft, die ein harmonikales Weltbild kultiviert.

Obgleich die Harmonik behauptet, daß sich die Materie – siehe Tonzahlexperiment – gleichsam empfinden läßt und unsere Seele dadurch einen exakten Zugang zu einem objektiven materiellen Befund hat, so bleibt dennoch die kritische Frage bestehen: Steuert die harmonikale Betrachtungsweise der Natur von sich aus weitere neue Informationen zu deren Verständnis bei, oder erschöpft sie sich gleichsam in einer postumen harmonikalen Interpretation von bereits durch die haptischen Wissenschaften erkannten Proportionen?

Literatur:
J. Kepler, Weltharmonik (übersetzt u. eingeleitet v. M. Caspar), Darmstadt 1967; H. Kayser, Akroasis – Die Lehre von der Harmonik der Welt, Basel 1989; H. Kayser, Der hörende Mensch, Stuttgart 1993; R. Haase, Der meßbare Einklang – Grundzüge einer empirischen Weltharmonik, Stuttgart 1976; ders., Aufsätze zur harmonikalen Naturphilosophie, Graz 1974; W. Amman (Hrsg.), Schriften über Harmonik des Kreises der Freunde um H. Kayser, CH-3006 Bern, Biderstr. 31. *A. Krammer*

Hellsehen →Parapsychologie

Homöopathie

Die Homöopathie wurde von Samuel Hahnemann (1755–1843) als Antithese gegen die damals herrschende Schulmedizin entwickelt. Die Grundlage der Homöopathie ist das Simileprinzip. Dieses besagt, daß ein Arzneimittel beim Kranken diejenigen Symptome zu heilen vermag, die es beim Gesunden verursacht. Um herauszufinden, gegen welche Symptome z.B. Kaliumkarbonat wirksam sein könnte, erprobt man es an gesunden Probanden und findet möglicherweise folgende Auswirkungen: Weinerlichkeit, Depressivität, Schreckhaftigkeit, Ängstlichkeit, trockener Husten, Herzstiche, Atemnot nach geringer Anstrengung, Obstipation, Schmerzen im Lendenbereich. Die Gesamtheit der Symptome, die man in der Arzneimittelprüfung ermittelt, ergeben das Arzneimittelbild. Bietet nun ein Patient typische Symptome von Kaliumkarbonat, so kann dieses Mittel dasjenige sein, welches die Symptome und damit die Erkrankung des Patienten zum Verschwinden bringt.

Die klinische Diagnose spielt für die Auffindung des geeigneten homöopathischen Arzneimittels eine untergeordnete Rolle, sofern sie nicht eine unmittelbare schulmedizinische Intervention erfordert. Die Kunst des homöopathischen Arztes besteht darin, in den Beschwerden und Symptomen eines Patienten das für diesen geeignete Arzneimittel wiederzuerkennen.

Herstellung der Arzneimittel. Homöopathische Arzneimittel werden überwiegend oral in Form von Tropfen, Tabletten oder Globuli verabreicht. Die Herstellung muß laut Gesetz nach dem Homöopathischen Arzneibuch (HAB) erfolgen.

Beginnend mit einem Ausgangsstoff (Urtinktur) werden durch Verreibung in Milchzucker oder durch Verschüttelung in einem Wasser-Alkohol-Gemisch die sogenannten Potenzen eines Arzneimittels hergestellt. Je Potenzierungsschritt wird das Arzneimittel im Verhältnis 1:10 bei den D-Potenzen und im Verhältnis 1:100 bei den C-Potenzen verdünnt. Potenzierung bedeutet zugleich Verdünnung und Dynamisierung. Unter Dynamisierung versteht man eine Verstärkung oder Vertiefung der Wirkung, welche durch Verreibung oder Verschüttelung erreicht werden soll. Die D-Potenzen bezeichnet man der Reihe nach mit D1, D2, D3 ..., wobei jede folgende Potenz gegenüber der vorangehenden um den Faktor 1:10 verdünnt (und dynamisiert) ist.

In der Homöopathie werden sowohl niedere Potenzen verwendet, die noch eine angebbare Menge der Ausgangssubstanz enthalten, als auch Hochpotenzen, welche infolge der stetig fortschreitenden Verdünnung keine Moleküle der Ausgangssubstanz mehr enthalten. Letzteres ist etwa ab der D24 oder ab der C12 der Fall.

Homöopathie bei chronischen Krankheiten. Die Homöopathie wird sowohl bei akuten als auch bei chronischen Krankheiten eingesetzt. Bei ersteren gibt man eher niedere, bei letzteren eher höhere Potenzen. Nach Ansicht der Homöopathen können Umstimmungen des Gesamtorganismus erreicht werden, die auch chronische Krankheiten bessern oder sogar zum Verschwinden bringen können. Die Homöopathie nimmt insofern eine Sonderstellung ein. Überraschende Heilerfolge sind vielfach sorgfältig und überzeugend beschrieben worden. Angesichts der Wirkungslosigkeit konventioneller Therapiemaßnahmen bei chronischen Erkrankungen sollte man der Homöopathie größere Aufmerksamkeit schenken.

Gibt es eine Möglichkeit, objektiv festzustellen, ob ihr Anspruch gerechtfertigt ist?

Evidenz der Homöopathie. Aus der Sicht eines Außenstehenden erscheint die Homöopathie zunächst wenig einleuchtend. Es ist ungeklärt,

1. ob und wie Verreibung und Verschüttelung besondere Qualitäten eines Arzneimittels hervorrufen können, welche es von einem Nichthomöopathikum unterscheiden;
2. wie eine homöopathische Hochpotenz wirksam sein kann, die keine Moleküle der Ausgangssubstanz enthält;
3. ob die Arzneimittelbilder Nachprüfungen standhalten;
4. ob die berichteten therapeutischen Erfolge der Homöopathie tatsächlich bestehen und auf die im Einzelfall verwendeten Mittel zurückzuführen sind;
5. wie die Arzneimittel im Körper ihre Wirkung entfalten;
6. es gibt keine Erklärung für das Simileprinzip.

Die vielen offenen Fragen beweisen allerdings nicht die Unwirksamkeit der Homöopathie, ebensowenig wie die Tatsache, daß ein neuer Kontinent noch unerforscht ist, beweist, daß er nicht existiert. Viele wissenschaftliche Neuerungen der Geschichte erschienen zunächst unglaubwürdig und stießen auf Ablehnung (Kuhn).

Aus der Sicht eines Homöopathen stellt sich die Frage nach der Berechtigung und Effizienz der Homöopathie völlig anders dar. Er hat in eigener Erfahrung so viele Heilerfolge gesehen, er weiß durch seine Lehrer und Kollegen von so vielen anderen Fällen, daß für ihn keine Zweifel aufkommen. Und wer will ihm als Unerfahrener diese Erfahrungen absprechen? Die subjektive Überzeugung kann so groß sein, daß der Ruf nach einer wissenschaftlichen Überprüfung nahezu absurd erscheint. Wieso sollte man das Offenkundige zweifelhaften wissenschaftlichen Methoden ausliefern?

Die unmittelbare Erfahrung kann als die höchste Instanz für die persönliche Urteilsbildung angesehen werden. Jedoch ist sie weniger geeignet, einen allgemeinen Konsens herbeizuführen. Zu diesem Zweck wird dann doch eine objektive, wissenschaftliche Überprüfung nötig sein.

In den vergangenen Jahrzehnten wurden Hunderte von Forschungsarbeiten durchgeführt mit dem Ziel, Wirkprinzipien und Wirksamkeit der Homöopathie nachzuweisen. Die Forschungen erstrecken sich auf folgende Bereiche:

- physikalische Messungen an Homöopathika,
- Versuche an Kleinlebewesen (an Bakterien, Protozoen, Pilzen...),
- Pflanzenwachstumsversuche,
- Tierversuche, insbesondere bei Vergiftungen,
- immunologische Versuche,
- klinische Therapieprüfungen in der Veterinärmedizin,
- klinische Therapieprüfungen in der Humanmedizin,
- Arzneimittelprüfungen am Gesunden im Sinne Hahnemanns.

Allerdings muß mit Bedauern festgestellt werden, daß die publizierten Forschungsarbeiten zum allergrößten Teil erhebliche methodische Mängel aufweisen, so daß ihre Beweiskraft nicht gegeben ist. Die Qualitätsmaßstäbe sind hier, wie bei allen ungewöhnlichen Behauptungen, besonders streng anzusetzen. Weiterhin ist es notwendig, daß positive Ergebnisse von unabhängigen Forschergruppen zweifelsfrei bestätigt werden.

Die geringe Zahl methodisch hochwertiger wissenschaftlicher Arbeiten in der Homöopathie ist darauf zurückzuführen, daß die öffentlichen Forschungsmittel für die Medizin nicht in diese Bereiche fließen. So mangelt es an allem: an Forschungsinstituten, an Forschern, an Geräten und an Geld.

Eine der ganz wenigen Forschungsarbeiten, die sowohl methodisch hochwertig sind als auch ein klares positives Ergebnis zugunsten der Homöopathie aufweisen, ist die Migräne-Studie von Brigo und Serpelloni. Zudem wurde dort klassische Homöopathie verwendet, d.h. eine individuelle Verschreibung der Medikamente. Insgesamt kamen acht verschiedene homöopathische Präparate zum Einsatz. 60 Patienten mit häufigen Migräne-Attacken wurden in die Studie einbezogen. 30 von diesen erhielten das individuell verordnete Homöopathikum, 30 erhielten statt dessen ein Placebo. Die Studie war doppelblind randomisiert. Die Ergebnisse, gemessen durch Anfallshäufigkeit und Anfallsstärke, waren bei den behandelten Patienten außerordentlich viel besser als in der Kontrollgruppe.

Die Arbeit zeigt, daß auch bei klassischer Homöopathie randomisierte Doppelblindstudien möglich sind, trotz häufig zu hörender gegenteiliger Behauptungen. Leider wurde die Untersuchung bisher nicht reproduziert.

Die Imprint-Theorie. Das häufigste Argument gegen die Homöopathie war und ist die unbestreitbare Feststellung, daß in den Hochpotenzen kein Molekül der Ausgangssubstanz vorhanden ist. Die Imprint-Theorie sagt nun aus, daß Wasser Informationen auch bei Abwesenheit der Moleküle speichern kann, die diese Information ursprünglich einmal hereingetragen haben. Dies ist denkbar aufgrund der Wasserstoffbrückenbindung, die bewirkt, daß sich Wassermoleküle zu größeren strukturierten Gebilden zusammenschließen, ähnlich wie die Moleküle eines Kristalls. Es ist weiterhin denkbar, daß solche Strukturen „erblich" sind, d.h., daß sie sich bei Verdünnung und Verschüttelung auf das neu hinzukommende Wasser übertragen. Soweit bekannt, ist die Imprint-Theorie bisher nicht experimentell bestätigt. Sie bietet zur Zeit lediglich einen Ansatz, das Phänomen der Wirksamkeit nicht vorhandener Moleküle erklärbar zu machen.

Wenn tatsächlich zutrifft, was Homöopathen immer wieder beobachtet und beschrieben haben, dann bietet die Homöopathie wertvolle therapeutische Möglichkeiten, speziell bei chronischen Krankheiten. Es wäre daher an der Zeit, die Homöopathie gründlich zu erforschen.

Literatur:

S. Hahnemann, Organon der Heilkunst, Stuttgart 1982, 3. Nachdruck der 6. Aufl.; ders., Homöopathisches Arzneibuch. Amtliche Ausgabe, Stuttgart, 1. Ausgabe 1978, Nachträge von 1981, 1983, 1985; T. S. Kuhn, Die Struktur wissenschaftlicher Revolutionen, 4. Aufl. 1979; B. Brigo und G. Serpelloni, Homoeopathic Treatment of Migraines. A Randomized Double-Blind Controlled Study of Sixty Cases (Homoeopathic Remedy versus Placebo), in: The Berlin Journal on Research in Homoeopathy 1/1991 (No. 2), S. 98–106; G. Resch und V. Gutmann, Wissenschaftliche Grundlagen der Homöopathie, Berg am Starnberger See, 2. Aufl. 1987.

J. Hornung

I Ging

Das chinesische *I Ging* bedeutet *Buch der Wandlungen*. In ihm ist die Weisheit von Jahrtausenden enthalten. Sie umfaßt Natur- und Staatswissenschaft, Lebenskunde, Charakterbildung und religiöse Anschauungen. Sowohl der Konfuzianismus als auch der Taoismus haben hier ihre Wurzeln. Seitdem der Sinologe Richard Wilhelm 1923 die deutsche Übersetzung des I Ging vorlegte, ist es im deutschen Sprachraum vor allem durch C. G. Jung bekanntgeworden.

Grundlegend im Buch der Wandlungen sind die 8 Urzeichen als Bilder ständig sich wandelnder, ineinander übergehender, sinnerfüllter Vorgänge in der sichtbaren und unsichtbaren Welt. Sie sind zusammengesetzt aus je 3 Strichelementen, geteilt (– –) oder ganz (—), die die Grundkräfte Yin, das Dunkle, und Yang, das Helle, darstellen. Es sind:

☰ Kiën, das Schöpferische, ☷ Kun, das Empfangende
☳ Dschen, das Erregende, ☵ Kan, das Abgründige
☶ Gen, das Stillehalten, ☴ Sun, das Sanfte
☲ Li, das Haftende ☱ Dui, das Heitere

Diese Trigramme wurden untereinander kombiniert, wobei sich 64 Bildzeichen (Hexagramme) ergeben als Darstellung der Lebensprozesse in ihrer Gesamtheit bzw. allen Weltgeschehens. So bilden z. B. Kiën, das Schöpferische, und Kun, das Empfangende, zusammen das Hexagramm ䷊ Tai, der Friede.

Wandelt sich nun das 1. Strichelement (die Zeichen werden immer von unten nach oben gelesen), so entsteht das Zeichen ䷭ Schong, das Empordringen. Wandlung geschieht an den Stellen, wo die wirkende Kraft ihr Maximum erreicht hat.

Das Zusammenstellen der Urzeichen wird Fu Hi zugeschrieben, einer mythischen Figur, „Repräsentant des Zeitalters der Jagd, des Fischfangs und der Erfindung des Kochens“ (*I Ging*, S. 17). Damit wird ausgedrückt, daß sie älter sind, als die historische Erinnerung reicht. So viel ist jedoch sicher, daß das I Ging in seiner ältesten Schicht matriarchalen Ursprungs ist. Frauen haben ja in Menstruationszyklen, Schwangerschaft und Geburt ständige Wandlungen immer schon erfahren, wie sie auch in den Zyklen der Natur und der Gestirne erlebt werden. Es handelt sich um Weisheit, die sich aus der sorgfältigen Beobachtung natürlicher Vorgänge ableitet und mit der Auffassung verbunden ist, daß alles, was in der sichtbaren Welt geschieht, im Unsichtbaren schon vorbereitet ist. Geburt, auch im übertragenen Sinn, bedeutet Eintreten in die Welt des Sichtbaren, der Tod die Rückkehr in die Bereiche des Unsichtbaren. Beide bedingen weder einen absoluten Anfang noch ein absolutes Ende.

Wer zu einer bestimmten Lebenssituation oder wichtigen Entscheidungsfrage den Rat des I Ging einholen will, ermittelt eines der 64 Zeichen traditionsgemäß mit Hilfe von Schafgarbenstengeln, die auf bestimmte Weise abgezählt werden. Die dabei erhaltenen Zahlenwerte werden den entsprechenden Strichelementen zugeordnet, die so das Zeichen aufbauen. Dabei wird vorausgesetzt, daß in der Zahl das dem Leben zugrundeliegende Gesetz – hier das Gesetz der Situation – faßbar wird. Schafgarben wuchsen wild auf dem Anger, der in alter Zeit Ort heiliger Handlungen war und dienten deshalb als Mittel, sich in unvoreingenommener Haltung auf den noch nicht sichtbaren Verlauf des (Welt-)Geschehens einzustimmen, um das Handeln damit in Einklang bringen zu können. Die erklärenden Texte des auf diese Weise erhaltenen Zeichens sind meditativ zu lesen. Sie beschreiben in „Bild" und „Urteil" die Qualität des Zeichens bzw. des Zeitmoments und geben Anweisung für richtiges Handeln in der zur Frage stehenden Situation.

Die Ratschläge für richtiges Handeln hat König Wen Wang und sein Sohn, der Herzog von Dschou (ca. 1000 v. Chr.) den bis dahin unkommentierten Zeichen beigefügt. So will das I Ging anleiten, Entwicklungstendenzen rechtzeitig zu erkennen, sich weise darauf einzustellen und durch richtiges Handeln das Schicksal mitzugestalten.

In diesem Sinn ist das I Ging Orakelbuch. Im Kommentar Schuo Gua (Besprechung der Zeichen) heißt es: „Außer dem Zweck des Orakels dient aber das Buch der Wandlungen auch zum intuitiven Verständnis der Weltverhältnisse, zum Eindringen in die letzten Tiefen von Natur und Geist. ... Der letzte Sinn der Welt wird erreicht, indem man in der Welt der äußeren Erfahrung (Natur) und der inneren Erfahrung (Geist) hinabsteigt bis in die letzten Quellen. Beide Wege führen zum selben Ziel" (*I Ging*, S. 245).

Im Lauf der Jahrtausende haben die besten Gelehrten Chinas an dem Buch weitergearbeitet und seine Bedeutungen kommentiert. Wichtiges davon geht auf Konfuzius oder seine Schule zurück. Die seit Beginn der patriarchalen Dschou-Dynastie verfaßten Kommentare und Ergänzungen vollziehen teilweise einen Bedeutungswandel der aus matriarchaler Zeit stammenden Zeichen. So wurden z.B. die beiden ersten Zeichen Kun und Kiën umgestellt und dabei dem Vater die Prädominanz vor der Mutter gegeben, indem eine Umwertung der wirkenden Kräfte vorgenommen wurde. Kiën, das Schöpferische, bedeutet ursprünglich „das, was die Erde hervorbringt", und Kun, das Empfangende, „das, was dieses Hervorgebrachte nährt" (*Die Wandlung*, S. 46). Die schöpferische, die Leben nährende und wandelnde Kraft sind weltweit die typischen Eigenschaften der matriarchalen Göttin. Nun wurde das Schöpferische mit dem Himmel und dem Männlichen verbunden, der Erde und dem Weiblichen das Empfangende zugedacht. Das Schöpferische bedeutet jetzt „die schöpferische Einsicht" und das Empfangende „das eigentliche Schaffen" (*Sinn des I Ging*, S. 45).

Diese Umwertung erinnert auffällig an die patriarchale Zuweisung von Geschlechterrollen, die auch bei uns noch wirksam ist. Tevje bringt sie im Musical *Anatevka* so zum Ausdruck: „Sie (die Mutter) trägt Sorge für Gemütlichkeit, Behaglichkeit und Sauberkeit. Sie nimmt sich der Rinder und der Kinder an, damit Papa die Bibel lesen kann. Tradition, Tradition."

Genannt wird die weibliche Kraft das Empfangende, sie ist aber doch das eigentlich Schaffende. Entsprechend sind in den Texten des Buchs der Wandlungen immer wieder Stellen zu finden, die der Frau eine dem Manne sich unterordnende, seinen Wünschen dienende Stellung zuweisen. Es muß also unterschieden werden zwischen den Zeichen, welche die Grundkräfte des Dunklen und des Hellen in ihrem Verhältnis zueinander – in ihren Wandlungen – darstellen und ihrer zeitbedingten Interpretation. Aus dem Zusammenwirken, dem Wandel und Übergang dieser Urkräfte des Dunklen, dargestellt durch — —, und des Hellen, dargestellt durch ——, baut das Dasein sich auf. Es handelt sich also um polare, einander ergänzende Gegensätze. Das westliche Denken ist eher von einander sich ausschließenden Gegensätzen geprägt.

C. G. Jung bezeichnet das I Ging als Standardwerk der chinesischen Wissenschaft, dessen Prinzip aber von unserem Wissenschaftsprinzip verschieden sei. Es beruhe nicht auf dem Kausalprinzip, sondern auf einem Prinzip, das er versuchsweise als synchronistisches Prinzip beschrieben hat. Er prägte diesen Begriff aus der Beobachtung von Sinnzusammenhängen zwischen innerer Erfahrung und äußerem Geschehen.

Lama Anagarika Govinda zeigt, daß das I Ging nicht nur auf das Prinzip der Synchronizität beschränkt ist, sondern gleichzeitig auch den Anforderungen der Kausalität entspricht, daß die Synchronizität die Kausalität beinhalten und über sie hinausgehen kann. In seiner Untersuchung der inneren Struktur des I Ging projiziert er alle Kombinationen und Bewegungen, wie sie anhand der 64 Hexagramme in den 64 Kapiteln des I Ging beschrieben werden, auf einen Kreis und erhält so das Bild eines vielfacettigen Diamanten. Er kommt zu dem Schluß, daß die durch die Linien gebildeten Facetten den Hauptcharakteren und -situationen des menschlichen Lebens entsprechen. „Somit haben wir es mit einer sehr bedeutsamen Charakterologie zu tun, die sich in den 64 Hexagrammen des I Ging ausdrückt. In ihnen vereinigen sich Intuition und Erfahrung, Synchronizität und Kausalität, Gefühl und Logik, Tradition und schlußfolgerndes Denken."

M. Schönberger beschreibt eine Reihe von Ähnlichkeiten und Übereinstimmungen des naturphilosophischen Systems des I Ging mit dem System des genetischen Code, z.B. 64er Code in beiden Systemen auf der Basis des binären Zahlensystems. Er kommt zu dem Ergebnis, daß das I Ging eine Weltformel darstellt vom Gewicht einer Wirklichkeitsordnung, die im DNS-Code im speziellen Fall „auftaucht".

Ein Experiment, d.h. eine aktuelle Frage an das I Ging, soll hier am Ende stehen: Mit welchem Zeichen kann den Leserinnen und Lesern der Gebrauch des I Ging verdeutlicht werden? Die Antwort – mit Hilfe des Schafgarbenrituals ermittelt – ist das Zeichen „Der Tiegel" mit einer Wandlungslinie auf zweitem Platz. Im Kommentar zu dieser Wandlungslinie heißt es: „Im Tiegel ist Nahrung." Weiter wird nahegelegt, diese Nahrung in rechter Weise zu gebrauchen. Der Tiegel wurde nur bei Opfern und Festmählern verwendet, legt also eine geistig-religiöse Bedeutung nahe. Die Antwort enthält die Anregung, das Buch der Wandlungen mit einem Tiegel zu vergleichen, der geistige Nahrung enthält, die auf rechte Weise ins Leben übertragen werden soll.

Im Zeichen „Der Tiegel" findet sich aber auch folgendes Gleichnis, das die patriarchale Ausrichtung mancher Kommentare zeigt: „Eine Nebenfrau ist an sich niedrigstehend, aber weil sie einen Sohn hat, kommt sie zu Ehren." An solchen Stellen des I Ging muß an den Gleichnissen vorbei die ihnen zugrundeliegende Dynamik aufgesucht werden. Dabei kann ein Satz hilfreich sein, der unmittelbar vor besagtem Zitat steht: „Wenn man den Tiegel umkehrt, ehe man ihn in Gebrauch nimmt, so hat das nichts zu sagen;

im Gegenteil, der Unrat kommt auf diese Weise heraus.“ Wird dem Rat der Wandlungslinie auf zweitem Platz gefolgt, so führt das zum Zeichen „Li, das Haftende, das Feuer“. Hier findet sich der Satz: „Indem der Mensch, der bedingt und nicht unabhängig dasteht in der Welt, diese Bedingtheit anerkennt, sich abhängig macht von den harmonischen und guten Kräften des Weltzusammenhangs, hat er Gelingen.“

Die im I Ging enthaltene Weisheit kann anleiten, Lebensgesetze zu erkennen, sich einzuordnen in diesen größeren Zusammenhang, darin neue Orientierung und angemessene Verhaltensimpulse zu finden.

Literatur:
I Ging, Das Buch der Wandlungen, aus dem Chinesischen übertragen und erläutert von R. Wilhelm, Düsseldorf/Köln 1967; C. G. Jung und R. Wilhelm, Das Geheimnis der Goldenen Blüte, Stuttgart 1965; H. Wilhelm, Die Wandlung. Acht Essays zum I Ging, Zürich/Stuttgart 1958; H. Wilhelm, Sinn des I Ging, Düsseldorf/Köln, 4. Aufl. 1980; Lama A. Govinda, Die innere Struktur des I Ging, Freiburg/Br. 1983; M. Schönberger, Verborgener Schlüssel zum Leben. Weltformel I Ging im genetischen Code, München 1981.

E. Speidel

Kryptozoologie

Kryptozoologie ist das Studium „verborgener Lebewesen“, der bisher nur durch Augenzeugenberichte und nicht eindeutig beweiskräftiges Material (z. B. Fotos, Fußabdrücke) bekannten Tiere. Der Begriff wurde von den beiden klassischen Kryptozoologen Ivan T. Sanderson und Bernard Heuvelmans in den 50er Jahren geprägt.

Auch wenn die Menschen schon von jeher an geheimnisvolle Mischwesen glaubten, liegt der Ursprung der Kryptozoologie erst im 19. Jahrhundert. Noch in der Renaissance waren die Grenzen zwischen Fabeltieren und realen Wesen verschwommen; die Zoologiebücher der Zeit listen neben bekannten Tieren auch Einhörner, Basilisken, Drachen, Seejungfrauen und Seeungeheuer auf. Selbst der Begründer der zoologischen Klassifikation, Linné, läßt dem riesenhaften Kraken und dem „Wilden Mann“ einen Platz in seiner Liste.

Im 19. Jahrhundert ist die Biologie nach den Arbeiten Darwins nicht mehr länger an einer reinen Auflistung entdeckter Tierarten interessiert, sie spezialisiert sich in verschiedene Forschungsgebiete, wie Evolutionstheorie, Genetik oder Paläontologie. Kann der englische Naturforscher Gosse in der Mitte des 19. Jahrhunderts noch von Seeschlangen und Meerfrauen berichten, wird der holländische Zoologe Oudemans 1892 bei Erscheinen seines Monumentalwerkes *The Great Sea-Serpent* verspottet und heftig kritisiert. Die Seeschlange ist für die Biologie nicht nur unglaubhaft, schlimmer noch, sie ist irrelevant geworden. Die Zoologie stützt sich auf Fakten, nicht Beobachtungen – ein Postulat, das sich erst mit der Akzeptanz der Verhaltensforschung wieder ändert. Ende des letzten Jahrhunderts sind die Forscher überzeugt, es gebe keine neuen Tiere mehr zu entdecken.

Oudemans' Buch gilt daher zu Recht als Beginn der kryptozoologischen Forschung. Er ist es auch, der die „statistische Methodik" entwickelt, das wichtigste Evaluationsmittel der Disziplin: Alle vorhandenen Zeugenaussagen werden gesammelt; je nach Häufigkeit der Nennung gilt dabei ein Charakteristikum als authentisch, danach wird ein Phantombild erstellt, das auch das vermutete Verhalten und wahrscheinliche Ökosystem umfaßt. Das Phantomtier wird dann mit fossilen und lebenden Spezies verglichen und in den Stammbaum der Tiere eingeordnet. Der Kryptozoologe geht ins Feld, nimmt die Verfolgung auf und bringt – im Idealfall – ein Exemplar des Wesens mit zurück.

Obwohl Oudemans verspottet wurde, zeigten die folgenden Jahrzehnte, daß durchaus noch große Spezies zu entdecken waren: das Okapi, der Komodowaran, der Quastenflosser und der chinesische Flußdelphin. Keines dieser Tiere war jedoch kryptozoologisch in dem Sinne, daß bereits aufgrund von Zeugenberichten ein Phantombild erstellt oder publiziert worden war. Tatsächlich ist bis heute kein von der Kryptozoologie veröffentlichtes „neues Tier" jemals gefangen worden.

Die wichtigsten kryptozoologischen Spezies tauchen auch nicht zuerst in wissenschaftlichen Zeitschriften, sondern in der Presse auf: der Yeti 1921, das Ungeheuer von Loch Ness 1933, der amerikanische Bigfoot in den 50er Jahren.

Der belgische Zoologe Bernard Heuvelmans begann in den 50er Jahren alle ihm erreichbaren Berichte über unentdeckte Tierarten zu sammeln und zu publizieren. Waren es ursprünglich noch rund

50 Arten, die er nicht nur beschrieb, sondern gleich auch mit einem lateinischen Namen klassifizierte, geht er in einer kürzlich veröffentlichten Liste von 110 bis 138 eindeutig belegten, aber noch nicht gefangenen Tierarten aus. Heuvelmans Ansichten sind streng wissenschaftlich: Entweder ein kryptozoologisches Wesen existiert, oder aber es handelt sich um Täuschung und Schwindel.

Wie bei der →Ufologie besteht auch bei der Kryptozoologie eines der Hauptprobleme darin, daß einer Überfülle von Augenzeugenberichten eine verschwindend geringe Menge an physischen Indizien gegenübersteht – und daß selbst diese Beweise selten eindeutig sind. In den 70er Jahren entwickelt sich so neben der „wissenschaftlichen" Kryptozoologie eine „fortianische", die sich auf den Denker Charles Fort beruft. Ihre Hauptvertreter, die Briten Bord und Holiday und die Amerikaner Coleman und Keel, verstehen „Monster" als paranormale Materialisationen, die dadurch entstehen, daß durch Magie oder allgemeinen Glauben ein Monsterstereotyp entstanden ist, das sich dann aus der Vorstellung löst und in die reale Welt eingeht. Somit sind diese unfangbaren Tiere, ähnlich wie Geister oder Ufos, paranormale Erscheinungen, die gleichermaßen von der Anwesenheit und Vorstellungskraft eines Zeugen abhängig sind.

Erst kürzlich ist eine Spielart der Kryptozoologie aufgekommen, die wie die biologische wissenschaftlich ist, sich jedoch auf Geisteswissenschaften, wie Soziologie, Psychologie und vor allem Volkskunde, beruft. Sie sieht in diesen unentdeckbaren Tieren moderne Varianten alter mythologischer Konzepte, die als Interpretationsmuster auf herkömmliche Ereignisse projiziert werden. Kurz gesagt: Weil ein Zeuge weiß, daß es im Loch Ness Monster gibt, beschreibt er einen Schatten im Wasser als „Höcker" und erschafft so das Ungeheuer; weil ein Bergsteiger weiß, daß es im Himalaya Schneemenschen gibt, interpretiert er einen an sich undeutlichen Fußstapfen als Riesenaffenspur.

Während die fortianische Kryptozoologie vor allem eine Erscheinung der psychedelischen 70er Jahre war, findet die „wissenschaftliche Kryptozoologie" allmählich Anerkennung an den Universitäten. Mittlerweile sind kryptozoologische Konferenzen an Universitäten in den USA und Großbritannien keine Seltenheit mehr. Die meisten Kryptozoologen sind an Universitäten tätig und publizieren eine eigene wissenschaftliche Fachzeitschrift, *Cryptozoology.* Die „folkloristische" Kryptozoologie, von der „wissenschaftlichen" Variante als unliebsame Konkurrenz gesehen, ist noch weitgehend unbekannt und hat in der populären Vorstellung von Monstern noch keine Spuren hinterlassen – zu komplex sind auch ihre Auffassungen vom Zusammenspiel zwischen der Vorstellungswelt des Menschen und seiner realen Umwelt, als daß sie der einfachen Gleichung von Existenz oder Nichtexistenz eines überlebenden Urwelttieres Konkurrenz machen könnten.

Verglichen mit der Vielfalt der bereits bekannten Fauna ist die der Kryptozoologie erstaunlich beschränkt. Mit wenigen Ausnahmen, die meist kleinere Tierarten betreffen, sind die Hauptforschungsgegenstände der Disziplin standardisierte und fast archetypische Tiermonstren, die nicht nur den Intellekt, sondern auch die Sensationslust ansprechen.

1. Die Mensch-Tiere. Schneemenschen, Affenmenschen und Riesen werden fast aus allen Gebirgen der Welt und aus vielen Urwaldgebieten gemeldet. Vom schimpansengroßen Yeti Asiens, der oft als Menschenaffe gedeutet wird, bis zum Bigfoot oder Sasquatch Nordamerikas (einem behaarten, doch menschlichen Riesen) reicht die Palette dieser Affenmenschen, die Sanderson ausführlich in seinem Werk *Abominable Snowmen* beschrieben hat. Ähnliche europäische Vorstellungen von Bergungeheuern und „wilden Menschen" in den Wäldern deuten wissenschaftliche Kryptozoologen als märchenhaft verbrämte Erinnerungen an überlebende Vormenschen.

2. Seeschlangen. In der nordischen Mythologie gilt die Seeschlange als Personifizierung des Meeres. In Skandinavien tauchen auch im 18. Jahrhundert die ersten Sichtungen auf, die so prägend sind, daß noch im 19. Jahrhundert anläßlich von Sichtungen in Massachusetts von „einem Besuch der norwegischen Seeschlange" gesprochen wird. Während die Presse in der Seeschlange hauptsächlich den überlebenden Plesiosaurus sieht, gilt in der Kryptozoologie seit Oudemans die Feststellung, daß es sich um ein Säugetier handelt. Oudemans spricht von einem langhalsigen Seehund; Heuvelmans erkennt nach statistischer Auswertung gleich neun verschiedene Typen, darunter Riesenseehunde, Seelöwen und mehrere primitive Walarten. Andere wissenschaftliche Kryptozoologen, etwa Mangiacopra und LeBlond, gehen von Heuvelmans' Grundtypen aus, splitten sie anhand ihrer umfangreicheren Daten jedoch noch in ein weiteres Dutzend regionaler Spezies auf. Die volkskundliche Schule sieht die regionalen Arten als eine Eigenheit von Überlieferung und Tradition und betrachtet das Anwachsen

identifizierter Seeschlangenarten nur als Resultat der umfangreicheren Sichtungskataloge.

3. Das Ungeheuer von Loch Ness und andere Süßwasserschlangen. Seeschlangen werden in jedem Land der Erde in zahlreichen Seen gesichtet; Kryptozoologen, die monsterbewohnte Seen auflisteten, kamen auf ein halbes Tausend – und doch ist noch nie ein unbekanntes Großtier in einem dieser Seen gefangen worden. Nessie ist das bekannteste Exemplar, das seit 1933 bereits oftmals erfolgreich klassifiziert wurde: als Riesenmolch (Gould), Saurier (Whyte), Riesenwurm (Holiday), Riesenaal, Amphibium oder Urwal (Mackal), Riesenseehund (Heuvelmans und Costello) oder Riesenotter (Burton). Gary Mangiacopra hat 1992 in einer Studie amerikanischer Seen festgestellt, daß keiner genug Biomasse enthält, um eine Herde wie auch immer gearteter Monster zu ernähren. Obwohl Loch Ness seit mehr als 50 Jahren von Wissenschaftlern, Laien und Touristenschwärmen überwacht wird, ist noch kein einziges überzeugendes Bild des Ungeheuers aufgenommen worden. Heuvelmans' Kolonie von 50 bis zu 10 Meter langen langhalsigen Robben ist schlicht ein Unding – der See müßte von der gewaltigen Herde stets aufgewühlt sein. Das Ungeheuer von Loch Ness – und viele ähnliche Seeungeheuer – sind eine biologische Unmöglichkeit, weil die Augenzeugen von großen Wirbeltieren sprechen, aber weder die Ernährungslage in den Seen noch das beobachtete Verhalten damit in Einklang zu bringen sind. Entweder es handelt sich um einen Mythos oder tatsächlich ein paranormales Wesen. Wer die Unzulänglichkeiten menschlicher Wahrnehmung kennt, sieht hier die Unfähigkeit der Kryptozoologen, die Begrenzungen des menschlichen Erlebens in ihre Thesen miteinzubeziehen.

4. Dinosaurier in Afrika und Amerika. Zahlreiche Berichte und folkloristische Erzählungen liegen von Augenzeugen vor, die im Kongo überlebende Dinosaurier gesehen haben wollen. Hier, wie auch beim Affenmenschen und der Seeschlange, sind mythologische Elemente stark mit naturalistischen verknüpft. Biologen betonen oft, wie abgeschieden der Kongo oder die Tafelberge Venezuelas sind, auf denen Saurier beobachtet werden, doch haben Zeugen Saurier und Drachen in diesem Jahrhundert auch in Texas und in Italien gesehen.

5. Pumas und Riesenkatzen. Vor allem seit den 50er Jahren werden Pumas und Panther nicht nur in den USA, sondern auch in

Großbritannien, Europa und Australien gesehen. Könnte es sich in den USA tatsächlich um ein Wiedererstarken der für ausgestorben geltenden Pumas handeln? Sind die außerhalb der USA gemeldeten Sichtungen als Mixtur aus entlaufenem Haustier, Fehldeutung und Gerücht zu erklären? Nur bei der Frage der Großkatzen gehen auch Kryptozoologen von soziologischen Betrachtungsweisen aus.

6. Vögel. Vom erwiesenen Schwindel – Fußabdrücke eines 6 m hohen Pinguins in Florida 1948 – über unwahrscheinliche, fluggzeuggroße Vögel im Rio-Grande-Tal, USA, und zwar unwahrscheinliche, doch mögliche Fälle, etwa überlebende Moas in Neuseeland, bis zu sehr gut denkbaren Entdeckungen – unidentifizierte Rallen im Pazifik, überlebende Dodos auf Inseln im Indischen Ozean – reicht die Bandbreite der kryptozoologischen Vögel. In diesem Gebiet, wie auch bei hypothetischen Beuteltieren (dem Beutelotter Waitoreki in Neuseeland etwa) und Reptilien (Großechsen in Australien), sind am ehesten die von den Kryptozoologen erhofften realen Wesen denkbar.

7. Das fortianische Universum. Zahlreiche unidentifizierte Spezies sind ebensogut – oder besser – bezeugt wie Nessie oder Bigfoot; sie werden von wissenschaftlichen Kryptozoologen aber ignoriert, weil sie zu bizarr sind: Seejungfrauen, Zwerge, Werwölfe, Vampire, Menschen mit Flügeln oder Ufo-Piloten (→Ufologie).

Literatur:

„Wissenschaftliche“ Kryptozoologie: P. Costello, The Magic Zoo, London 1979; B. Heuvelmans, In the Wake of the Sea-Serpents, New York 1968; A. C. Oudemans, The Great Sea-Serpent, Leiden 1892; I. T. Sanderson, Abominable Snowmen – Legend Come to Life, New York 1961. – „Fortianische“ Kryptozoologie: J. und C. Bord, Alien Animals, London 1980; F. W. Holiday, The Dragon and the Disc, London 1974; J. A. Keel, Strange Creatures from Time and Space, Greenwich, Conn., USA, 1970. – „Volkskundliche“ Kryptozoologie: M. Meurger und C. Gagnon, Lake Monster Traditions. A Cross-Cultural Analysis, London 1988. *U. Magin*

Levitation →Mystik; Parapsychologie; Okkultismus

Magie

Im antiken Sprachgebrauch wurden persische Priester, insbesondere die Priesterschaft der Meder im westlichen Teil des Hochlandes des Iran, *mágoi* genannt und Magie demzufolge als priesterliche Fähigkeit definiert, Macht ausüben zu können. Der griechische Schriftsteller Diogenes Laertius, der um 220 n. Chr. alles Bekannte über die Magier zusammenzufassen versuchte, stellte sie in eine Reihe mit babylonischen, keltischen u.a. Priestern und ließ diese Reihe historisch mit Zoroaster beginnen. Der Begriff Magier erfuhr hierdurch eine grobe Verallgemeinerung, so daß mit ihm fortan Vermittler und Träger „übernatürlicher" Weisheiten, Deuter bestimmter Vorzeichen und andere „Zauberer" bezeichnet werden konnten.

Einige antike Ärzte führten ekstatische und hypnotische Zustände der Orakelpriester und -priesterinnen auf „Krankheiten der Seele" zurück und bemerkten, daß diese Priester „durch vegetarische Lebensweise, durch Askese und Fasten, durch Meditation und beständiges Grübeln über metaphysische Dinge, ihre schon vorhandene parapsychische Disposition pflegten und steigerten" (Paulys Realencyclopädie der classischen Altertumswissenschaften, Stichwort Magie).

Im Mittelalter schließlich begann man eine „natürliche" Magie, die durch mechanische, magnetische, elektrische, chemische und andere physikalische Mittel auffallende Erscheinungen hervorbringe, von jener anderen zu unterscheiden, die vorgäbe, eine „übernatürliche" zu sein. Diese Unterscheidung zwischen einer natürlichen Magie und einer verwerflichen, „bösen" und „mit den Dämonen" im Bunde stehenden Magie wurde in den folgenden Jahrhunderten auch unter der Bezeichnung „schwarze und weiße Magie" beibehalten. Paracelsus z.B. setzte eine „wahre Magie" der Wissenschaft gleich. In der Romantik wurden wieder vornehmlich psychische Aspekte mit dem Begriff der Magie verbunden. So bezeichnet Novalis die Magie als eine „Kunst, die Sinnenwelt willkürlich zu gebrauchen", als einen „Wahnsinn nach Regeln und mit vollem Bewußtsein" (Novalis, Schriften, Bd. 2, Leipzig 1928, S. 336).

„Und man vertreibt die Sommersprossen, indem man rücklings im Mondenschein durch einen Zaun in das Wasser eines Teiches langt und sich darin wäscht". „Wenn ein Hund bellt, zieht man einen Zaunstechen heraus und steckt ihn verkehrt hinein, das hilft. Diebe ziehen einen Zaunpfahl aus dem Zaun und stecken ihn verkehrt wieder hinein, dann erwacht niemand im Hause und der Hund bellt nicht" (Handwörterbuch des deutschen Aberglaubens). Es sind „Rezepturen" und Ratschläge dieser Art, die James George Frazer in den Jahren 1890 bis 1911 veranlaßt hatten, eine zwölf Bände umfassende Theorie der Magie zu entwickeln: *The Golden Bough. A Study in Magic and Religion* erweist sich nach wie vor als eine Fundgrube zahlloser Überlieferungen aus verschiedensten Teilen der Welt, die von Frazer als Zeugnisse eines magischen Weltverständnisses gedeutet werden.

Mit Hilfe des Begriffs der *sympathetischen Magie* versucht Frazer, Handlungen und Vorstellungen zu klassifizieren, denen vornehmlich zwei Ideen zugrunde liegen: „Einmal, daß Gleiches wieder Gleiches hervorbringt oder daß eine Wirkung ihrer Ursache gleicht; und dann, daß Dinge, die einmal in Beziehung zueinander gestanden haben, fortfahren, aus der Ferne aufeinander zu wirken, nachdem die physische Berührung aufgehoben wurde" (Frazer, 1928, S. 15). Die Grundlagen der „homöopathischen, imitativen oder nachahmenden" und der „Übertragungsmagie" aber deutet Frazer als „irrige Auffassung von der Ideenassoziation": „Der Fehler homöopathischer Magie ist es, anzunehmen, daß Dinge, die einander gleichen, tatsächlich gleich seien; Übertragungsmagie verfällt in den Irrtum zu glauben, Dinge, die einmal miteinander in Berührung standen, würden immer miteinander in Berührung bleiben. In der Praxis jedoch sind die beiden Arten häufig miteinander verbunden" (Frazer, 1928, S. 17). Er betont, daß die Grundsätze der Assoziation an sich ausgezeichnet und in der Tat unbedingt notwendig für die menschliche Denkfähigkeit sind: „Richtig angewandt ergeben sie Wissenschaft" (Frazer 1928, S. 71).

Frazers Überlegungen zur Magie sind insofern von bleibendem Interesse, als sie den magischen Handlungen und Vorstellungen allgemeine Mechanismen des Denkens unterlegen, mit deren Hilfe sie verstehbar werden. Seine Theorie ist aber insbesondere vor dem Hintergrund der Erkenntnisse der Ethnologie zu kritisieren, die den mit Beginn des 20. Jahrhunderts einsetzenden, lokal begrenzten Feldforschungen zu verdanken sind. Denn bei Frazer werden die unterschiedlichsten Überlieferungen ohne Rücksicht auf Lokalität, Geschichte und Gesellschaft, und ohne genau zwischen Erzählung, Mythos und Handlung zu unterscheiden, in das theoretische System der sympathetischen Magie eingebaut. Innerhalb dieses Systems wird Magie von der Religion und schließlich von der Wissenschaft abgelöst.

Bronislaw Malinowski, der sich zunächst noch explizit auf die Theorien Frazers bezog, gelangte aufgrund ihrer Verknüpfung mit den Ergebnissen seiner Feldforschungen (1914–1918) zu einer anderen Beurteilung. Die Funktion der Magie bestehe darin, „den Optimismus des Menschen zu ritualisieren, seinen Glauben an den Sieg der Hoffnung über die Angst zu stärken" (Malinowski, 1973, S. 74). In der neueren Magie-Diskussion wird Malinowskis Konzeption der Magie dahingehend kritisiert, daß er den menschlichen Aktivitäten grundsätzlich einen Zweck unterlege und Magie so zur Artikulation eines Wunsches gerinnen lasse, „eine zweckmäßige Beherrschung der Natur auch für den Fall zu gewährleisten, daß der Mensch mit seinen Fähigkeiten am Ende ist" (Kippenberg, 1978, S. 28). Ein solcher Wunsch könne nur als Projektion eines Beobachters aus der westlichen Industriegesellschaft interpretiert werden, dem die Beziehungen einer Gesellschaft zur Natur, die nicht das Diktat einer technischen Verfügbarkeit der Natur kenne, äußerlich bleiben müßten. An dieser Kritik läßt sich eine Wendung innerhalb der ethnologischen Diskussion der Magie nachzeichnen, die sich immer grundsätzlicher zu fragen beginnt, inwieweit der Begriff Magie, als Kategorie des europäischen Wissenschaftlers, überhaupt geeignet ist, zum „Verstehen fremden Denkens" beizutragen.

Den ersten Anstoß in diese Richtung hatte Evans-Pritchard mit seiner Untersuchung über die Zande gegeben, die 1937 erstmals veröffentlicht wurde und in der er versucht hatte, magisches Denken und Handeln in seinen sozialen Zusammenhängen zu analysieren. Er untersuchte dazu „magische" Handlungen in ihrem Zusammenhang mit den Vorstellungen der Zande über die Hexerei, die für das soziale Gefüge der Zande-Gesellschaft entscheidend sind, und erkannte eine diesem System innewohnende Kohärenz und Logik.

Die These vom Ende einer theoretisch-rationalen Diskussion der Magie aber greift zu kurz, da mit ihr nicht nur der Blick auf das nach wie vor Faszinierende verstellt wird, das die Vorstellungen um Magie begleitet, sondern sie gleichzeitig einen Verzicht auf mögliche Erklärungen dieser Faszination beinhaltet. Zu prüfen ist, inwieweit Erkenntnisse der Psychoanalyse hier weiterhelfen können. Sigmund Freuds Überlegungen zu *Animismus, Magie und Allmacht der Gedanken*, die einen Teil der Untersuchung *Totem und Tabu* von 1912 ausmachen, stellen einen frühen Beitrag zu den möglichen psychischen Dimensionen der als „magisch" klassifizierten Handlungen dar: „Die Motive, welche zur Ausübung der Magie drängen, sind leicht zu erkennen, es sind die Wünsche des Menschen (Freud, 1981, S. 89). Diese Wünsche zeichnen sich nach Freud durch eine Überschätzung der an ihnen hängenden Affekte aus, eine Überschätzung, die dazu führt, die Affektwirkungen als eine reale Macht anzunehmen. Es gibt also keine Unterscheidung zwischen der gedanklichen Vorstellung und der Realität; die Magie werde durch ein Prinzip regiert, das Freud als das der „Allmacht der Gedanken" bezeichnet. Um die Langlebigkeit dieses Allmacht-Glaubens angemessen zu erklären, verweist er auf seine Überlegungen zum Narzißmus, der u.a. dadurch gekennzeichnet ist, daß die Person sich verhalte, „als wäre sie in sich selbst verliebt" (Freud, 1981, S. 94). Entscheidend ist nun, daß die narzißtische Organisation, die geprägt ist von einer „Allmacht der Gedanken", einer „Hochschätzung der psychischen Aktionen" und von omnipotenten Phantasien, nie mehr völlig aufgegeben und das Leben des Individuums neben der ödipalen Organisation immer mit beeinflussen wird.

Obgleich die Kritik, die mit einer wachsenden Kenntnis und Erforschung der Stammesgesellschaften an jenen theoretischen Erörterungen entstanden war, die sich quellenunkritisch der Berichte über diese Gesellschaften bedient hatten, auch auf Freud anzuwenden ist, stellt seine Theorie einen Weg dar, die Faszination an der Magie verstehbar zu machen: Magie erscheint als eine allgemein menschliche Denkweise, die in einem kurzfristigen oder andauernden Überwiegen der narzißtischen Anteile der menschlichen Psyche begründet ist.

Eine aktuelle Wiederentdeckung magischer Vorstellungen und Handlungen anderer Zeiten und anderer Orte erfolgte in den letzten Jahren durch einen sich selbst „spirituell" umschreibenden Zweig der Frauenbewegung. Hier wird Magie mit Naturreligion, Matriarchatsvorstellungen und den Bildern von Göttinnen und Hexen assoziiert (Francia, 1991; Graichen, 1986; Starhawk, 1983). Die hier aufscheinende Faszination zeigt, daß die Diskussion um Magie auch heute noch nicht erschöpft ist.

Zu Magie als esoterischer Persönlichkeitsentwicklung →Esoterik.

Literatur:
E. E. Evans-Pritchard, Hexerei, Orakel und Magie bei den Zande, Frankfurt/M. 1978; L. Francia, Die 13. Tür, München 1991; J. G. Frazer, Der goldene Zweig. Das Geheimnis von Glauben und Sitten der Völker, Leipzig 1928; S. Freud, Totem und Tabu, Frankfurt/M. 1981; G. Graichen, Die neuen Hexen, Hamburg 1986; H. G. Kippenberg und B. Luchesi (Hrsg.), Magie. Die sozialwissenschaftliche Kontroverse über das Verstehen fremden Denkens, Frankfurt/M. 1978; L. Petzoldt (Hrsg.), Magie und Religion. Beiträge zu einer Theorie der Magie, Darmstadt 1978; Starhawk, Der Hexenkult als Ur-Religion der Großen Göttin, Freiburg 1983.

S. Lanwerd

Materialisationen →Paraphysik, →Parapsychologie

Mediumismus →Parapsychologie, →Ufologie

Mystik

Mystik wird fast so verschieden definiert, wie es die Autoren sind, die darüber schreiben. (G. Scholem, A. M. Haas u. a.). Die psychologisch erforschte Entautomatisierung (A. Deikman, H. Sundén) bietet einen vor-weltanschaulichen Zugang: Durch Methode (Zen, Yoga, Autogenes Training), mittels Droge oder im Erlebnis wird die sprachlich-kulturell festgelegte Bewußtseinsstruktur durchbrochen zur Mitte des Selbst; noch hinter der Schicht des Unbewußten wird eine Tiefe berührt, die weder Struktur noch Grenze, keine begrifflichen oder bildlichen Umrisse mehr hat, nur Leere oder Fülle zeigt.

Die Wortgeschichte von Mystik (L. Bouyer, M. de Certeau) ist von dieser Erfahrung getragen. Sie beginnt christlich. Das vorher kaum und nur rituell benutzte Adjektiv *mystikos* benennt den tieferen Sinn des biblischen Wortes (Altes im Neuen Testament; Erfüllung in Verheißung), der Sakramente (Bezeichnetes im Zeichen) – später (Ps. Dionysius) auch das „über“-erkennbare, das „über“-erfahrbare „Mysterium“ Gottes. Die Worte Mystik (Erfahrung und Wissenschaft) und Mystiker(in) wurden im rationalistischen 17. Jh. geprägt. Philosophie, Psychologie und Religionswissenschaft weiten dies aus auf alle religiösen Phänomene, in denen sich die Erfahrung der Entautomatisierung findet: Mystik als „Aufgehen des Menschen in Gott oder im Göttlichen, ja vielleicht in etwas, das noch hinter Gott liegt, einem ‚Leeren' oder ‚Nichtseienden'" (Lexikon der Religionen).

Als allen Formen der Mystik gemeinsam kann gelten: sie ist Erfahrungswissen vom Absoluten, Umgreifenden. Die positivistische Psychologie sieht in der Mystik nur subjektive, wo nicht gar psychotische Erfahrung. Die Übertragung der christlich entstandenen Terminologie auf nichtchristliche Phänomene ist zweifelhaft; Fachbücher (Lexikon Östlicher Weisheitslehren; Nyanatiloka) vermeiden sie. Die Grundunterscheidung Mystik = Erfahrung, Mystagogie = Hinführung, Mystologie = Nachdenken ist systematisch hilfreich, doch konkret kaum durchzuführen, wie die intellektuelle Mystik Eckharts oder Shankaras deutlich macht. Denn das Grundproblem ist: Jede, auch die entautomatisierte Erfahrung wird bewußt – nicht nur ausgesagt – im sprachlich-kulturellen Umfeld, d.h. in einer Weltanschauung. Angeblich weltanschauungsfreies Wissen um Mystik bleibt im Vorfeld stecken oder mißt unreflexiv und daher autoritär Fremdes an Eigenem. Eine über-weltanschauliche Darstellung von Mystik, die zur Mitte vordringen will, muß sich der eigenen „Voreingenommenheit" (H.-G. Gadamer) bewußt sein, in Ehrfurcht und in Lernbereitschaft auf fremde Kundgaben hören und wissen, daß ein Rest von Nichtverständnis des Fremden stets bleiben wird.

Es gibt einen Vorraum zur Mystik, in dem sich (objektiv) gute/böse Geister bewegen oder (subjektiv) die Welt der Archetypen ins Spiel kommt: sinnenhafte Erfahrungen; prophetische (→Prophetie), visionäre Erlebnisse; Levitation (körperliches Schweben), Bilokation (Zugleichsein an mehreren Orten) →Parapsychologie; Stigmata; Dunkelheit. Diese Begleiterscheinungen der christlichen Mystik (Makyo im Zazen) werden oft zum Zentrum gemacht (→Esoterik). Erfahrungen wie Licht (Hesychasmus) oder Musik (J. E. Berendt) stehen auf der Grenze zwischen Urerfahrung und Vorraum. Einige Mystiker leben kontinuierlich im Ganzen der Erfahrung (Hildegard von Bingen), andere haben ein plötzliches, oft kurzes Erlebnis des Total-Anderen. Daran knüpft nicht nur die christliche Reflexion verschiedener Deutungen an: Mystik als Kern aller (christlichen) Erfahrung bei Rahner oder als außergewöhnliche (Gnaden-)Erfahrung bei Poulain. Mystik selbst geschieht nach einigen über ein „Gott zwingen" (Eckhart), nach anderen als

„reines Geschenk“ (Teresa v. Avila); der Unterschied gründet oft in der Unzulänglichkeit der Sprache. Dies gilt auch für die Schilderung der Erfahrung: Lust oder Begreifen; und es gilt für die jeweilige Vorbereitung: Konzentration (in der jüdischen Mystik) oder Entspannung (im Zazen). Das Phänomen der Nacht (Johannes v. Kreuz) gehört zum Vorraum und auch zum Zentrum, das Gottes bleibende Über/Un-Erkennbarkeit ist.

Die Erfahrungsbasen der verschiedenen Grundausrichtungen gehen ineinander über. Darstellung und Beurteilung sind hierbei nicht völlig von der weltanschaulichen Haltung des Darstellers abzulösen.

Schamanistisch wird das Absolute in untrennbarer Einheit mit konkreten Gegenständen erfahren und in konkreten Riten (Initiation, ekstatischer Tanz) berührt. Sogenannte Hoch-Religionen negieren dies als Mystik, verachten es als abergläubisch. Mit der Intellektualisierung des (christlichen) Abendlandes ist dies auch tatsächlich zum magischen Aberglauben entartet: Enträtselung (Wahrsagen) oder Manipulation (Hexerei) des Absoluten. Diese Verirrungen sind nicht mit der Religiosität der Urvölker zu verwechseln. Im tibetischen Vajrayana-Buddhismus, im katholischen und mehr noch im orthodoxen christlichen Brauchtum – Heilige, Wallfahrt, Ikonen, Kerzen, Segnungen usw. – lebt einiges von diesem Lebensgefühl. Eine gesunde Mystik muß sich auf die schamanistischen Wurzeln besinnen. In ihnen durchdringen sich das erfahrene Absolute und dessen energetische Präsenz in der Weltwirklichkeit so tief, wie es das mittelalterliche „Gott in allen Dingen finden“ (Mechthild v. Magdeburg, Eckhart, Ignatius v. Loyola) vormoralistisch und vorasketisch ausdrückt.

Die Vielfalt der pantheistischen Mystik ist mit einer einzigen Begrifflichkeit kaum zu fassen: Hinter oder in der Erfahrungsvielfalt wird deren Einheit erfahren. Das kann innerhalb des orthodoxen Monotheismus geschehen; Mystikern, die Gottes Allgegenwart erfuhren oder zu denken versuchten (Scotus Eriugena, Eckhart, Al Halladsch im Islam, im 20. Jh. Teilhard de Chardin), wurde dies als Pantheismus vorgeworfen. Eine evolutionäre Erfahrung von Mystik liegt etwa in der →New-Age-Nachfolge vor: Eine einzige Energie belebt, treibt alles an (Ken Wilber). Die Einheit hinter oder in der Erfahrungsvielfalt kann innerhalb eines kosmischen Ordnungsprinzips angesiedelt sein (Yin-Yang des Taoismus), kann als Emanation der sichtbaren Vielfalt aus dem Urprinzip des Einen verstanden werden (Plotin), sich auf die Erfahrung von der Hinfälligkeit der Weltdinge stützen wie im Advaita-Vedanta (Shankara), oder aus dem meditativen Bemühen hervorgehen, sich von aller Anhänglichkeit zu lösen und dadurch die leidvolle Wirklichkeit hin zum Nirvana zu befreien (Buddha).

Im Gegensatz zum Mono- und Polytheismus ist der reine Pantheismus oft Ergebnis denkerischer Versuche; die Buntheit der Wirklichkeit wird im abendländischen Pantheismus zur Einheit geführt. Als Erfahrung jedoch lebt der Impuls in jeder religiösen Sehnsucht. Die sogenannten meditativen Religionen des indischen Subkontinents (Hinduismus, Buddhismus, Jainismus) führen methodisch – aus subjektiver oder objektiver Perspektive – hin zur Einheitserfahrung: Atman, das Tiefen-Selbst, ist gleich Brahman, dem unvergänglichen Absoluten. Subjektiv entautomatisieren Entspannung oder Konzentration (Yoga, Zen, tantristisch) zur Grenzenlosigkeit der Selbst-Erfahrung, zur Bewußtseinserweiterung (→Geheimwissenschaften); objektiv entspricht dem ein gelenktes Schauen durch die Nichtigkeit oder Vorläufigkeit der Welt-Dinge (Maya) hindurch, hin auf die grundlegende Einheit; sie wird verschieden gefaßt und fällt mit dem Atman zusammen.

Religionsphilosophen wie der indische Staatspräsident Radhakrishnan, Esoteriker (→Esoterik) wie F. Schuon oder J. Evola und Personen im Umkreis von →New Age (Ken Wilber) halten die Verschiedenheit der Religionen für eine kategoriale Realisierung der überpersonalen mystischen Einheitserfahrung. In der Moderne lebt diese Weltsicht als kosmische Mystik (W. James): Eine ekstatisch-künstlerische Harmonieerfahrung des Kosmos (R. Bucke). Die Transpersonale Psychologie (St. Grof) verbindet dies mit Gedanken der C. G. Jung-Schule: Die eine Welt der „kollektiven Archetypen“ gründet in der ontologischen Einheit einer Gesamt-Harmonie der Welt und wird als solche „transpersonal“ in der Mystik erfahren.

Dem steht das breite Phänomen der theistischen Mystik gegenüber die sich nicht nur in den Abraham-Religionen (Judentum, Christentum, Islam) findet. Schamanistische Religiosität, die Bhakti-Frömmigkeit des Hinduismus (die Bhagavadgita nach R. C. Zaehner), selbst der japanische Amida-Buddhismus richten sich auf personale Gottesmystik hin aus. Statt Einheit bilden Liebe, Begegnung, Hingabe die Paradigmen zum Verstehen der mystischen Erfahrung. Die sinntragende Einheit der Wirklichkeit wird von der Macht (oder Ohnmacht) des personal aufgefaßten Absoluten her verstanden, ähnlich wie ein Musikstück (die Wirklichkeit) als Einheit im Komponisten (das Absolute) und im Hörer (Mystiker) lebt. Auf dem äußersten Flügel steht unmystisch ein Deismus, der jeden aktuellen Bezug Gottes zu seiner Schöpfung leugnet und damit dem säkularistischen Denken bis hin zum grundsätzlichen Pluralismus der Postmoderne den Boden bereitete. Nicht zu verwechseln damit ist die kabbalistische Lehre vom Zimzum (H. Jonas): Gott, der „En-Sof", hat sich zurückgezogen, um einen Raum des Nichts für die Realität der Schöpfung freizugeben. Wie die konkrete Frömmigkeit zeigt, darf man das mystische Element einer Ergebenheitsreligiosität, die im Islam lebt, nicht absprechen: Die Einheit von Allem wird im absoluten Wollen Allahs erfahren und angebetet. Der Calvinismus trägt Züge dieser Ergebenheit. Stärker intellektuell ausgeformte Richtungen (Ibn Arabi im Sufismus) scheinen sich dem Pantheismus zu nähern. Doch es muß stets gefragt werden, ob hier nicht – wie bei Eckhart oder in der Kabbala – nur versucht wird, das Unfaßbare personaler Mystik zu umschreiben.

Gipfel theistischer Mystik ist die Liebesmystik. Emotional wird Liebe ebenso als Einheit erfahren wie die pantheistische Verschmelzung: „In dir vergesse ich mich und alles andere" (M. Buber). Sufitische (Jalaluddin Rumi) wie christliche Mystik (Johannes v. Kreuz) sprechen daher ungezwungen von der Einheit mit Gott, dem Absoluten, meinen aber eine Einheit, in der die eigenständige Personalität bestätigt ist. G. Scholem schreibt, daß auch die jüdische Mystik in ihren Spekulationen stets die theistische Gottesvorstellung bewahrt.

Die christliche Mystik bietet in ihrer Vielfalt (Hildegard, Teresa, Franz, Eckhart) ein gutes Paradigma vom Reichtum der Mystik. In der ostkirchlichen Tradition lebt der urchristliche Satz: „Gott wurde Mensch, damit der Mensch Gott werde" (Athanasius). Gemeint ist kein Pantheismus, sondern der Glaube an Gottes Geist, der als „Seele der Seele", als „Innerstes des Innern" (Augustinus) alles durchzieht. Die mittelalterliche Frauenmystik lebt weithin aus einem naiv-anthropomorphen Gottesbild. Ihre emotionale Stärke verdient nicht die Geringschätzung, die man ihr oft entgegenbringt. Die Liebesmystik Mechthilds v. Magdeburg steht auch zeitlich neben der intellektuellen Mystik Eckharts. Die Naturnähe der franziskanischen Gotteserfahrung darf nicht von der Kreuzesmystik getrennt werden. In der Ostkirche geben sich sakramentale Mystik und Mystik der Unerkennbarkeit Gottes die Hand. Fast überall (die beiden Teresen) schlägt eine anfängliche Einsamkeitsmystik um zum sozialen Engagement. Verständlicherweise pflegte diese eher objektiv, auf Gott hin ausgerichtete Mystik das subjektiv-erlebnishaft bedingte Methodische weniger, als es im indischen Subkontinent geschah.

Drei Etappen lassen sich im westlichen Christentum unterscheiden: Anfänglich ist Mystik eingebunden in ein symbolisch-sakramentales Weltbild; im Mittelalter ist sie stärker auf personale Bezüge und Emotionalität ausgerichtet (Marienmystik); mit Beginn der Neuzeit wird sie deutlicher psychologisch aufgefaßt. Das drei-eine Gottesbild bietet eine Hilfe, den Reichtum zu verstehen: Der Vater als alles umgreifender, ursprungsloser Anfang, der Sohn als konkretes, Geschichte gewordenes Gegenüber; der Geist als innerster Grund von Welt und Mensch. Der eine Gott ist mehr-dimensional.

Literatur:
Zu warnen ist vor Synthesen à la „Mystik der Welt"; Lexika sind unentbehrlich: Dictionnaire de la Spiritualité, Paris 1936–1994; Wörterbuch der Mystik, Stuttgart 1989; Lexikon der östlichen Weisheitslehren, München 1986, 1994. Ansonsten ist es nützlich, Monographien heranzuziehen: zum Sufismus von A. Schimmel; zum Judentum von G. Scholem; zum Schamanismus von M. Eliade; zum Christentum verschiedene Autoren. *J. Sudbrack*

Morphische Felder

Morphische Felder sind von dem englischen Biologen R. Sheldrake (geb. 1942) postulierte formbildende Wirkeinheiten der Natur. Sie bewirken das Wiederauftreten von Formen, Gestalten und Ganzheiten, die sich einmal gebildet haben und nach Art von Schablonen gespeichert wurden (Gedächtnis der Natur). Das morphisch Gespeicherte bedarf keines materiellen Trägers, ist aller raumzeitlichen Begrenzungen enthoben, der Natur aber dennoch immanent. Es wird als eine neue Dimension der Wirklichkeit mit Feldcharakter und allumfassender Geltung vorgestellt und der *mainstream science* zur Akzeptanz angeboten. Diese hat in der Regel spontan ablehnend reagiert, einige ernstzunehmende experimentelle Überprüfungen, hauptsächlich in der Humanpsychologie, führen zunehmend zu negativen Befunden. Dennoch verdient der Ansatz Sheldrakes Beachtung, da in ihm vernachlässigte bzw. fehlbehandelte Grundfragen der Naturwissenschaft aufgeworfen und neue Perspektiven auf originelle Weise gezeigt werden.

Die Spekulation beginnt 1981 mit der Behandlung ungelöster biologischer Probleme der Morphogenese in *A new science of life* und wird 1988 in *The presence of the past* zu einer „new science of nature" ausgeweitet. Den Feldbegriff, der wissenschaftshistorisch mit elektromagnetischen oder Gravitationsfeldern in der Physik entstand und dort später auch zur Beschreibung der mikrophysikalischen Realität benutzt wurde (Elektronen-, Neutronen-, Quantenmateriefelder), verwendeten in der Biologie zuerst und fast gleichzeitig H. Spemann (1921), A. Gurwitsch (1922) und P. Weiß (1923). Sie wollten damit den ganzheitlichen Rahmenbedingungen bei der Entstehung von Organismen (embryonale Felder) und bei ihrer Weiterentwicklung und Regeneration (Entwicklungsfelder) gerecht werden, die auf der Ebene lediglich lokal fixierbarer biochemischer Prozesse nicht erklärbar schienen. Das „morphogenetische" Feld (P. Weiß) sollte die Bildung von Organen, die epigenetische „Chreode" (C. H. Weddington) sollte den durch „Attraktoren" gekennzeichneten zielstrebigen Weg von einer Form zur jeweils nächsten Stufe der Entwicklung steuern. Sheldrake nimmt den Weißschen Begriff des morphogenetischen Feldes auf und erfindet zur Beantwortung der offengebliebenen Frage nach der Herkunft dieser Felder und dem Medium ihrer Ausbreitung eine neue Dimension der Realität, die aller materiellen Verhaftetheit enthoben ist. Die in der raumzeitlichen Realität entstandenen Formen produzieren immaterielle Kopien, die keines Trägers bedürfen und als Felder mit gespeicherter Vergangenheit in der Gegenwart das Wiederauftreten gleicher oder ähnlicher Formen hervorrufen. Da der erweiterte Feldbegriff auch Formen geordneter Geschehens- und Verhaltensabläufe, Instinkten, Gewohnheiten und Aktivitätsfeldern gerecht werden sollte, ersetzte Sheldrake „morphogenetisch" durch den umfassenderen Ausdruck „morphisch".

Das Neue an Sheldrakes morphischen Feldern gegenüber seinen Vorläufern ist – abgesehen von der grenzenlosen Ausweitung ihres Geltungsbereichs auf subatomare, atomare, molekulare, zelluläre, organhafte, organismische, soziale, kulturelle, planetare, stellare, kosmische Einheiten und Prozesse – das Postulat der Wechselwirkung. Die morphische Feldrealität prägt zwar ihre Ordnung dem gegenwärtigen Naturgeschehen auf, doch dieses liefert alle gestalthaften Neuerwerbungen als Felder an sie ab, was wiederum auf zukünftiges Geschehen zurückwirken wird. Dem Gesetz von der Erhaltung der Energie wird eine Art Gesetz von der Erhaltung der Information zugeordnet – morphische Felder sind Informationsfelder –, aber auch von diesem abgehoben, denn formbildende Verursachung ist nicht-energetische Verursachung und von der energetischen unabhängig.

Die Wechselwirkung zwischen raumzeitlicher und morphischer Realitätsebene, die beide naturimmanent gedacht werden, erlaubt Sheldrake den Verzicht auf platonisches Denken, wonach raumzeitliche Formen ihre Herkunft transzendenten, also zeitlosen Urformen verdanken. Das gegenwärtig vorherrschende Denken in Naturgesetzen ist nach Sheldrake ein noch implizit platonisches, da Naturgesetze als unveränderlich vorausgesetzt werden; über die Existenzform solcher Zeitlosigkeiten schweigt sich die Wissenschaft ansonsten aus. Sheldrake plädiert für eine radikale Evolution der gesamten Natur einschließlich ihrer sogenannten Gesetze. Für ihn sind Naturgesetze bloße Gewohnheiten. Er hält somit – scheinbar paradoxerweise – seine immateriellen Felder für naturimmanenter als die sogenannten Naturgesetze.

Auch von der aristotelischen Entelechie, wonach naturimmanente Zielursachen das Formgeschehen bedingen sollen, setzt sich Sheldrake ab, im Gegensatz zum Vitalismus eines H. Driesch, der den physikalisch-chemischen Prozessen organisierende immaterielle Vitalfaktoren überstülpte. Auch bei der „Teleonomie", einer Konstruktion aus jüngerer Zeit, wird die Ausrichtung des Naturgeschehens auf Ziele hin von übergeordneten steuernden Faktoren abhängig gemacht, die von der Ebene dessen, was sie steuern, nicht tangiert werden. Aristotelische Zielsteuerung hat die Rückwirkung des Naturgeschehens auf die übergeordnet steuernden Instanzen nicht mitbedacht.

Über die Wirkung der morphischen auf die raumzeitliche Ebene macht Sheldrake folgende Aussagen: Sie ist unabhängig von Zeit und Raum – ein morphisches Feld aus dem Altertum wirkt unabgeschwächt noch heute; ein morphisches Feld aus Australien wirkt unabgeschwächt auch in Grönland. Morphische Felder schwingen – ein universelles Merkmal der Natur bis hin zum subatomaren Geschehen –, ihre Wirkungen sind resonanzartig; Mitschwingen ist morphische Resonanz. Die morphische Resonanz ist um so stärker, je ähnlicher die Empfänger der morphischen Information den ursprünglichen Sendern sind. Die größte Ähnlichkeit hat ein Organismus mit sich selbst, er wird deshalb von Feldern, die er selbst erzeugt hat, auch am stärksten gesteuert (Eigenresonanz). Über die Wirkung des raumzeitlichen Geschehens auf die morphische Ebene macht Sheldrake nur folgende Aussage: Sie ist abhängig von der Zahl der Einheiten, in denen sich die betreffende Form manifestiert. Je größer die Zahl verwirklichter Formen, um so stärker ihr morphisches Feld. Die Wirkung ist kumulativ. Genauere quantitative Angaben sind empirisch zu ermitteln.

Morphische Felder stehen hierarchisch auch untereinander in Beziehung: Übergeordnete Felder organisieren untergeordnete, Organismen-Felder organisieren Organfelder, diese Gewebsfelder, diese Zellfelder usw. Die Feldeinheiten werden mit A. Koestler Holons genannt, d.h. Ganzheiten, die andere Ganzheiten enthalten und selbst anderen Ganzheiten angehören. Auch können jüngere Felder ältere überlagern; offen bleibt, ob bzw. in welchem Maße die Feldbeziehungen innerhalb der morphischen Ebene vom raumzeitlichen Geschehen unabhängig erfolgen.

Das Schicksal der Theorie Sheldrakes wird abhängen von der empirischen Bewährung ihrer Kernbehauptung, daß die Entstehung neuer Formen durch das Vorhandensein vieler bereits vorhandener Formen, die ein morphisches Feld hervorgebracht haben, erleichtert bzw. beschleunigt wird. Dazu hat Sheldrake rätselhaft gebliebene Beobachtungen, zumeist der Biologie, mit Hilfe seiner Theorie *post hoc* interpretiert, ein legitimes, aber schwaches Stützverfahren. Das „Meisenrätsel" brachten die Zoologen Hinde und Fischer in die Diskussion, die das Aufkommen der Neigung bei Blaumeisen, die Metallfolienverschlüsse von frühmorgens an Wohnhäusern abgestellten Milchflaschen aufzupicken, um an die Sahne heranzukommen, von 1921 bis 1947 in England untersuchten. Rätselhaft blieb, daß die Gewohnheit sich ziemlich gleichzeitig an vielen Orten ausbildete, die so weit voneinander entfernt lagen, daß man sich wegen des engen Flugradius der Meisen zwischen ihnen keinen Flugverkehr und also kein Lernen durch Nachahmung denken konnte.

Das Rätsel der zunehmend schnelleren Lernraten von Versuchstieren in konstantbleibenden experimentellen Versuchsserien, die sich über viele Generationen von Versuchstieren erstreckten, hat man bisher unzureichend durch zunehmende technische Routine der Versuchsleiter zu erklären versucht. McDougall, der Anfang der 20er Jahre den Effekt an Ratten untersuchte und ihn auf Vererbung erworbener Eigenschaften zurückführen wollte, wurde später durch Agar widerlegt, der die schnellere Lernrate auch bei Kontrollratten und nicht nur bei den zur Zuchtlinie gehörenden Experimentalratten fand. Aber auch er konnte die Lernbeschleunigung bei den Kontrollratten der späteren Generationen nicht erklären. Für Sheldrake ist dieser Befund ein willkommener Beleg dafür, daß die Weitergabe von Gewohnheitsmustern ohne Mechanismen der organismischen Vererbung, d.h. durch morphische Resonanz, möglich ist.

Das Rätsel der zunehmend beschleunigten Erfolge bei der Kristallisierung neuer synthetisierter Verbindungen mit zunehmender Verbreitung solcher Versuche hat man bisher so zu erklären versucht, daß Bruchstücke der neuen Kristalle als „Keime" für weitere Exemplare von Labor zu Labor weitergetragen wurden. Sheldrake hält eine Erklärung durch morphische Resonanz für wahrscheinlicher.

Besser als durch *post hoc*-Anwendungen läßt sich Sheldrakes These experimentell überprüfen. Fast ausschließlich wurde mit humanpsychologischen Verhaltensfeldern experimentiert, entweder mit *old field-* oder mit *new field*-Anordnungen. Bei den *old field*-Anordnungen werden bei vergleichbaren Versuchsteilnehmern zwei vergleichbar schwierige Verhaltensweisen eingeübt, von denen eine andernorts bereits zur verbreiteten Gewohnheit wurde (z.B. natürliche Sprache), die andere nicht (z.B. künstlich veränderte Sprache). Erwartet wird ein besseres Lernergebnis für das echte Material aufgrund stärkerer morphischer Resonanz im Vergleich zum künstlichen Material ohne oder mit geringerer Resonanz. So ließ Sheldrake (1988) englischsprechende Personen einen alten japanischen Kindervers und zwei neugedichtete Verse mit ähnlichem Aufbau lernen. G. Schwartz ließ 1986 von amerikanischen Studenten die Bedeutung hebräischer Wörter des Alten Testaments und hebräischer Nichtwörter – die Buchstabenfolge der richtigen Wörter zu Anagrammen verändert – erraten. A. Pickering ließ 1988 von englischen Personen echte und unechte persische Wörter nach zehn Sekunden visueller Darbietung aus dem Gedächtnis nachschreiben. A. Mahlberg ließ echten und künstlichen Morsecode erlernen. Ertel (1990) zeigte deutschen Schülern japanische Hiraganaschriftzeichen in richtiger oder rotierter Lage für zehn Sekunden, woraufhin diese unter einer größeren Zahl nicht gezeigter ähnlicher Buchstaben wiedererkannt werden sollten.

Mit den Ergebnissen dieser Experimente wurden die Hypothesen Sheldrakes im ganzen gestützt. Dennoch kann in keinem Falle die Wirkung unerkannter Bedingungsfaktoren zwingend ausgeschlossen werden, die eine Deutung im Sinne morphischer Resonanz entbehrlich machen würde.

Bei den *new field*-Experimenten werden zwei Arten vergleichbaren Lernmaterials verwendet und von zwei vergleichbaren experimentellen Gruppen in zeitlichem Abstand gelernt. Zwischen dem ersten und zweiten Lernversuch wird eines der beiden Lernmaterialien von einer großen Zahl sogenannter Verstärker-Personen gelernt, das andere Material wird diesen Personen nicht gegeben. Erwartet wird, daß das verstärkte Material besser gelernt wird als das nicht-verstärkte. Eine Differenz der Lernleistung darf dabei nicht nachzuweisen sein.

Sheldrake legte 1988 seinen Experimentalpersonen schwer erkennbar abgebildete Vexierbilder vor und verstärkte die Hälfte der Abbildungen durch deren Darbietung in leicht erkennbarer Form in einer Fernsehsendung; bei den Experimentalpersonen des Effekt-Tests war die betreffende Sendung technisch nicht zu empfangen. Gemessen wurde die Zeit bis zum Erkennen der Bilder. Z. Dienes (1990) bot englischen Personen auf dem Bildschirm Wortmaterial dar, bei dem sie möglichst schnell entscheiden sollten, ob sie jeweils ein echtes Wort (z.B. gold) oder Kunstwort (z.B. koad) sahen. Die Hälfte der Kunstwörter wurde durch Wiederverwendung in aufeinanderfolgenden Sitzungen mit insgesamt 100 Personen sukzessiv verstärkt, die andere nicht. Die Experimente von Sheldrake und Dienes zeigten hypothesenstützende Ergebnisse nur beim ersten Mal, nicht mehr beim Replikationsversuch. Kein hypothesenstützendes Ergebnis erhielt Ertel, der in zwei Experimenten (1992, 1993) die Zeit bis zum Richtigstellen von Silben in dargebotenen Schlüsselwörtern ermittelte – aus LINAMODE wird LIMONADE aus FENTOAUREI wird AUTOREIFEN – in einem anderen Experiment waren künstliche Vokabeln zu erlernen (NUHL bedeute TOD, FRILL bedeute GLÜCK). „Verstärkt“ wurde in beiden Fällen jeweils die Hälfte des Materials durch Mitwirkung kommerzieller Magazine (ÜBERMORGEN, P. M.), wobei jedesmal ca. 1000 Leser das für den Versuchszweck eingebrachte Wortspiel mitmachten. Nur beim ersten Experiment deutete sich ein Effekt an, der statistisch aber nicht zu sichern war. Z. Dienes berichtete noch über zwei andere *new field*-Experimente mit gutem Design, aber negativem Ausgang, weshalb die Schlußfolgerung berechtigt ist, daß sich die Theorie der morphischen Resonanz unter strengen und fairen Bedingungen nicht bewährt hat und die Aussichten für zukünftige Bewährungen demnach schlechtstehen.

Abgesehen von der negativen Bilanz im Laborexperiment sind gewichtige Einwände zur Theorie Sheldrakes naheliegend. Die morphischen Felder haben formverfestigende, keine formhervorbringende Funktion. Zur Kreativität tragen sie nicht nur nichts bei, sie bremsen jede Veränderung, erschweren somit ein Verständnis des Evolutionsphänomens, anstatt es zu erhellen. Sheldrake meint zwar selbst, daß seine Theorie an das „Geheimnis des Schöpferischen" nicht heranreicht, er zieht aber aus dem Widerspruch, den sie zu diesem „Geheimnis" aufbaut, keine Konsequenzen. Zudem versäumt es Sheldrake, die Bedingungen der Wechselwirkung zwischen der Feldebene und den raumzeitlichen Manifestationen weiter zu spezifizieren. Auch scheint sich innerhalb der morphischen Realität, abgesehen vom Postulat hierarchischer Ordnungsbeziehungen, nichts abzuspielen. Es gibt keine Anziehung/Abstoßung, Förderung/Hemmung, keine Integration/Desintegration etc., die morphischen Einheiten selbst sind wie Standbilder, abgezapft von den bewegten Bildern der raumzeitlichen Realität, der die gesamte Dynamik des Geschehens nach wie vor überlassen bleibt. Die morphischen Schablonen sind nur dazu da, Form und geordnetes Geschehen zu stabilisieren und Wiederholungen zu automatisieren.

Zur Würdigung des Sheldrakeschen Entwurfs gehört jedoch auch, daß mit ihm das von der *mainstream*-Wissenschaft vernachlässigte und gemiedene Problem der Formbildung mutig wieder aufgegriffen, in größere historische und systematische Zusammenhänge eingebracht und bis hin zu einer neuen Sichtweise der gesamten Natur in origineller Weise ausgebaut wird. Allzu große Selbstverständlichkeiten, wie die der Existenz von Naturgesetzen, werden hinterfragt – so wie z.B. von G. Binnig –, die neuen Perspektiven fordern zum Nachdenken und produktiven Widerspruch heraus. Sheldrake ist ein großer Anreger, der es versteht, andere unabhängig von den üblichen Kanälen wissenschaftlicher Kommunikation zur empirischen Arbeit zu ermuntern (jüngster Titel Sheldrakes: *Sieben Experimente, die die Welt verändern könnten,* 1994). Trotz aller Spekulation bleibt er auf dem Boden wissenschaftlich überprüfbarer Tatsachen, die Möglichkeit der Nichtbewährung seiner morphischen Idee hat er bedacht. Erst angesichts der Grenzen seiner Erkenntnis gegenüber dem Phänomen des Schöpferischen, von dem er sich mit seiner Theorie entfernt hat, sucht er durch spirituelle Hinwendung zur Transzendenz weiterzukommen: „Nur Glaube, Liebe, mystische Einsicht, Kontemplation, Erleuchtung oder göttliche Gnade geben uns die Möglichkeit, diese Grenzen zu überschreiten."

Literatur:
R. Sheldrake, A New Science of Life, London 1981 (deutsch: Das schöpferische Universum, München 1983); ders., The Presence of the Past, New York 1988 (deutsch: Das Gedächtnis der Natur. Das Geheimnis der Entstehung der Formen der Natur, Bern 1990); S. Ertel, Rätselhafte Gedächtniseffekte, die nicht zum Verschwinden gebracht werden können, in: Zeitschrift für Parapsychologie und Grenzgebiete der Psychologie 33, 1991, S. 103–107. *S. Ertel*

New Age

New Age (Neues Zeitalter) ist eine der wichtigsten geistigen Strömungen der letzten Jahrzehnte – und eine der populärsten. In den Medien hat das Thema Karriere gemacht: ob im Kultur- oder im Wirtschaftsteil, ob unter „Life Style" oder in der Psycho-Ecke – überall finden sich Verweise auf New Age. Diese inflationäre Inanspruchnahme macht es gleichzeitig schwer, New Age zu fixieren.

Dennoch läßt sich New Age als ein *patchwork* ständig wiederkehrender Begriffe, Grundüberzeugungen und Aktivitäten definieren (Schorsch, Stenger). Eine Analyse elementarer Begriffe des New Age (Schneider) zeigt, daß vor allem drei Begriffe und ihre Beziehungen zueinander, nämlich Paradigmenwechsel, Kosmisches Bewußtsein und Transformation, den zentralen Sinn des New Age markieren. Der Grundgedanke des Paradigmenwechsels ist nicht ein mechanistisches, sondern ein systemisches, die Gesamtwirklichkeit vernetzendes Selbst- und Wirklichkeitsverständnis (Capra), d.h. die Trennungen von Geist und Materie, von Mensch und Natur scheinen im Neuen Zeitalter aufgehoben. Anstelle der starren Dualismen setzen die New-Age-Autoren organische Synthesen wie den Versuch, die Kluft zwischen Religion und Wissenschaft zu überwinden, oder in die einseitig rationalistische Denkweise des *old age* veränderte Bewußtseinszustände oder paranormale Phänomene (→Parapsychologie) einzubeziehen. Erst die Erfahrung der größeren Realität „innerer" oder „geistiger" Welten könne auch zu der Erfahrung führen, daß in jedem realen Phänomen, vor allem aber im eigenen Bewußtsein, das spirituelle Universum zu finden sei.

Die Erfahrung eigener Ganzheit ist eng gekoppelt an die Vorstellung eines kosmischen Bewußtseins: Der Mensch soll sich wieder als Teil der Natur verstehen, nicht als ihr Beherrscher, und soll sich dabei in kosmische Rhythmen wiedereingliedern. Diese kosmische Ganzheitlichkeit steht dem Transformationsgedanken sehr nahe: Transformation bezeichnet zunächst den Prozeß der individuellen Bewußtseinserweiterung. Themen sind dabei: Einbezug von Körperlichkeit und Emotionalität, Suche nach neuer Spiritualität, Wiederentdeckung der weiblichen Identität oder die Neubesinnung auf Erfahrung. Mit der Bewußtseinsentwicklung der einzelnen verbinden sich Hoffnungen auf eine gesellschaftliche Transformation durch die „Verschwörung der Transformierten" (Ferguson) sowie auf eine „Spiritualisierung der ganzen Menschheit" (Russell).

Für das Herannahen des Neuen Zeitalters gibt es sowohl „esoterische" als auch „wissenschaftliche" Quellen. Die „Esoteriker" (z.B. Spangler, Trevelyan →Esoterik) stützen ihre mythisch-enthusiastischen Ankündigungen auf astrologische Quellen (→Astrologie). So befinden wir uns derzeit im Übergang vom Fische- zum Wassermannzeitalter, und mit Aquarius wird die Chance zu einer neuen Humanität, einer Transformation der Gesellschaft zu einer höheren Evolutions- und Bewußtseinsstufe der Menschheit verbunden (Spangler). Demgegenüber legitimieren die „wissenschaftlichen" Protagonisten (z.B. Berman, Capra, Ferguson) New Age in einem Begründungszusammenhang enttäuschter Hoffnungen, im Sinne eines Scheiterns etablierter Institutionen und Weltbilder, die die gegenwärtige globale Krise verursacht hätten. Dabei schöpfen die New-Age-„Theoretiker" ihrerseits aus der Erosionskrise des materialistischen-mechanistischen Paradigmas, integrieren die Zentralbegriffe der Neuen Wissenschaften und versuchen eine Fusion rationaler Erkenntnisweisen mit mythisch-religiöser Welterklärung.

Trotz aller Unterschiede scheint den „esoterischen“ und „wissenschaftlichen“ Protagonisten allerdings die Grundüberzeugung gemeinsam, daß nur über die „Innenwelt“ der einzelnen Zugang zur größeren Realität zu erhalten sei, nur so könnten sich zusätzliche individuelle Entwicklungspotentiale und damit neue Einflußmöglichkeiten zur Rettung der desolaten äußeren Welt öffnen (Capra).

Die erste sozialwissenschaftliche Analyse des New Age im deutschen Sprachraum stammt von Küenzlen. Obwohl er sich ausdrücklich von New-Age-Autoren distanziert, gibt es zahlreiche Parallelen zu seinem Ansatz. Als Hintergrundszenarien für den Verbreitungserfolg des New Age gelten bei Küenzlen neben dem „Zerfall des Fortschrittsgedankens“ und dem „Bedeutungsverlust der Kulturmacht Wissenschaft“ vor allem die „ökologische Krisis“ und das „Ende der Ideologien“. Dies alles habe zu einer „elementaren Orientierungsunsicherheit“ geführt, der die „etablierten Kulturbestände religiöser und säkularer Art“ nicht mehr adäquat begegnen könnten. Insofern sei New Age Ausdruck einer „vagabundierenden Religiosität“, eine säkulare Ersatzform von Religion, die den Nutzern neue „sinnhafte Antworten auf die Unsicherheiten und Fraglichkeiten der modernen Lebenswelt“ zu bieten scheint (→Para-Gläubigkeit).

Diese sinnstiftende Funktion rückt auch in den Mittelpunkt der religionssoziologischen Interpretation (Knoblauch, Mörth). Dabei wird New Age verstanden als Fortsetzung längst bekannter struktureller Wandlungsprozesse zu neuen Sozialformen von Religion, deren Kulminationspunkte mit Bezug auf Luckmann und Jorgensen als „unsichtbare Religion“ oder „kultisches Milieu“ begrifflich faßbar scheinen. Im Gegensatz zu Kirchen und Sekten, die in der Regel eine starke Institutionalisierung und eine strenge Dogmatisierung ihrer Glaubensinhalte ausbilden, seien die neuen Sozialformen von Religion beschreibbar durch schwache Institutionalisierung und „zunehmenden Synkretismus“ ihrer Glaubensinhalte. Weitere Kennzeichen seien „Marktorientierung“ sowie „Privatisierung“ und „Subjektivierung“ religiöser Glaubensformen.

Weiter als die religionssoziologische Perspektive geht der konstruktionstheoretische Ansatz Stengers. Hier wird (mit Bezug auf Keupp und Beck) die These vertreten, daß die Entwicklung eines „ichzentrierten Weltbildes“ eine strukturelle Notwendigkeit des Modernisierungsprozesses ist, weil die Biographie des Menschen zunehmend aus fixierten Sinnbindungen herausgelöst, entscheidungsabhängig und offen ist. Unter dieser Perspektive erscheint New Age als konstruktiver Ansatzpunkt für die Probleme zeitgenössischer Identität: Mit der Übernahme „esoterischer Kontexte" könne das Programm der Selbstentwicklung auch durch Einbezug von Körperlichkeit und Emotionalität vorangetrieben werden. Somit eröffneten sich Verortungsmöglichkeiten und sinnhafte Interpretationen von Wirklichkeit. New Age wird dadurch vom „Sinnkrisen-Reflex" und Sinnersatz zu einer normalen Variante moderner Sinnkonstruktion.

Die empirische Forschung (Schneider) zeigt, wie sehr sich New Age auch in der Bundesrepublik durchgesetzt hat. Fast jeder zweite Großstädter kennt New Age nicht nur als Schlagwort, sondern verbindet damit auch sehr konkrete Vorstellungen: 63 Prozent der „Kenner" sehen im New Age ein „neues Begreifen von Umwelt und Gesellschaft", die „Abkehr vom mechanistischen Denken" oder „Neue Wissenschaft"; nur 31 Prozent assoziieren →Okkultismus oder →Esoterik. New Age hat sich überwiegend im weiblichen Spektrum unserer Kultur etabliert: Bei den 11 Prozent Befürwortern, die im New Age primäre „Selbstfindungsprozesse" und „Möglichkeiten einer humaneren Gestaltung der Zukunft" sehen, dominieren mit 61 Prozent die Frauen; sie rekrutieren sich hauptsächlich aus qualifizierten Angestelltenberufen, ihr Bezug zu den Amtskirchen ist gering.

Die Antworten zu New-Age-Grundüberzeugungen belegen, daß New Age keine homogene, in ihrer Entwicklung abgeschlossene Bewegung ist. New Age fungiert vielmehr als Projektionsfläche unterschiedlichster Wünsche und Vorstellungen, wie Sehnsucht nach neuer Religiosität, Wahrnehmung zusätzlicher individueller Entwicklungspotentiale oder Hoffnung nach (mehr) Autonomie im gesellschaftlichen Handeln.

New Age spiegelt im Kontext Religion die Sehnsucht nach einer (Wieder-)Verankerung im Absoluten, die für viele Menschen durch Vermittlung der Kirchen nicht oder kaum mehr darstellbar ist. Entgegen christlicher Vorstellung gilt im New Age Gott als nichtpersonales kosmisches Prinzip; der Erlösungsbedürftigkeit des Menschen sowie seiner Sündhaftigkeit wird entschieden widersprochen; ebenso erscheint religiöse Erleuchtung durch spirituelle Techniken als machbar und unabhängig von göttlicher Gnade. Allerdings gibt es auch zahlreiche Gemeinsamkeiten zwischen Christentum und New-Age-Spiritualität, die nicht nur in der mystischen Tradition (→Mystik) des Christentums begründet sind, sondern auch in der gemeinsamen Kritik am eindimensionalen Vernunftverständnis oder dem Versuch, die neuzeitliche Trennung von Subjekt und Natur zu überwinden. Insofern ist New-Age-Spiritualität nicht Religion im Sinne von „Religionsersatz", sondern eine humane Haltung, die Realität und Transzendenz verbindet und in konkretes Verhalten übersetzt (Schiwy).

Bemerkenswert ist auch die Tatsache, daß es „unbewußt" wesentlich mehr „Sympathisanten" der New-Age-Überzeugungen gibt als reflektierte Anhänger: Es gibt Menschen, die derartige Ansichten teilen, ohne jemals von New Age gehört zu haben. Insofern läßt sich der Verbreitungserfolg des New Age als „Veralltäglichung reflexiver Kompetenz" (Stenger) deuten, weil hier offenbar Lösungsformeln angeboten werden, die auf breiteste Akzeptanz stoßen. Vor allem fernöstliche spirituelle Disziplinen haben sich als Konzepte durchgesetzt: Fast jeder zweite Großstädter gibt an, sich für Meditation oder Yoga zu interessieren, und etwa jeder vierte bekundet Interesse am Reinkarnationsgedanken.

New Age läßt sich somit als eine konstruktive, emphatische Suche nach neuen sinnstiftenden Orientierungsmustern auffassen; es ist eine postmaterielle und mittelschichtspezifische Bewegung mit überwiegend individualistischem Charakter: Ihre Träger können es sich weitgehend leisten, auf eine materielle Grundeinstellung zu verzichten. New Age ist aber wenig sozial ausgerichtet, denn die Vernetzungsmöglichkeiten im Dienste einer kollektiven Kraft, wie etwa im Protestpotential der Ökologie-, Friedens- oder Frauenbewegung, wurden noch wenig ausgeschöpft.

Wenn auch eine konkrete politische Umsetzung des New-Age-Denkens bisher schwerlich auszumachen ist, so zeigen sich doch starke Einflüsse auf der Ebene individueller Lebensstile. Hier haben sich neben der Sehnsucht nach Einheit mit der Natur auch vegetarische Eßgewohnheiten oder der Einsatz diverser Duftlampen etabliert. Starken Einfluß übt das New Age auch auf der künstlerischen Ebene aus. So gibt es eine eigene Musikrichtung, die auch als Therapie genutzt wird. Verschiedenste Klangelemente und Stilrichtungen wie monotone Mönchsgesänge, indische Saiteninstrumente oder sphärische Computerklänge werden kombiniert und sollen neben Entspannung auch die spirituelle Entwicklung der Hörer fördern. Bekannt sind in der Malerei vor allem Bilder von

Phantasiereisen durch imaginäre Landschaften, die Ganzheitlichkeit oder Frieden symbolisieren sollen.

Besonders nachgefragt scheinen Management-Strategen, die in ihren Seminaren oder Beratungen New-Age-Ansätze der Autonomieförderung, Ganzheitlichkeit oder Selbstorganisation empfehlen. Problematisch ist dabei die Diskrepanz zwischen dem vorgestellten Ziel, neue Formen der Ökonomie zu etablieren, und den Methoden, die aber an Effizienzsteigerung und Gewinnmaximierung festhalten. Problematisch sind sicherlich auch diejenigen Ansätze, die eine Spiritualisierung ökonomischer oder politischer Mißstände zum Ziel haben, die beispielsweise Armut oder Arbeitslosigkeit als Folgen eines falschen Bewußtseins interpretieren.

Literatur:
M. Berman, Wiederverzauberung der Welt, München 1983; F. Capra, Wendezeit, München 1988; M. Ferguson, Die sanfte Verschwörung, München 1987; H. Knoblauch, Das unsichtbare Neue Zeitalter, in: Kölner Zs. Soziologie u. Sozialpsychologie, Jg. 41, 1989, S. 504–525; G. Küenzlen, Das Unbehagen an der Moderne, in: H. Hemminger (Hrsg.), Die Rückkehr der Zauberer, Reinbek 1987, S. 187–222; M. Schneider, New Age, München 1991; ders., Esoterik und New Age. Das Zeitalter des Wassermannes, Augsburg 1995; H. Stenger, Die soziale Konstruktion okkulter Wirklichkeit, Opladen 1993; Ch. Schorsch, Die New-Age-Bewegung: Utopie und Mythos der Neuen Zeit, Gütersloh 1988; G. Schiwy, Der Geist des Neuen Zeitalters, München 1987. *M. Schneider*

Okkultismus

Während das lateinische Wort *occultum* (Übersetzung des griechischen *esoteros*) schlicht nur das Verborgene bezeichnet, ist Okkultismus eine moderne Weltanschauung, die nicht nur die Existenz von Verborgenem annimmt, sondern über das Verborgene qualifizierende Aussagen macht. Diese Aussagen sind mit wissenschaftlichen Methoden nicht zu begründen und sollen doch zugleich nicht als Glaubensaussagen verstanden werden. Von den okkulten Phänomenen wird behauptet, sie seien außergewöhnliche oder für außergewöhnlich gehaltene, der Alltagserfahrung oder auch den Wissenschaften noch nicht oder angeblich nicht verständliche Erscheinungen, die auf außergewöhnlichen Wirkungen von Lebenden (Animismus) oder Verstorbenen und Geistern (Spiritismus), eines „plan- und katalogtragenden Weltbewußtseins" (H. Driesch) oder auch der eigenen unbewußten Kräfte beruhen.

Die heutige Verwendung des Begriffs Okkultismus geht wahrscheinlich auf Eliphas Lévi (1810–1875) zurück, der ihn in Anlehnung an Agrippa v. Nettesheims (1486–1535) *de occulta philosophia* bildete. Okkultismus ist mithin eine relativ neue Weltanschauung, die im Spannungsfeld zwischen Glauben und Wissen, Religion und Wissenschaft steht. Da der moderne Okkultismus von Anfang an mit dem Geruch behaftet war, ein Gemisch von Täuschungen, Tatsachen, Verführungen und Betrug zu sein, vermeiden manche Wissenschaftler diesen Begriff und sprechen im Anschluß an M. Dessoir von →Parapsychologie, später von Außersinnlicher Wahrnehmung (ASW), PSI usw.

Ob den unter dem Begriff zusammengefaßten Erscheinungen des Natur- und Seelenlebens außerhalb der Vorstellungen der Okkultgläubigen und der sie untersuchenden Wissenschaftler eine Existenz zukommt, ist weniger umstritten, als die Okkultisten und viele Parapsychologen glauben machen wollen. Da diese Erscheinungen definitionsgemäß mit den anerkannten Methoden der Wissenschaften nicht untersucht werden können, sind sie für eine wissenschaftliche Untersuchung unzugänglich (O. Prokop). Okkult sind diese Erscheinungen nicht an und für sich, sie werden es erst in einer okkulten Deutung, die von Voraussetzungen ausgeht und mit Vorstellungen hantiert, die von den modernen Wissenschaften, sowohl den Natur- wie den Sozialwissenschaften, aus methodischen Gründen kritisiert und abgewiesen sind. Z.B. bewegt sich ein an einem Stativ aufgehängtes Pendel nur nach den physikalischen Regeln und kommt nach Abgleichung der Energie zur Ruhe. Ein über einem Finger geschwungenes Pendel erhält durch den das Pendel haltenden Menschen ständig neue Energie und dadurch Bewegung.

Diese Bewegungen sind bewußt oder unbewußt gesteuert (Carpenter-Effekt). Keine Geister etc. sind zur Erklärung der Bewegungen erforderlich, sie sind durch physiologisch-psychologische Prozesse aufklärbar. Okkult ist nicht die Bewegung des Pendels, sondern die Deutung der Bewegungen des Pendels als Mitteilungen von Geistern, Extraterrestrischen (→Ufologie) etc. Der Okkultismus unterscheidet nicht, jedenfalls nicht hinreichend, zwischen Wahrnehmung und Deutung.

Auch wenn aber den sogenannten okkulten Phänomenen keine von ihren Anhängern unabhängige, äußere Existenz zukommt, so bleibt die Tatsache, daß viele Menschen einem solchen Glaubenssystem anhängen. Okkultismus hat für diese eine psychische oder Glaubens-Realität und im Falle von esoterischen Weltanschauungsgemeinschaften für die in ihnen zusammengekommenen Gruppen eventuell auch eine soziale Realität, die wie andere Glaubenssysteme zur Bedingung des Handelns und zum Rahmen der Vorstellungen, Orientierungen und Selbstverständigung wird. Gerade weil die von Menschen unabhängige Existenz der sogenannten okkulten Phänomene abgewiesen werden muß, darf die innere, psychische Wirklichkeit des Okkultgläubigen und damit ihre Wirksamkeit nicht übersehen werden. In den Praktiken und Vorstellungen des modernen Okkultismus erhalten Wünsche, Ängste, Phantasien einen Ausdruck, die in der industriell-bürokratischen Lebenswelt sonst keinen Ort haben. Nicht nur Hans Driesch suchte mit Hilfe okkulter und parapsychologischer Überlegungen und Experimente die Frage der Unsterblichkeit des Menschen, die er für das Hauptproblem aller Wissenschaften hielt, zu entscheiden. Die aktuelle Verbreitung des Okkultismus wird zu einem großen Teil darauf zurückzuführen sein, daß die Menschen mit ihren Ängsten, Wünschen und Fragen in den modernen Wissenschaften weithin nicht vorkommen, und sie suchen nun in okkulten oder esoterischen Vorstellungen und Praktiken eine Beruhigung und Befriedigung, die ihnen die soziale Wirklichkeit, aber auch die religiösen Lehren und schließlich die Kunst, nicht geben.

Gelegentlich werden alle von den jeweils herrschenden religiösen Institutionen kritisierten, bekämpften und unterdrückten Strömungen und Erscheinungen der menschlichen Gattungsgeschichte okkult genannt. Allein diese Verwendung des Begriffs, wie er etwa von M. Eliade in seiner *Geschichte der religiösen Ideen* gebraucht wird, kann als Kriterium für Okkultismus nur die Ausgrenzung von Vorstellungen und Handlungen durch die jeweils autoritative Religion angeben. Die Ausgrenzung wird dabei zum einzigen Gemeinsamen des Okkulten, unter das dann jeweils, dem eigenen Anspruch nach, völlig Verschiedenes subsumiert wird. Je nach den Maßstäben einer Zeit würden dann in der Geschichte darunter philosophische Texte, naturwissenschaftliche Abhandlungen oder vorchristliche religiöse Lehren und Kulte fallen, also alles das, was eine Kirche die Macht hatte, auszugrenzen und okkult zu machen.

Der moderne Okkultismus, von dem hier die Rede ist, hat deutlich andere Merkmale. Dies erhellt schon allein daraus, daß heute keine gesellschaftliche Instanz, keine Kirche die Macht und das Recht hat, okkult oder esoterisch genannte Schriften, Veranstaltungen und Praktiken zu unterdrücken oder zu verbergen. Vielmehr hat jeder die Freiheit, die in den meisten Buchhandlungen in großem Umfang angebotenen Schriften zu kaufen und zu lesen, an einem der zahlreichen okkulten Workshops teilzunehmen oder sich daheim die Karten zu legen und das Pendel zu befragen. Diese Freiheit ist gerade auch für den Anders-Glaubenden zu verteidigen; dessen Glaubensansprüche aber sind wie alle Glaubensansprüche, die nur für ihre jeweiligen Anhänger Gültigkeit haben können, als allgemeinverbindlich deutlich abzuweisen.

Für den modernen Okkultismus gilt, daß die mit diesem Begriff bezeichneten Vorstellungen und Praktiken nicht durch eine Kirche oder andere gesellschaftliche Instanzen verborgen gemacht werden, sondern daß diese von ihren Anhängern nun selber als okkult oder esoterisch bezeichnet werden. Aus einer Fremdbestimmung ist eine Selbstbestimmung geworden. Und es erhebt sich die Frage, was die Spezialisten des modernen Okkultismus eigentlich verbergen können außer ihrer eigenen Unwissenheit, die als Geheimnis, das nur den Eingeweihten offenbart sei, getarnt wird. Allzu häufig werden im modernen Okkultismus angebliche Geheimnisse bemüht, um die Faszination am Verborgenen und Verbotenen in klingende Münze umsetzen zu können. Die Spezialisten des Okkultismus wähnen sich an der Macht beteiligt, etwas verbergen zu können, und dies verweist darauf, daß im modernen Okkultismus unverarbeitete Allmachts- und Größenphantasien eine wichtige Rolle spielen.

Der moderne Okkultismus behauptet in der Regel, Wissen zu sein, das in den „offiziellen“ Wissenschaften nur „noch nicht“ anerkannt sei. Durch diese Qualifizierung unterscheidet er sich von herkömmlich „abergläubisch“ oder „magisch“ genannten Vorstellungen und Handlungen, z.B. vorindustrieller Kulturen, von denen nicht beansprucht wird, Wissen im wissenschaftlichen Sinne zu sein. „Aberglaube“ und „Magie“ sind Glaubensgebilde, die nach den Lehren der Kirche ein falscher Glaube seien und deshalb „Aber-Glaube“ genannt werden. Der moderne Okkultismus behauptet nicht nur, daß es ein Jenseitiges zu unserer erfahrbaren Welt gebe – das machen die meisten Religionen auch –, sondern daß er durch geeignete Methoden dieses erkennen und sich verfügbar machen könne. Dadurch unterscheidet er sich von den christlichen und monotheistischen Religionen, in denen ein absolut Jenseitiges eben geglaubt werden muß, das durch keine Mittel verfügbar gemacht werden kann.

Der Okkultismus will das religiös Jenseitige und Verborgene durch technische Verfahren zugänglich und beherrschbar machen; damit aber macht er dies zu einem „Zeitlichen, Diesseitigen, Endlichen", wie der protestantische Theologe P. Tillich bereits 1926 schrieb. Der Okkultist sucht meist mit technischen Mitteln und Verfahren wie z.B. dem Pendel, dem Gläserrücken und den Tonbandstimmen des Jenseitigen, des Geistigen habhaft zu werden, und macht dadurch den Geist zu einer Sache (Th. W. Adorno). Als kulturelle Erscheinung stellt er deshalb das „Komplement zur Verdinglichung" dar und wiederholt darin die Alltagserfahrungen der Menschen, die in ihrer Arbeit, in der Bürokratie, in den Wissenschaften, bisweilen sogar in ihren persönlichen Beziehungen zu anderen Menschen sich zu oft als Sache und nicht als lebende Menschen erleben und so behandelt werden. Der Okkultismus respektiert die Integrität des Glaubens nicht und überschreitet die Grenzen der Wissenschaft.

Der moderne Okkultismus besteht aus Glaubenssystemen, die mit bestimmten Praktiken verbunden sind. Zu den verbreitetsten okkulten Praktiken gehören Kartenlegen, Gläserrücken, Pendeln, Hellsehen in Zukunft und Vergangenheit, Gedankenübertragung ohne die bekannten Mittel, Psychokinese, →Astrologie, Kirlianphotographie, Poltergeisterscheinungen, schwarze Messen usw. O. Prokop u. a. rechnen auch die →Parapsychologie zu den Erscheinungsformen des modernen Okkultismus. Praktisch finden sich alle in der Religionsgeschichte von den jeweiligen Religionen als häretisch oder heterodox ausgegrenzten und von den Wissenschaften als irrtümlich oder zweifelhaft erwiesene Praktiken und Vorstellungen in der esoterischen und okkulten Literatur wieder. Während einige dieser Vorstellungen und Praktiken, wie z.B. das Pendeln, aus der Antike oder das →I Ging aus der chinesischen Kultur stammen, sind andere, wie das Tonbandstimmenabhören, erst auf der Basis der neuzeitlichen technischen Entwicklungen denkbar. Neu ist in jedem Falle die okkulte Interpretation, die behauptet, kein Glauben, sondern ein Wissen oder ein „höheres" Wissen zu sein, das von der Wissenschaft nur „noch nicht" anerkannt sei.

Über die Verbreitung des Okkultismus ist in den letzten Jahren viel spekuliert worden, genauere Erhebungen liegen nur für Jugendliche vor. Nach diesen gehören okkulte Praktiken in den alten Bundesländern für ca. ein Viertel der Schüler zwischen Spaß und Ernst zum Alltag, ca. drei Viertel meinen über sie informiert zu sein und ca. die Hälfte der jugendlichen Schüler wünschen weitere Informationen. In den neuen Bundesländern lagen die Zahlen deutlich unter denen in den alten Ländern, scheinen sich aber mittlerweile angeglichen zu haben. Okkultismus ist aber nicht nur ein Phänomen der Jugendkultur, wie es eine das Problem wegschiebende Interpretation des modernen Okkultismus nahelegt, sondern wie erste, leider nur für bestimmte soziale Schichten repräsentative Untersuchungen belegen, auch unter Erwachsenen sogar weiter verbreitet als unter Schülern (zur Verbreitung vgl. Zinser 1993). Am verbreitetsten sind unter Schülern und Erwachsenen Kartenlegen und Pendeln. Schwarze Messen spielen entgegen einzelnen erschreckenden Mitteilungen in der Presse nur eine extrem randständige Rolle.

Ob eine Zunahme der Verbreitung okkulter Praktiken und Vorstellungen in den letzten Jahren festzustellen ist oder nicht, läßt sich nicht bündig entscheiden, da aus früheren Jahren keine vergleichbaren Untersuchungen vorliegen. Allerdings deuten Indizien (Bücherverkauf, esoterische Messen, Läden mit okkulten Paraphernalia etc.) indirekt auf eine Zunahme hin. Die am meisten genannte Informationsquelle zum Okkultismus sind Bücher und Zeitschriften, andere Erwachsene spielen nur eine untergeordnete Rolle. Dies zeigt, daß der Okkultismus ein durch Bildungsprozesse angeeigneter Glaube ist, der zutreffend als „Bildungsaberglaube" zu bezeichnen ist, und macht zugleich darauf aufmerksam, daß Bildungsprozesse nicht notwendig zur Aufklärung, sondern auch in einen neuen Bildungsaberglauben führen können.

Als Gründe für eine Ausübung okkulter Praktiken werden primär genannt: Neugier, Interesse am Außergewöhnlichen und Unterhaltung. Dies verweist darauf, daß die Jugendlichen, aber auch die Erwachsenen, in den Wissenschaften ihre Neugier nicht befriedigt finden – oder diese ihnen sogar Angst machen; daß Kunst und Medien nicht die Unterhaltung bieten, die die Okkult-Gläubigen suchen oder die für sie nicht erreichbar ist; daß die Transzendenz in der von den tradierten Religionen angebotenen Form vielfach unglaubwürdig geworden ist. Von denen, die zumindest *eine* okkulte

Praktik ausüben, wird als Grund häufig auch Orientierungs- und Entscheidungshilfe genannt. Dies macht sichtbar, daß viele Menschen auf die Forderung der Gesellschaft, das Leben selbständig zu gestalten und zu verantworten, nicht hinreichend vorbereitet sind, und die sozialen Verhältnisse auch nicht die erforderlichen Bedingungen und Möglichkeiten bieten, so daß sie im Okkultismus auch Entlastung von der Verantwortung und dem Subjektsein suchen.

Die angegebenen Gründe verweisen alle darauf, daß die Prinzipien der Moderne – Freiheit, Selbstgestaltung und Selbstverantwortung des Lebens – erodieren, und sie sind ein Indiz für eine Krise der individuellen und sozialen Lebensverhältnisse.

Literatur:
Th. W. Adorno, Thesen gegen den Okkultismus, in: Ges. Schriften Bd. 4, Fankfurt a.M. 1980; H. Binder (Hrsg.), Macht und Ohnmacht des Aberglaubens, Pähl (Obb.) 1993; H. Driesch, Parapsychologie (1932), Frankfurt a.M. 1984; O. Prokop und W. Wimmer, Der moderne Okkultismus, Stuttgart 1987; H. Zinser, Jugendokkultismus in Ost und West, München 1993; ders., Moderner Okkultismus als kulturelles Phänomen, in: Aus Politik und Zeitgeschehen, Bd. 41–42/93, 8. 10. 1993, S. 16–24. *Hartmut Zinser*

O.T.O. →Esoterik

Para-Gläubigkeit

Im Gegensatz zum christlichen Glauben, der von der Gesellschaft noch akzeptiert wird, wird oft vom „Aberglauben“ gesprochen, der mit diversen Heils- und Unheilszuschreibungen außerhalb der dominanten naturwissenschaftlichen oder kirchlichen Lehren verknüpft sei. Als ein alternativer Ausdruck, der weniger negativ besetzt ist, bietet sich der Begriff „Para-Glauben“ an. Darunter kann zunächst eine Gläubigkeit verstanden werden, die neben der vorwiegend offen akzeptierten Gläubigkeit oder der Wissenschaft besteht; zum anderen können diese Anschauungen aber auch überkommenen Glaubens- oder Wissenschaftsvorstellungen entgegengesetzt sein.

Eine exemplarische Vereinigung dieser beiden Bedeutungen ist im Werk des Agrippa von Nettesheim zu finden, der mit seiner

Schrift *De occulta philosophia* (Von der geheimen Philosophie; 1510, 1533) ein Werk in der magischen Tradition und mit *De incertitude et vanitate omnium scientiarium* (Über die Unsicherheit und Eitelkeit aller Wissenschaften; 1530) ein noch heute umstrittenes wissenschaftskritisches Werk vorgelegt hat. Darüber hinaus ist aber auch im „Volksglauben" eine Fülle von Formen der Para-Gläubigkeit zu finden, wie etwa vom zehnbändigen, unvollendet gebliebenen *Handwörterbuch des deutschen Aberglaubens*, aber auch von zahlreichen anderen Werken belegt wird (vgl. u.a. Eliade 1978; Haarmann 1992).

Wenn para-gläubiges Verständnis neben akzeptierter wissenschaftlicher Sichtweise einsetzt, müssen sie nicht notwendigerweise in Widerspruch zueinander geraten. L. Clausen nennt das Beispiel eines sambischen Bergmanns, der trotz aller Sicherheitsvorkehrungen zu Tode stürzte, wobei der Hergang bis hin zum Steinschlag, der die Sicherungskette zerschlug, ohne weiterreichende Annahmen nachvollziehbar war. Dennoch wurde später die Frage, warum gerade dieser Mann verunglückte und nicht etwa ein anderer aus seiner Arbeitsgruppe, zusätzlich damit beantwortet, daß seine Frau ihn über Tage betrogen habe.

Es sind nicht nur objektive Informationen, sondern auch persönliche Wert- und Kausalitätszuschreibungen, die in einer Wechselbeziehung zum Glauben stehen, zu entsprechenden Handlungen führen und die Akteure durch die dann vermutlich tatsächlich feststellbaren Wirkungen eine Bestätigung empfinden lassen. „Vieles wirkt unser Geist durch den Glauben, der ein festes Zutrauen, eine gespannte Aufmerksamkeit und eine entschiedene Hingabe des Wirkenden oder Aufnehmenden ist, und der in jeder Sache mithilft und dem Werke, das wir vollbringen wollen, Stärke verleiht, so daß gleichsam in uns ein Bild der aufzunehmenden Kraft und der in uns oder von uns zu vollbringenden Sache entsteht" (Agrippa von Nettesheim, *De occulta philosophia,* Kap. LXVI).

Glaube an Phänomene im paranormalen Randbereich kann aber auch aus objektiv nachweisbaren Wirkungen gespeist werden, die wissenschaftlich zur Zeit nicht voll erklärbar sind (z.B. Hypnose und Akupunktur).

Die aktuelle Debatte zur Para-Gläubigkeit in Deutschland wird demgegenüber oft von pointierten Medienberichten geprägt, die sehr fragwürdige, extrem befremdende oder besonders gut vermarktete Phänomene darstellen (z.B. „Die Illusionsfabrik der Lichtsucher" in: FAZ 1994/263; „Soviel PSI war nie" in: DER SPIEGEL 1994/52; „Massenheilung im TV" in: BILD 1993/252/43; „Unheimliche Geschichten..." in: HÖR ZU 1994/48 usw.). Viele Stellungnahmen schwanken zwischen prinzipieller Ablehnung und der vom Unheimlichen oder Wunderbaren ausgehenden Faszination. Das dabei benutzte empirische Material läßt aber nicht selten viele Fragen zurück, und es ist angebracht, die Untersuchung der Para-Gläubigkeit mit weiteren, repräsentativen Daten differenziert zu ergänzen.

Tabelle: Glauben an Übersinnliches und Unerklärliches (eigene Auswertung der BRIGITTE-Untersuchung „Sinnsuche: Die neuen Lebensziele" [Zentralarchiv Studie Nr. 1707]; BRD 1987, n = 948)

Es glauben an:	Männer %	Frauen %	Insgesamt %
Astrologie, Horoskope	29	41	35
Telepathie	32	36	34
Hellsehen	23	27	25
Wahrsagen	17	23	20
Kartenlegen	8	15	12
Hexerei	5	5	5
Voodoo-Kult	7	4	5
Schwarze Magie	7	7	7
Besessenheit vom Teufel	8	7	7
Stigmatisation	9	16	13
Wunderheilen	12	15	14
Geistheilen	12	13	12
Akupunktur	72	77	75
Parapsychologie	26	25	26
Ufos	25	17	21
Erdstrahlen	45	46	46
Kontakte mit Verstorbenen	17	26	22

Die Tabelle zeigt, daß relativ viele Befragte von Astrologie (35 %), Telepathie (34 %), Hellsehen (25 %) und Wahrsagen (20 %) überzeugt sind, während wahre Aufschlüsse aus den Karten nur von 12 % der Gesamtbevölkerung erwartet werden. Frauen neigen solchen oft als eher harmlos eingeschätzten „Unerklärlichkeiten" häufiger zu als Männer – eine Differenz, die sich auch in vielen anderen Analysen der Para-Gläubigkeit und in Untersuchungen von Religiosität zeigt (vgl. Terwey und McCutcheon 1994). Neben einigen womöglich vorschnell als Gedankenübertragungen akzeptierten Eigenerfahrungen könnten auch manche wissenschaftliche Experimente dazu beigetragen haben, daß viele Befragte an Telepathie glauben.

Hexerei, Voodoo, Schwarze Magie und Besessenheit vom Teufel werden meist mit gefährlicheren Praktiken und Unheilsannahmen assoziiert, obgleich beispielsweise die (Selbst-)Bezeichnung „Hexe" in einigen Kontexten auch positiv besetzt wird. An Wahrheitsgehalt oder Effizienz solcher oft negativ bewerteten Praktiken und Zustände glauben „nur" 5 bis 7 % der Gesamtbevölkerung offen – ohne nennenswerte Geschlechtsunterschiede. Körperbezogene Ereignisse wie Stigmatisation, Wunder- und Geistheilen werden mit 12 bis 14 % etwa doppelt so oft für wahr gehalten, wobei Frauen häufiger zur Stigmatisationsannahme neigen.

Besonders auffällig ist mit insgesamt 75 % die Akzeptanz der in Heilverfahren eingesetzten Akupunktur, deren Wirksamkeit zwar vielfach erwiesen zu sein scheint, deren wissenschaftliches Verständnis aber in Deutschland bisher nicht zu einer allgemeinen medizinischen Anerkennung ausreicht. Auch Parapsychologie (26 %), Ufos (21 %) und Erdstrahlen (46 %) wird relativ häufig Wahrheit zugeschrieben. Hinsichtlich der Ufos ist die höhere Akzeptanz bei Männern (25 %) bemerkenswert (Frauen: 17 %). Dies ist eine klare Umkehr der sonst überwiegenden geschlechtsspezifischen Relationen. Schließlich glauben 22 % aller Befragten auch an Kontakte mit Verstorbenen, wobei die Frauen mit 26 % die Männer (17 %) hier wiederum signifikant übertreffen.

Insgesamt ist aus allen in der Tabelle enthaltenen Items abzuleiten, daß 86 % aller Befragten wenigstens eines der genannten 17 Phänomene kennen und daran glauben (Männer: 85 %, Frauen: 87 %). 72 % aller Befragten sehen in wenigstens zwei der Vorgaben mehr als bloßen Schwindel oder für sie Unbekanntes (Männer: 68 %, Frauen: 75 %).

Angesichts der 1987 weit verbreiteten Para-Glaubensformen erhebt sich die Frage, ob sich diese Daten nicht doch nur auf ein sehr kurzlebiges Modephänomen beziehen. Repräsentative Daten über den vielfach als unseriös angesehenen Para-Glauben sind jedoch bisher selten erhoben worden (siehe Greeley 1975). Vergleiche von Daten aus den Jahren 1977, 1988 und 1994 zeigen immerhin, daß die Verbreitung der „Ufo-Gläubigkeit" (→Ufologie) mit 20 bis 23 % nahezu konstant geblieben ist (EMNID-Institut, Umfrage & Analyse 5/6).

Ferner liegen aus dem *International Social Survey Programme* (ISSP 1991; Zentralarchiv-Studie S2150) für Deutschland vier Fragen nach dem Glauben an Glücksbringer, Wunderheiler, Wahrsager und Einflüsse von Sternzeichen auf das Menschenschicksal vor. Zwar kann wegen relevanter Erhebungsunterschiede kein strenger Zeitvergleich durchgeführt werden, aber es ist zumindest die Frage nach der angenommenen Randständigkeit des Para-Glaubens zu stellen. Unter allen Deutschen räumten 1991 28 % den Glücksbringern, 26 % den Wahrsagern, 33 % den Wunderheilern und 26 % den Sternzeicheneinflüssen eine wenigstens wahrscheinliche Wirkung ein.

Während die Unterschiede zwischen den alten und den postsozialistischen neuen Bundesländern bei der traditionellen Religiosität und Kirchlichkeit sehr groß ausfallen, sind bei der Para-Gläubigkeit erstaunlicherweise geringere Differenzen festzustellen (vgl. Terwey und McCutcheon 1994). Nur 42 % der Befragten in den alten Bundesländern negierten durchweg die Richtigkeit des Glaubens an Glücksbringer, Wahrsager, Wunderheiler und astrologische Einflüsse oder wußten nichts darüber zu sagen. Unter den neuen Bundesbürgern waren es mit 45 % kaum mehr.

Die Kontexte und Ausprägungen von Para-Gläubigkeit sind noch nicht voll erforscht. Die These, es würde sich bei den Para-Gläubigen um psychisch besonders deprivierte oder „kranke" Personen handeln, sollte – Greeley und anderen Autoren zufolge – zumindest angezweifelt werden. Glaube an paranormale Zusammenhänge ist selbst mit moderner ökonomisch-rationaler Weltsicht in Einklang zu bringen. Werbung arbeitet, meist anknüpfend an wirkliche Produkteigenschaften, immer wieder erfolgreich mit Vorstellungen von außergewöhnlichen Kräften (z.B. Anleihen an Hoffnungsversprechen von Reinigungsritualen in der Seifenwerbung; Zusicherung von Zauberkraft im schlichten Zucker; mehr Erlebnis im Manta „Black Magic" oder die als zauberhaft effizient darstellbaren Haushaltsreiniger).

Para-Gläubigkeit ist schließlich nicht immer unabhängig vom Glauben an dominante religiöse Annahmen und kirchlichem Engagement zu sehen. Personen mit einem mittleren kirchlichen Engagement neigen im Vergleich zu häufigen Kirchgängern oder Konfessionslosen überproportional oft zum expliziten Para-Glauben. Auch tendieren Menschen mit Glauben an eine „höhere Kraft" meist mehr zum „Aberglauben" als einfach Gottgläubige oder Atheisten (Terwey und McCutcheon 1994; Terwey 1994). Dabei ist allerdings zu bedenken, daß auch Kirchen eine unvollständige „Entzauberung" (Max Weber) im eigenen Sakramentalismus noch zulassen, deren prinzipielle Differenz zum Para-Glauben nicht für jeden Außenstehenden nachvollziehbar ist.

Literatur:
C. Agrippa von Nettesheim, De occulta philosophia, Remagen 1967; L. Clausen, Behauptung der Magie, in: Int. Jahrbuch f. Religionssoziologie, Bd. 5, Köln und Opladen 1969, S. 141–155; M. Eliade, Das Okkulte und die moderne Welt. Zeitströmungen in der Sicht der Religionsgeschichte, Salzburg 1978; A. M. Greeley, The Sociology of the Paranormal: A Reconnaissance. Sage Research Paper in the Social Sciences 90-023, Beverly Hills und London 1975; H. Haarmann, Die Gegenwart der Magie, Frankfurt a.M. und New York 1992; E. Hoffmann-Krayer et al. (Hrsg.), Handwörterbuch des Deutschen Aberglaubens, Bd. I–X, Berlin und Leipzig 1927–1942; M. Terwey und A. L. McCutcheon, Belief and Practive in the Unified Germanies, in: ZA-Information 34 (1994), S. 47–69; M. Terwey, Pluralismus des Glaubens in der Diskussion, in: ZA-Information 35 (1994), S. 110–134. *M. Terwey*

Paraphysik

Paraphysik ist ein Teilgebiet der →Parapsychologie. Sofern diese als experimentelle Naturwissenschaft verstanden wird, orientiert sie sich unausgesprochen am Vorbild der Physik. Dies galt und gilt sowohl für die Techniken des experimentellen Nachweises als auch für die Grundsätze der Theorienbildung. Genaugenommen können die Phänomene der „Parapsychologie" erst auf dem Hintergrund der Physik definiert werden: „Außersinnliche Wahrnehmung" (ASW) wird als „Informationsaufnahme" außerhalb bisher bekannter sensorischer Kanäle verstanden, „Psychokinese" (PK) als eine direkte „psychische" Wirkung einer Person auf physikalische Systeme, die den bisher bekannten bzw. akzeptierten physikalischen Erklärungsmodellen zu widersprechen scheint. Auch andere „paraphysikalische" Begriffe wie „Animalischer Magnetismus" (F. A. Mesmer, 1734–1815), „Astralleib", „Aura", „Bio-Energie", „Freie Energie", „kosmische Energie", „Od-Strahlen" (C. v. Reichenbach, 1788–1869), „Orgon-Energie" (W. Reich, 1897–1957) leiten sich aus physikalischen Begriffen ab.

Stand nach dem Zeitalter der Aufklärung zunächst nur eine mechanistische Deutung der „paraphysikalischen Phänomene" zur Diskussion, so zeigten die Experimente – etwa mit den physikalischen Medien (Schrenck-Notzing 1920) – in der Folgezeit, daß der Erklärungsrahmen der klassischen Physik nicht ausreichte. Entsprechend dem Fortschritt in der Physik wandelten sich die paraphysikalischen Modelle: Mit der Entwicklung der Elektrodynamik tauchte die Vorstellung vom „Radio des Gehirns" (Berger) auf, mit der Relativitätstheorie die Vorstellung einer „räumlichen vierten Dimension", durch welche „Medien" die paraphysikalischen Phänomene bewirken. In der Folge wurden elektromagnetische Hypothesen durch Spekulationen über neutrinische und tachyonische Wechselwirkung abgelöst. Heute stehen „quantenphysikalische, systemtheoretische oder chaostheoretische" Modelle im Vordergrund.

Darüber hinaus gibt es Theorien und Ansätze von Physikern, die zwar von der Physik ausgehen, dann aber eine prinzipiell andere Realität postulieren, die die Physik transzendiert. Die Frage, ob paranormale Phänomene überhaupt durch die Methoden der Physik, der gegenwärtigen wie einer zukünftigen, erfaßbar sind, besteht bis heute (Bender 1974).

Die klassische Unterteilung in Hellsehen, Telepathie, Präkognition (Vorherwissen) und Psychokinese enthält implizit den Begriff der „Informationsübertragung". Dabei stellt sich die Frage nach dem physikalischen Trägerprozeß. Dieses Modell kann als „Rhinesches Paradigma" bezeichnet werden, das die ASW- und PK-Forschung seit den 30er Jahren nachhaltig beeinflußt hat (Nilsson 1977). Ob auch die psychologischen Faktoren beim parapsychologischen Experiment Gegenstand physikalischer Begriffsbildung sein können, berührt das Reduktionismusproblem: Viele Physiker glauben an eine prinzipielle Reduzierbarkeit von Biologie und Psychologie auf die Physik (Büchel 1974).

Auf bekannte physikalische Felder als Träger der Wirkung und Information bei Psychokinese und außersinnlicher Wahrnehmung bezieht sich die sogenannte „elektromagnetische Hypothese“ (EM). Berger, Entdecker der Hirnströme, versuchte, das telepathische Phänomen mit der Übertragung einer „psychischen Energie“ von einem Gehirn zum anderen zu erklären; dabei soll diese Übertragung ähnlich, aber nicht identisch mit den elektromagnetischen Wellen sein.

Gegen diese Auffassung sprechen die experimentellen Erfahrungen von Wassiliew, der zwischen 1930 und 1940 telepathisch induzierte Hypnosen unter elektromagnetischer Abschirmung (Faradayscher Käfig) vornahm. Solche Abschirmungen sind nach dem heutigen Stand der Technik nur in bestimmten Frequenzbereichen zu erreichen; totale Abschirmung ist technisch kaum zu realisieren. Deswegen findet auch heute noch die EM-Hypothese ihre Anhänger, z. B. Persinger, der davon ausgeht, daß extrem niederfrequente elektromagnetische Wellen (ELF) für ASW verantwortlich sein könnten. Allerdings bleibt bei dieser Hypothese der Mechanismus der Informationsübertragung, der Kodierung und der selektiven Perzeption ungeklärt. Die Einwirkung elektromagnetischer Wellen auf den menschlichen Organismus ist ein mittlerweile eigenständiges Forschungsgebiet, das gleichwohl in die Parapsychologie hineinreicht, sofern es sich um die Untersuchung des vieldiskutierten Wünschelruteneffekts handelt (→Radiästhesie).

Die elektromagnetische Hypothese wurde auch auf die Präkognition angewendet. Der Physiker Feinberg ging dabei von der Lösungsmannigfaltigkeit der Maxwellschen Gleichungen aus, die auch avancierte Lösungen enthält. Unter Berücksichtigung der speziellen Relativitätstheorie führt dies zum Konstrukt der Tachyonen, hypothetischer Teilchen, die sich mit Überlichtgeschwindigkeit fortbewegen. Neutrinos als Träger von Information bei Telepathie müssen ausscheiden, weil der Wirkungsquerschnitt dieser Teilchen bei $\sigma = 10^{-32}$ cm^2 liegt und das Gehirn somit Neutrinoströme mit exorbitanten Stromdichten aussenden müßte, wie sie in der Natur nirgendwo beobachtet werden.

Völlig hypothetischer Natur sind die sogenannten Psitronen und Mindonen, die in Analogie zu den Neutrinos postuliert wurden und spezielle Eigenschaften psychischer Faktoren repräsentieren sollen. Diese psychischen Faktoren werden in anderen Ansätzen durch Begriffe wie „Bioenergie“ bezeichnet; es wird dabei davon ausgegangen, daß diese besondere Energieform höchst entwickelter lebender Materie zu eigen sei. Eine hauptsächlich in Rußland diskutierte Hypothese über die „Biogravitation" nimmt eine Beeinflussung des vorhandenen natürlichen Gravitationsfeldes durch psychische Erregungszustände an.

Der Begriff der Teilchen und Felder ist aufs engste mit dem Begriff der Symmetrie und der Dimension verknüpft. Die in der Relativitätstheorie als vierte Dimension verwendete Zeit hat zu vielen Spekulationen auf diesem Gebiet angeregt. Mit der Einführung einer vierten räumlichen Dimension können leicht paranormale Phänomene wie Penetration, Präkognition und Hellsehen dargestellt werden. Das Verdienst, als erster unter dem Aspekt einer zusätzlichen Dimension hypothesengeleitete Experimente durchgeführt zu haben, dürfte Zöllner (Renninger 1977) zufallen; seine Versuchsanordnung mit dem Medium Slade enthielt Aufgaben, die nach Meinung Zöllners nur unter Annahme einer vierten Dimension gelöst werden konnten.

Die auf Wheeler zurückgehende Idee der Geometrodynamik hat eine Reihe von Autoren dazu angeregt, speziell für die Bedürfnisse der Parapsychologie zugeschnittene Metriken zu entwerfen, bei denen wiederum die prinzipielle Möglichkeit paranormaler Effekte aufgezeigt werden kann, aber der Mechanismus der Interaktion mit dem Organismus ungeklärt bleibt. Eine mögliche Verbindung zwischen der EM-Hypothese und den zuletzt genannten Spekulationen könnte die „Null-Punkt-Energie-Hypothese" (*zero-point energy,* ZPE) sein. Die ZPE stellt gewissermaßen ein unerschöpfliches Energiereservoir dar, das durch die Quantenfluktuationen geladener Teilchen erzeugt wird und somit als Energiequelle für „Makro-PK" dienen könnte. Es wird angenommen, daß die ZPE durch bestimmte Konfigurationen bei Gasentladungen (Casimir-Pinch-Effekt) technisch genutzt werden kann – eine Vorstellung, die seit Tesla (1856–1943) diskutiert wird und mit Begriffen wie „freie Energie" oder „subtile Energie" verknüpft ist.

Seit der Tagung über „Quantenphysik und Parapsychologie" 1974 in Genf werden in der Parapsychologie eine Reihe von theoretischen Ansätzen diskutiert, bei denen im Gegensatz zu früheren „Theorien" die experimentelle Überprüfbarkeit (im Sinne von Falsifizierbarkeit) im Vordergrund steht. Diese als *Observational Theories"* (OTs) bezeichneten Modelle zeigen eine Reihe typischer Gemeinsamkeiten und erlauben spezifische Aussagen zu folgenden Fragen:

1. Welche Phänomene können erklärt werden? (Phänomenologische Spannweite der Modelle)

2. Können auch makroskopische Effekte beschrieben werden? (Größe und Reichweite paranormaler Effekte)

3. Kann das Modell die sogenannte Elusivität paranormaler Phänomene erklären? (Zuverlässigkeit der Effekte)

4. Können paranormale „Fähigkeiten" erlernt oder trainiert werden? (Praktische Anwendung paranormaler Effekte)

Grundsätzlich gehen alle OTs von der Annahme aus, daß die paranormalen Phänomene den Gesetzen der Physik nicht prinzipiell widersprechen, sondern lediglich als „schwache Verletzung" der bestehenden physikalischen Theorien angesehen werden müssen. In jedem Falle kann ein „Korrespondenzprinzip" formuliert werden, das ein Kriterium dafür liefert, unter welchen Bedingungen die „normale" Physik verlassen wird. Eine weitere Charakteristik der OTs besteht in der herausragenden Bedeutung des „Beobachters", der die paranormalen Phänomene durch seine Beobachtung erzeugt. Daher ist das Feedback, das dem Beobachter zur Verfügung steht, von größter Bedeutung. Schließlich wird in allen OTs angenommen, daß paranormale Effekte nur bei „echten Zufallsprozessen" auftreten können.

Bei dem von dem Physiker H. Schmidt entwickelten „teleologischen" Modell wird davon ausgegangen, daß ein „Beobachter" die Auftretenswahrscheinlichkeit eines (quantenmechanischen) Zufallsereignisses verändern kann, wobei eine „Psi-Quelle" die Stärke des Effekts bestimmt und als eine „Eigenschaft" des Beobachters angesehen wird. Auch beim Modell von E. H. Walker, das von einer „verborgen variablen" Interpretation der Quantenmechanik ausgeht, wird der PK-Effekt durch eine Änderung der quantenmechanischen Übergangswahrscheinlichkeit des Zufallsprozesses erklärt. Dazu muß eine „Feedbackschleife" mit dem „Beobachter" postuliert werden, die einerseits durch den sensorischen Input während der „Beobachtung", andererseits durch eine „nicht-lokale" Verknüpfung der Gesamtwellenfunktion des physikalischen „Objekts" mit synaptischen Prozessen im Gehirn des Beobachters entstehen soll. Dabei repräsentieren die „verborgenen Variablen" der Wellenfunktion das „Bewußtsein" des Beobachters. Die Unterschiede zwischen beiden Modellen beziehen sich vor allem auf Prozeßvariablen; so wird im Schmidtschen Modell davon ausgegangen, daß der mögliche Psi-Effekt auch unabhängig von der „internen“ Struktur des Zufallsprozesses sein soll, was beim Walkerschen Modell nicht angenommen wird. Das theoretische und experimentelle Hauptproblem der OTs besteht im „Divergenzproblem“, was besagt, daß das Modell kein Kriterium dafür angeben kann, wann eine „Beobachtung“ beendet ist.

Das Modell der „Pragmatischen Information“ (MPI) von W. v. Lucadou (1989) und das „quantenpsychologische Modell“ von R. Jahn und B. Dunne sind ebenfalls Beobachtermodelle, die jedoch nur eine Isomorphie zwischen Psi-Phänomenen und Quanten-Phänomenen behaupten. Im Jahnschen Modell werden psychologische Beschreibungen und Variablen durch metaphorische quantenphysikalische Begriffe ersetzt, die dann qualitative, psychologisch interpretierbare Aussagen erlauben. Im MPI wird dagegen versucht, mittels einer „kategorialen Analyse“ Begriffe in der Psychologie auszumachen, die quantentheoretische Strukturen aufweisen. Im MPI entfällt das „Divergenzproblem“, weil ein Kriterium für die Beendigung einer Beobachtung angegeben werden kann. Ein „Psi-Effekt“ wird durch die pragmatische Information (Bedeutung) begrenzt, die der Beobachter in Form von Erstmaligkeit und Bestätigung über das System gewinnen kann. Jeder Versuch, „Psi-Effekte“ zur wirklichen Signalübertragung zu verwenden, verändert die nicht-lokalen Beobachter-Korrelationen oder bringt sie zum Verschwinden.

Auch beim „Intuitiven Datenauswahl“-Modell *Intuitive Data Selection,* IDS, wird angenommen, daß Psi-Effekten keine wirkliche Energieübertragung zugrunde liegt. Allerdings wird eine Informationsübertragung von zukünftigen Ereignissen rückwärts in der Zeit postuliert, aufgrund derer eine Versuchsperson die Ergebnisse von Zufallsprozessen (intuitiv) im voraus – z. B. durch Start des Experiments im „richtigen“ Moment – so selektieren kann, daß durch Kapitalisierung des Zufalls ein „PK-Einfluß“ simuliert wird.

Die OTs lassen nicht nur qualitative Aussagen zu, sondern erlaubten auch quantitative Voraussagen. So wurde bereits mehrere Jahre vor einer entsprechenden Datenanalyse eine Abhängigkeit des PK-Effekts von der Runlänge ($\sim 1/\sqrt{n}$) vorausgesagt.

Literatur:

H. Bender, Parapsychologie – Entwicklung, Ergebnisse und Probleme, Darmstadt 1974; W. Büchel, Physik und Parapsychologie, in: E. Bauer (Hrsg.), Psi und Psyche, Stuttgart 1974; W. v. Lucadou,

Psyche und Chaos, Freiburg 1989; I. Nilsson, Das Paradigma der Rhineschen Schule, in: Zs. f. Parapsychol. u. Grenzgeb. d. Psychol., 19, 1977, S. 101–128; M. Renninger, Echte vierte Raumdimension als paranormale Wirksphäre?, in: Zs. f. Parapsychol. u. Grenzgeb. d. Psychol., 19, 1977, S. 215–226; A. v. Schrenck-Notzing, Physikalische Phänomene des Mediumismus, München 1920. *W. v. Lucadou*

Parapsychologie

Der Berliner Psychologe und Philosoph Max Dessoir (1867–1947) machte 1889 den Vorschlag, „die aus dem normalen Verlauf des Seelenlebens heraustretenden Erscheinungen *parapsychische,* die von ihnen handelnde Wissenschaft *Parapsychologie*" zu nennen. Dessoir wollte mit dieser provisorischen Bezeichnung eine Gruppe außergewöhnlicher (jedoch nicht pathologischer oder psychisch abnormer) Phänomene wie Gedankenübertragung, „Zweites Gesicht", Wahrträume (→Prophetie) oder Ahnungen kennzeichnen, die in der Kulturgeschichte zwar immer wieder berichtet werden, deren Existenz aber seit jeher umstritten ist.

Angesichts ihres „unorthodoxen" Gegenstandes befindet sich die Parapsychologie als methodisches Unternehmen seit jeher in einem Zwiespalt: Auf der einen Seite hat sie sich mit notorisch „Okkultgläubigen" auseinanderzusetzen, die hinter jedem angeblich „okkulten" Phänomen etwas Übersinnliches, Übernatürliches, gar Transzendentes wittern und jeden Versuch einer nüchternen Erforschung des „Wunderbaren" mit herkömmlichen Methoden als Sakrileg ablehnen. Auf der anderen Seite gibt es die Gruppe der notorisch Anti-Okkultgläubigen, die hinter dem Gesamtkomplex des Paranormalen (oder Okkulten) a priori Täuschung, Betrug oder Leichtgläubigkeit der „Wundersüchtigen" vermuten. Beide Einstellungen wurzeln – wie die Geschichte parapsychologischer Kontroversen zeigt – in emotional bzw. weltanschaulich fixierten Grundpositionen, die nur selten hinterfragt werden und kaum durch empirische Befunde korrigierbar sind.

Historisch gesehen, lassen sich drei Phasen der Beschäftigung mit parapsychischen Erscheinungen unterscheiden: erstens die Massenbewegung des Spiritismus (s. u.) seit Mitte des 19. Jahrhunderts, die Elemente des Mesmerismus beinhaltet (z. B. Fluidum, Séancen und behauptete „Jenseitskontakte" durch besonders „begabte" Medien); zweitens die Gründung der heute noch aktiven

Societies for Psychical Research (Gesellschaften für psychische Forschung) in London (1882) und in den USA (1885), die den Beginn einer systematischen und vorurteilslosen Erforschung „okkulter" Phänomene markiert; drittens die Etablierung der Psi-Forschung an vereinzelten Universitäten Anfang der 30er Jahre des 20. Jahrhunderts.

Im Zentrum der heutigen parapsychologischen Forschung steht eine Gruppe „anomal" anmutender Erlebnis- und Verhaltensweisen, die unter dem neutralen Oberbegriff Psi-Phänomene zusammengefaßt werden (nach dem 23. Buchstaben des griechischen Alphabets). Diese werden üblicherweise in zwei Gruppen untersucht: erstens als Psi-Kognition oder Außersinnliche Wahrnehmung (ASW; extrasensory perception, ESP) in den Formen Telepathie (= „Übertragung" von psychischen Inhalten von einer Person auf eine andere ohne Beteiligung bekannter Kommunikationskanäle), Hellsehen (= Erfassung von „objektiven" Sachverhalten, die niemandem bekannt sind), Präkognition (= Erfassung zukünftiger Vorgänge, die rational nicht erschließbar sind und auch nicht als Folge des Vorauswissens auftreten dürfen; →Prophetie); zweitens als Psi-Aktion oder Psychokinese (PK), worunter die direkte Beeinflussung physikalischer oder biologischer Systeme in Abhängigkeit von der Intention eines Beobachters ohne Beteiligung bekannter naturwissenschaftlicher Wechselwirkungen verstanden wird (→Paraphysik).

ASW und PK werden als rein beschreibende Begriffe aufgefaßt; zur Vermeidung der erkenntnistheoretischen Problematik von Negativdefinitionen sind Psi-Phänomene in der Forschungspraxis operational definiert, d. h. durch die Art und Weise, wie sie im Labor untersucht werden. Die Aufgabe der parapsychologischen Forschung besteht darin, Erklärungsmodelle für behauptete Psi-Phänomene zu finden, worunter auch konventionelle („natürliche") Erklärungen in Form subjektiver Täuschungen oder experimenteller Artefakte fallen können. Die wissenschaftliche Beschäftigung mit Psi-Phänomenen setzt also nicht die Annahme der Existenz „paranormaler" oder „übersinnlicher" Faktoren, Prozesse oder Kräfte voraus, die angeblich im Widerspruch zum jeweiligen naturwissenschaftlichen Weltbild stehen sollen.

Diese Klarstellung ist wichtig, denn in der breiten Öffentlichkeit sind irreführende Vorstellungen über parapsychologische Forschung weit verbreitet. Diese Mißverständnisse lassen sich unter dem Schlagwort „Pop-Parapsychologie“ zusammenfassen; sie lebt im wesentlichen von der Vermarktung und unermüdlichen Wiederaufbereitung des „Übersinnlichen“ sowohl in den Massenmedien (Runkfunk/Fernsehen) wie auch in zahlreichen „okkulten“ und „esoterischen“ Magazinen und Zeitschriften einschließlich ganzer Taschenbuchreihen, die sich auf „Grenzwissenschaften“ spezialisiert haben. Neben den seit alters her bekannten Systemen und Divinationspraktiken (→Astrologie, →Tarot, →I Ging) sind folgende Themen besonders beliebt: die Kirlian-Photographie, die Pyramidenkraft, das Bermuda-Dreieck, der Delpasse-Effekt, hypnotische Rückführungen in frühere Leben (Reinkarnationstherapie) oder das geheime Leben der Pflanzen (Backster-Effekt) – um nur einiges aufzuzählen. Häufig wird in den üblichen populären Darstellungen jede Kritik unterschlagen, und bestenfalls kontroverse Ergebnisse werden als „wissenschaftlich bewiesen“ hingestellt.

Es gibt zum Beispiel Untersuchungen zur Hochfrequenzphotographie Kirlians, die einen interessanten bio-physikalischen Effekt wahrscheinlich machen, ohne daß man jedoch eine „feinstoffliche Aura“ im Sinne des →Okkultismus oder „Lichtbilder der Seele“ annehmen müßte. Die heutigen (psychologischen) Deutungsversuche weitverbreiteter außerkörperlicher oder Nahtod-Erfahrungen kommen ohne die Vorstellung einer „Astralexkursion“ oder eines „feinstofflichen Leibes“ aus – ohne wiederum die existentielle Dimension und die tiefgreifenden biographischen Nachwirkungen solcher Erfahrungen in Abrede stellen zu wollen.

In der heutigen Parapsychologie werden folgende Untersuchungsmethoden verwendet: erstens Sammlung, Dokumentation und Klassifikation paranormaler Spontanberichte unter phänomenologischen, psychologischen und soziologischen Aspekten. Die soziale Relevanz dieser Forschungsrichtung geht aus Umfragen hervor, denen zufolge über die Hälfte der erwachsenen Bevölkerung der USA über subjektive paranormale Erfahrungen (SPE) im Sinne von Gedankenübertragung oder Hellsehen berichtet. SPE können folgendermaßen klassifiziert werden: a) nach Psi-Modus (gleichzeitige, d.h. telepathische oder Hellsehphänomene und präkognitive Phänomene); b) nach Erlebnisformen (Ahnungen, Halluzinationen, symbolische vs. realistische Träume und Visionen); c) nach dem Bewußtseinszustand (Wachzustand oder Traum); d) nach vorhandenem oder fehlendem Bedeutungsbewußtsein; e) nach vorhandener oder fehlender psychologischer Motivation; f) nach inhaltlicher

Thematik; g) nach Bezugspersonen. Von der Parapsychologie intensiv untersuchte SPE-Gruppen sind z. B. personengebundene Spukerscheinungen (s. u.), Nahtod- und außerkörperliche Erfahrungen, Erscheinungen Verstorbener (apparitions) und spontan auftretende Rückerinnerungen an angeblich frühere Leben, von denen besonders Kinder im asiatischen Kulturkreis berichten (→Reinkarnation).

All diese SPE sind in ein komplexes Muster kognitiver, soziokultureller, emotionaler, motivationaler, neuropsychologischer oder psychodynamischer Faktoren eingebunden. Weiterhin wird versucht, durch quantitativen Vergleich zeitlich und geographisch unterschiedlicher SPE-Fallsammlungen gemeinsame bzw. divergierende typische Muster *(patterns)* herauszuarbeiten, die sich möglicherweise durch konventionelle Hypothesen erklären lassen (z. B. Gründe für das Überwiegen weiblicher Berichterstatter).

Zweitens geht es in der Feldforschung um die detaillierte Untersuchung solcher Situationen, in denen Psi-Effekte gehäuft aufzutreten scheinen. Beispielhaft dafür sind die sog. Spukfälle, auch RSPK*(recurrent spontaneous psychokinesis)*-Phänomene genannt, bei denen vorläufig unerklärte physikalische Vorfälle (z. B. Klopfgeräusche) zumeist in Gegenwart eines pubertierenden Jugendlichen (Spukauslöser, Fokusperson) auftreten. Eine objektive Dokumentation des RSPK-Geschehens, die immer das Verkennen natürlicher Ursachen und Betrugsmöglichkeiten berücksichtigen muß, wird mit der einzel- und gruppendiagnostischen Erfassung des Interaktionsgeschehens zwischen Fokusperson und ihrem sozialen Umfeld (z. B. Familie) gekoppelt, die auf geeignete Interventionsmaßnahmen abzielt.

Drittens haben kontrollierte Laborexperimente zum Ziel, operational definierte ASW- und PK-Hypothesen mit unausgewählten Versuchspersonen zu testen. Gebräuchlich sind zwei Methodologien: Bei der beweisorientierten Überprüfung der ASW-Hypothese muß ein sensorisch abgeschirmter „Empfänger" eine zufällig erzeugte Abfolge von Symbolen erraten, die ein räumlich entfernter „Sender" betrachtet. Eine statistisch signifikante Abweichung der Ratefolge von der Zufallserwartung bei genügend langen Versuchsserien wird als Telepathie definiert; Hellsehen ist dann gegeben, wenn kein Sender vorhanden ist; bei Präkognition erfolgt der Ratevorgang, bevor die Zielfolge generiert wurde (→Prophetie). Bei allen drei Versuchsmodalitäten sind die Wahlalternativen zwischen den Zielsymbolen begrenzt (Methode der begrenzten Wahlmöglichkeiten).

Zur Überprüfung der PK-Hypothese müssen Versuchspersonen durch bloßes Wünschen oder Beobachten physikalische Zufallsereignisse (z.B. den Fall von Würfeln) in eine vorher festgelegte Richtung beeinflussen. Zum heutigen Standard der PK-Forschung gehören die nach dem Physiker Helmut Schmidt genannten Schmidt-Maschinen, die auf dem spontanen radioaktiven Zerfall beruhen und eine Reihe methodischer Vorteile aufweisen – z.B. Überprüfbarkeit der Zufälligkeit der Zielfolgen, Wahl der Versuchsmodalitäten (ASW oder PK), Sicherung vor betrügerischer Manipulation u.a. (→Paraphysik). Eine quantitative Gesamtauswertung von 800 PK-Experimenten dieser Art ergab einen hochsignifikanten „Beobachtereffekt", der sich nicht durch übliche Gegenargumente – mangelnde Wiederholbarkeit, „naive" Methodologie, einseitige Publikationspolitik, Betrug – erklären läßt. Der prozeßorientierte Zugang möchte die psychologischen, situativen oder physikalischen (Rand-)Bedingungen identifizieren, von denen das Auftreten statistisch gesicherter Psi-Effekte abzuhängen scheint.

Als Beispiel für einen Zusammenhang zwischen Persönlichkeitsmerkmalen und Psi-Trefferleistungen ist der oft angeführte Sheep-Goat-Effekt zu erwähnen, der besagt, daß zwischen der – vor Beginn des Experiments durch einen Fragebogen erhobenen – positiven oder negativen Einstellung der Versuchsperson paranormalen Phänomenen gegenüber bzw. ihrem Glauben an Erfolg oder Mißerfolg und den späteren Trefferergebnissen ein Zusammenhang besteht: „Psi-Gläubige" (= Schafe, englisch *sheep*) schneiden in der Regel besser ab, „Psi-Ungläubige" (= Böcke, englisch *goats*) in der Regel schlechter.

Der prozeßorientierte Zugang verwendet zumeist Methoden der freien Wahl, bei denen die Versuchsperson das ihr unbekannte Zielobjekt *(target)* in freien Einfällen (Assoziationen) beschreibt. Ein in dieser Hinsicht erfolgreiches Forschungsparadigma stellen Telepathie-Experimente im Ganzfeldzustand dar, die auf folgender Technik basieren: Die Augen der als „Empfänger" fungierenden Versuchsperson, die sich in einem sensorisch abgeschirmten Raum befindet, werden durch halbierte Tischtennisbälle bedeckt und durch eine Lichtquelle angestrahlt, gleichzeitig hört sie über Kopfhörer weißes Rauschen. Durch diesen Zustand der verminderten

Reizzufuhr (Deprivation) soll eine Sensitivität für Psi-vermittelte Eindrücke erreicht werden; gleichzeitig versucht ein „Sender“, ein zufällig ausgewähltes *target* der Versuchsperson im Ganzfeld zu übertragen. Mögliche Übereinstimmungen zwischen den Erlebnisberichten des Empfängers (die kontinuierlich protokolliert werden) und dem Zielmaterial werden durch Zuordnungsverfahren ausgewertet.

Die Datenbasis der Ganzfeldexperimente weist einen statistisch signifikanten Gesamteffekt auf, der sich weder durch selektive Publikation noch durch unzulässige statistische Analysen erklären läßt. Bedeutsame Zusammenhänge ergeben sich zwischen Psi-Leistung und der dynamischen Beschaffenheit des Zielmaterials; eine wichtige Rolle spielt ferner die emotionale Nähe zwischen Sender und Empfänger oder die vorgängige Vertrautheit mit der Ganzfeldsituation.

Bei allen drei Forschungsmethoden muß auf Fehlerquellen (*flaws*) geachtet werden, mit denen sich eine methodenbewußte Parapsychologie schon seit Jahrzehnten auseinandergesetzt hat: Der Echtheitswert eines Spontanberichts hängt z.B. von der Glaubwürdigkeit der Zeugen (Ausschaltung von Beobachtungsfehlern, Erinnerungstäuschungen, nachträglichen Übertreibungen, Unterschätzung der Zufallshypothese) und objektiven Dokumentationsmöglichkeiten ab. In der Feldsituation muß darauf geachtet werden, daß Betrug oder (unbewußte) Manipulation der Versuchsperson wie auch Selbsttäuschungen und Verkennen „normaler“ Ursachen möglichst eliminiert werden. Die Ergebnisse des Laborzugangs müssen hauptsächlich gegen folgende Einwände gesichert werden: a) betrügerische Manipulation der Daten durch den Experimentator; b) selektive Auswertung und Wiedergabe der Resultate; c) unzureichende oder fehlerhafte Schilderung von Versuchsplanung, -durchführung und -auswertung; d) Betrugsversuche durch die Versuchsperson; e) mangelhafte sensorische Abschirmung zwischen Versuchsperson und Versuchsmaterial.

Die Mehrzahl der professionellen Parapsychologen, die in der Regel Mitglieder der 1957 gegründeten *Parapsychological Association* sind, geht von folgendem Forschungsstand aus: Es gibt auf phänomenologischer Ebene „Psi-Anomalien“, die sich bisher nicht mit konventionellen Hypothesen erklären lassen, ohne daß darum ein „paranormaler Prozeß“ beteiligt sein muß; Psi-Effekte scheinen eher von psychologischen Faktoren – etwa Persönlichkeitsmerkmalen wie Extraversion, emotionale Stabilität oder Einstellungen – abzuhängen als von physikalischen Größen (z. B. Abschirmungen oder Distanzen); veränderte Bewußtseinszustände – Meditation, Hypnose, Entspannung, Reizentzug – begünstigen zwar ihr Auftreten *(psi-conducive states)*, aber die spezifischen Bedingungen sind nicht bekannt; manche Experimentatoren sind erfolgreicher als andere, weil sie möglicherweise wirksamere Psi-Quellen darstellen (Psi-Experimentator-Hypothese). Als kritische Folgerung läßt sich festhalten, daß alle Versprechungen des Esoterik- und →New Age-Marktes, Psi-Fähigkeiten ließen sich beliebig trainieren – wie Maschineschreiben – und praktisch anwenden, vom empirischen Forschungsstand nicht gedeckt sind; das gleiche gilt für das Gebiet der behaupteten strategischen Verwendung von „Psi-Geheimwaffen" oder gar den Einsatz von „Psi-Agenten".

In der heutigen Theorienbildung der Parapsychologie ist man von klassischen, an der Psychophysik orientierten Vorstellungen weitgehend abgekommen, die unter ASW eine „Übertragung" von Information, unter PK eine energetische „Beeinflussung" sehen. Die von der Physik und Systemtheorie inspirierten Modellannahmen, die sich experimentell überprüfen lassen, werden als *observational theories* (Beobachtungstheorien) zusammengefaßt (→Paraphysik); daneben werden auch psychologische Modelle diskutiert, wie z. B. das Modell der „Psi-vermittelten instrumentellen Reaktion" (PMIR), bei dem Psi-Effekte Teil einer zielorientierten Bedürfniserfüllung sind, die vor allem im Alltagsleben eine Rolle spielt.

Der Spiritismus, eine seit Mitte des 19. Jahrhunderts vor allem in Europa entstandene soziale und quasireligiöse Bewegung, gibt einen Deutungsrahmen für bestimmte paranormale Phänomene vor, darf aber nicht mit wissenschaftlicher Parapsychologie verwechselt werden. Die spiritistische Hypothese basiert auf zwei Voraussetzungen. Erstens: Die menschliche Persönlichkeit (oder Teile von ihr) lebt nach dem körperlichen Tod weiter; zweitens: Es ist möglich, ein persönliches Fortleben nach dem Tod empirisch zu beweisen (*Survival*-Hypothese). Eine ausschlaggebende Rolle kommt dabei dem „Medium" zu, einer mit besonderen Gaben ausgestatteten Person, die als Mittler zwischen der sichtbaren und der unsichtbaren Welt aufgefaßt wird.

Die Manifestation der Phänomene sind z. B. Klopfgeräusche, Bewegungen oder Levitationen von Tischen (Tischerücken), das

Ertönen direkter Stimmen, das Spielen von Musikinstrumenten von Geisterhand, Jenseitsbotschaften auf versiegelten Wachstafeln, schließlich die Ausbildung ganzer Gestalten durch eine feinstoffliche Substanz, die sogenannten Materialisationen. Diese Manifestationen hängen von bestimmten Ritualen ab, die sich in spiritistischen Sitzungen seit Ende des 19. Jahrhunderts herausgebildet haben. Dazu gehören Dunkelheit des Sitzungsraumes oder Kettenbildung der Sitzungsteilnehmer, damit die „fluidale" Kraft durch sie hindurchströmen kann und dem Medium bei der jenseitigen Kontaktaufnahme behilflich ist. Das Medium gibt, auf entsprechende Wünsche oder Anfragen der Sitzungsteilnehmer reagierend, durch Trancereden oder automatisches Schreiben Botschaften durch, die angeblich von „Kommunikatoren" (den Verstorbenen) stammen und durch die „Kontrolle" (den „Geistführer" des Mediums) vermittelt werden.

In der Geschichte des Spiritismus gibt es zahlreiche Versuche, derartige Kontakte mit Verstorbenen zu verifizieren. Sie reichen von den sogenannten Identitätsbeweisen über die klassischen *cross correspondences* bis hin zu Tonband- und Videoeinspielungen respektive Computerbotschaften aus dem Jenseits, neuerdings als „Instrumentelle Transkommunikation" bezeichnet. Auch das morderne *Channeling* – die Auffassung, Medien fungierten als Kanäle, die mit höheren Wesenheiten oder Seinsebenen in Kontakt treten, um Aufschlüsse über die spirituelle Bestimmung von Mensch und Welt zu gewinnen – bewegt sich in der Tradition des Offenbarungsspiritismus.

All diesen „Erfahrungsbeweisen" ist gemeinsam, daß sich stets Alternativerklärungen, zumeist konventioneller Art – etwa: Produkte von Einbildung, Selbsttäuschung oder Betrug des Mediums bzw. von Sinnes- und Erinnerungstäuschungen der Zeugen oder der Beobachter – finden lassen, die ohne einen postmortalen Einfluß auskommen. Wo solche konventionellen Erklärungsansätze nicht ausreichend erscheinen, lassen sich die Arbeitshypothesen der parapsychologischen Forschung (ASW und PK) heranziehen. Der spiritistische Erklärungsversuch läßt sich aus der Sicht der heutigen Parapsychologie weder im induktiven noch im deduktiven Sinn verifizieren oder falsifizieren.

Was die Arbeitsweise mancher Medien betrifft, so handelt es sich, psychologisch gesehen, um besondere Formen des Dissoziationszustandes (geteiltes Bewußtsein) und des damit zusammenhängenden Auftretens von Spaltungs- oder sekundären Persönlichkeiten. Die Personifikationstendenzen solcher unbewußten Prozesse können sich vielfältig manifestieren – vom Tischrücken oder dem Planchette-Schreiben bis hin zum automatischen Buchstabieren in Form des Glasrückens. All diese Praktiken haben in den letzten Jahren besonders unter Jugendlichen einen Boom erlebt, im vieldiskutierten Jugendokkultismus.

Die heutige Debatte um Okkultismus und okkulte Praktiken wird stark von weltanschaulichen bzw. polemischen Akzenten beherrscht. Für manche Kommentatoren besteht der moderne Okkultismus aus einem Amalgam von abergläubischen Fehleinstellungen, pseudowissenschaftlichen Strömungen und Wissenschaftskriminalität, wozu in abwertender und undifferenzierter Weise →Astrologie, →Radiästhesie, →Homöopathie, Akupunktur und paranormale Erscheinungen gleichermaßen gerechnet werden. Demgegenüber ist an die Kontextabhängigkeit und die Mehrdimensionalität des Okkultismusbegriffs zu erinnern, die besonders in historischer Perspektive deutlich werden: Das Okkulte von gestern kann das Bekannte von morgen sein. Es ist jedenfalls kein Bereich, der prinzipiell von dem wissenschaftlichen Erkenntnisstreben ausgenommen wäre. Eine angemessene Beurteilung des jeweils Okkulten setzt also voraus, sich darüber im klaren zu sein, wer bestimmte Erkenntnisbehauptungen oder Phänomenbereiche aus welchen Gründen und zu welchem Zeitpunkt als okkult klassifiziert.

Diese Notwendigkeit zeigt sich vor allem bei der Einschätzung der gesellschaftlichen und sozialpsychologischen Bedeutung sogenannter okkulter Praktiken und der realistischen Beurteilung ihres Gefährdungspotentials. Die psychologischen Grundlagen dieser Praktiken sind unter dem Stichwort psycho-motorische Praktiken (Bender) schon seit langem bekannt. Beim automatischen Buchstabieren (Glasrücken) wird innerhalb eines Kreises aus Buchstaben des Alphabets ein leicht beweglicher Gegenstand (z.B. ein Glas) auf einer glatten Oberfläche mit aufgelegten Fingerspitzen bewegt. Die Teilnehmer stellen Fragen, und das Glas bewegt sich durch unbewußt bleibende, aber intelligent gesteuerte Muskelbewegungen zu den einzelnen Buchstaben hin, die, zusammengesetzt, sinnvolle Botschaften ergeben. Diese werden zumeist als Äußerung fremder „Wesenheiten“ gedeutet, zumal die Personifikationstendenz des verselbständigten (dissoziierten) psychischen Systems diesen Eindruck begünstigt. Die automatisch produzierten Botschaften bestehen in der Regel aus vergessenen (kryptomnestischen) oder verdrängten Inhalten.

Wer zum erstenmal mit solchen Praktiken in Berührung kommt, kann durch die Fremdheit oder Autonomie solcher Botschaften überrascht oder geängstigt werden, zumal dann, wenn existentiell bedeutsame Fragen (Zukunft, eigenes Todesdatum) gestellt werden. Aus Umfragen unter Jugendlichen geht hervor, daß das Wissen um solche Praktiken zum allgemeinen Bildungsgut gehört. Während für die überwiegende Anzahl der Befragten sich der Neuigkeitswert und der Reiz des Okkulten relativ schnell abnützt, läßt sich bei ca. 10 % der Okkultpraktizierenden ein pathogenes Grundmuster erkennen: Sie sind für irrational-magische Glaubenssysteme besonders anfällig und zeigen zugleich ein besonders hohes Maß an psychischer Labilität und eine überdurchschnittliche Lebensunzufriedenheit. Allerdings ist die Frage nicht eindeutig zu beantworten, ob die Ursache für die Okkultaffinität in dieser Grundstruktur zu suchen ist oder ob die Praktiken diese Auffälligkeiten erst erzeugen oder verstärken. Allgemein akzeptierte Zusammenhänge zwischen typischen Persönlichkeitszügen und der Hinwendung zum Okkulten (einschließlich der Übernahme paranormaler Glaubenssysteme →Para-Gläubigkeit) gibt es jedenfalls nicht.

Der Status der parapsychologischen Forschung ist in der wissenschaftlichen Gemeinschaft nach wie vor umstritten (Psi-Kontroverse); die Parapsychologie hat sich auf der einen Seite vom Verdacht der Pseudowissenschaft abzugrenzen, auf der anderen von einem dogmatischen Skeptizismus, der in allen Psi-Effekten nur Selbsttäuschungen, statistische bzw. experimentelle Artefakte oder Betrug und Manipulation durch Experimentator und/oder Versuchsperson sieht. Obwohl es immer wieder Ansätze zu einem konstruktiven Dialog zwischen Parapsychologen und ihren Kritikern gibt, ist es wenig wahrscheinlich, daß in absehbarer Zeit die Meinungsführer der akademischen Psychologie die Untersuchung von Psi-Effekten als legitimes Forschungsgebiet anerkennen werden; die Vertreter der wissenschaftlichen Parapsychologie unterliegen insofern einem ständigen Legitimationszwang und sehen sich mit der Rezeptionsproblematik einer unorthodoxen Wissenschaft konfrontiert.

Wichtige universitäre Forschungseinrichtungen sind zur Zeit: *Division for Personality Studies* am Medical Center der Universität Charlottesville (Virginia); *Princeton Engineering Anomalies Re-*

search Laboratory an der Universität Princeton (New Jersey); *Arthur-Koestler-Lehrstuhl für Parapsychologie* am Psychologischen Institut der Universität Edinburgh (Schottland). In Deutschland ist die parapsychologische Beratungs-, Informations- und Forschungsarbeit an drei Institutionen geknüpft, die alle in Freiburg i. Br. ihren Sitz haben: das 1950 von Hans Bender (1907–1991) gegründete *Institut für Grenzgebiete der Psychologie und Psychohygiene e. V.* (Leiter: J. Mischo), das über eine umfangreiche, zur Universitätsbibliothek Freiburg gehörende parapsychologische Spezialbibliothek verfügt; der Lehrstuhl für Psychologie und Grenzgebiete der Psychologie am Psychologischen Institut der Universität (Lehrstuhlinhaber: J. Mischo); die im Rahmen der *Wissenschaftlichen Gesellschaft zur Förderung der Parapsychologie e. V.* 1989 gegründete Parapsychologische Beratungsstelle (Leiter: W. v. Lucadou). Diese Einrichtungen sehen sich vor allem mit den sozialen, psychologischen und psychohygienischen Auswirkungen der modernen Okkultismus- und Esoterik-Welle konfrontiert.

Der sachgerechte psychologische Umgang mit den Spielarten okkulten Erlebens setzt eine differenzierte Kenntnis der Phänomenologie des Paranormalen sowie zuverlässige Informationen über den Stand der parapsychologischen Forschung voraus.

Die deutschsprachige Fachzeitschrift für Entwicklung, Methoden, Ergebnisse und Probleme einer interdisziplinären Psi-Forschung ist die seit 1957 in Freiburg erscheinende *Zeitschrift für Parapsychologie und Grenzgebiete der Psychologie.*

Literatur:
E. Bauer, Grenzgebiete der Psychologie, Trier: Zentralstelle für Psychologische Information und Dokumentation (= Bibliographien zur Psychologie, Nr. 85) 1992; H. J. Irwin, Introduction to Parapsychology, Jefferson, N. C. & London 1994; J. Mischo, Okkultismus bei Jugendlichen. Ergebnisse einer empirischen Untersuchung, Mainz 1991; A. Resch (Hrsg.), Aspekte der Paranormologie, Innsbruck 1992.

E. Bauer

Parasoziologie

Der von dem niederländischen Soziologen H. Niezing eingeführte Begriff bezeichnet Soziologien neben erfahrungswissenschaftlicher Sozialwissenschaft. Gemeint sind weltanschaulich orientierte Soziologien, etwa christlicher, faschistischer, sozialistischer bzw. kommunistischer Art. Parasoziologien können – im Gegensatz zu anderen Parawissenschaften – jedoch durchaus institutionalisiert sein, wie Lehrstühle für Christliche Weltanschauungslehre, Christliche Sozialwissenschaft, Dialektischen bzw. Historischen Materialismus u.a. auch an deutschen Universitäten zeigen. Wird von den Inhabern solcher Lehrstühle gefordert, sich zu der gelehrten Weltanschauung selbst zu bekennen und diese explizit in Lehre und Forschung zu vertreten, so kann sicherlich von Parasoziologien gesprochen werden. Soziologisch werden sie gewöhnlich wertneutral als Ideologie bezeichnet.

Ein parasoziologisches Theoriemodell sieht schematisch am Beispiel des Wissenschaftlichen Sozialismus so aus:

1. Industriegesellschaften sind Klassengesellschaften (Ausbeuter-, Ausgebeuteten-Klasse).
2. Klassengesellschaften sollen klassenlose Gesellschaften werden.
3. Klassenkampf ist dazu notwendig, daher positiv zu werten.
4. Besetze deinen Betrieb, enteigne den/die Kapitalisten!

Satz 1 stellt sich als gesellschaftswissenschaftliches Gesetz dar, sollte also grundsätzlich prüfbar sein und müßte empirisch getestet werden: Bestehen wirklich alle Industriegesellschaften der Erde aus diesen beiden Klassen? Satz 2 ist keine Beschreibung, sondern eine normative Aussage, denn hier wird ein zu verwirklichendes Ziel genannt. Satz 3 ist eine Bewertung und Rechtfertigung der beiden vorausgegangenen Sätze, während Satz 4 zur Tat aufruft, also einen Appell darstellt. Insgesamt zeigt sich dabei, daß parasoziologische Theoriemodelle ein Gemisch beschreibender, vorschreibender, rechtfertigender und appellierender Aussagen sind – alles in scheinbar logischem Gewand.

Dieselbe Vorgehensweise sei am Beispiel eines leider in Deutschland aktuellen parasoziologischen Modells betrachtet:

1. Der Arier (Deutsche) ist allen anderen überlegen (Gesetz 1).
2. Der Arier (Deutsche) soll seine Rasse (Nation) rein erhalten (Gesetz 2).
3. Daher soll er die Zunahme der Juden (Ausländer) hier nicht dulden (Legitimierung).
4. Wende dich gegen Überfremdung durch Juden (Ausländer), kämpfe für Juden-(Ausländer-)Stopp und -Rückführung (Appell).

Hier ist die parasoziologische Theorie noch logikähnlicher formuliert, denn Satz 3 sieht wie ein logischer Schluß aus den beiden vorangegangenen Pseudo-Gesetzen aus. Satz 4 ist dann ein Appell, wie er in rechtsradikalen Schriften und danach in Handlungen immer häufiger zu finden ist. Daß es sich um nichts anderes als ein kultur- oder völkerspezifisches Vorurteil handelt, ist deutlich zu erkennen.

Dies parasoziologische Modell läßt sich auf gesellschaftliche Gegebenheiten aller Art anwenden; als letztes Beispiel folgt ein Vorurteilsschema aus der Geschichte der Esoterik:

1. Geheimlehren zeigen den Weg zu Erkenntnis und Verwirklichung unseres wahren Wesens.
2. Gemäß geheimen Lehren sollen wir unseren Wesenskern verwirklichen.
3. Dazu ist individuelle Führung durch einen Meister und Initiation in einem Bund Auserwählter notwendig.
4. Tritt einem Geheimbund bei, geh den Weg persönlicher Initiation.

Man kann diese Satzfolge 1 bis 4 als Kern der Esoterik ansehen: Beschreibende Darstellung der Geheimlehren, vorschreibende Aussagen für den Initianden, Legitimierung und Bewertung des normativen Handelns, schließlich der Aufruf zur Tat.

Parasoziologisches Schema und die gewählten Beispiele zeigen bei genauerem Zusehen, daß es sich dabei weder um theoretische Soziologie, also die Theorie sozialer Systeme handelt, noch um soziologische Theorien unterschiedlicher Ansätze, sondern um normative Theorien, genauer: um ideologische Gesellschaftslehren unterschiedlicher Art.

Literatur:

G. Eberlein, „Über pseudowissenschaftliche Vorurteile und vorurteilshafte Wissenschaft", in: akademie forum masonicum Jahrbuch 1986, forum masonicum (Hrsg.), Bonn 1987, S. 15–25; H. Niezing, Parasoziologie, Opladen 1972.

G. Eberlein

Prä-Astronautik

Die Prä-Astronautik, die Vorstellung, Raumfahrer von fernen Planeten hätten in der Frühzeit der Menschheit die Erde besucht und ihre Spuren in Mythen, megalithischen Bauwerken und Felszeichnungen hinterlassen, ist älter als die →Ufologie. Die Hoffnung, in Mythen technische Sachverhalte wiederfinden zu können, ließ schon Heinrich Himmler anordnen, germanische Sagen nach verwertbaren Angaben zu Geheimwaffen zu durchforsten. In den Blitzen Thors sah er „hoch entwickeltes Kriegswerkzeug…, das eine unerhörte Kenntnis der Elektrizität voraussetzte".

Doch der eigentliche Vater der Prä-Astronautik ist der amerikanische Schriftsteller Charles Fort (1874–1932). In seinem Buch *Book of the Damned* (1919) vertrat er die These, Astronauten von fremden Planeten hätten zu Urzeiten die Erde besucht und in Besitz genommen. Als Beweise dazu führte er unerklärliches Wissen alter Kulturen, fremdartige Artefakte (etwa Glaslinsen in Ninive), steinzeitliche Felsmarkierungen, die Visionen des Propheten Hesekiel und die gewaltigen Erdbilder in den USA an. Forts eher skizzenhafte Ideen wurden von dem frühen Science-fiction-Autor Howard Phillips Lovecraft (1890–1937) zu einem komplexen literarischen Kosmos verdichtet. In seinen Kurzgeschichten geht Lovecraft davon aus, daß vor langer Zeit außerirdische Wesen auf der Erde gelandet seien, die die Urmenschen als Götter verehrt hätten. Die Außerirdischen vermischten sich mit den Menschen und überlieferten ihr technisches Wissen in Geheimbüchern und Sekten. Einige reinrassige Außerirdische leben jedoch noch heute in Höhlen, die mit gewaltigen Maschinen ausgestattet sind, jederzeit bereit, die Welt erneut in Besitz zu nehmen.

Lovecrafts Fiktionen wurden Wirklichkeit, als der vermutlich an Schizophrenie erkrankte Richard S. Shaver 1944 einen Leserbrief an Ray Palmer, den Herausgeber des Science-fiction-Magazins *Amazing Stories*, sandte, in dem er behauptete, Stimmen in seinem Kopf hätten ihm die wahre Geschichte von Atlantis und Lemuria diktiert. Demnach wurden die beiden Urkontinente von Außerirdischen besiedelt. Mit dem Untergang der beiden Kontinente wären auch die Atlanter und Titanen verschwunden, doch „Deros", degenerierte Menschen, seien in die unterirdischen Städte der Extraterrestrier eingedrungen und bedienten dort noch heute deren gigantische Maschinen. Palmer, der diese Geschichten als „wahrheitsgetreue Berichte" veröffentlichte, konnte die Auflage seines Magazins enorm steigern. Kein Wunder, daß bald weitere Enthüllungen folgten: Shaver wußte von den Fluggeräten der Außerirdischen zu erzählen, die bald aus ihren unterirdischen Verstecken kommen würden.

Im Juni 1947 wurden in den USA die ersten Ufos gesehen – und Ray Palmer startete sein Magazin *Fate*, in dem er die geheimnisvollen Scheiben zum ersten Mal als außerirdische Raumschiffe deutete. Es dauerte nicht lange, da begannen die Ufologen, nach weiteren Indizien für fliegende Scheiben in der menschlichen Vergangenheit zu suchen. Zwar wollte keiner den paranoiden Gedankengebäuden Shavers folgen, doch galt seine Interpretation des Ufo-Phänomens in der Palmerschen Version als einzige Erklärung für die Sichtungen.

Der Ufo-Forscher Aimé Michel verglich in den 50er Jahren steinzeitliche Höhlenbilder in Spanien und Frankreich mit modernen Ufo-Beobachtungen, der sowjetische Physiker Modest Agrest spekulierte 1959, der Tempel von Baalbek im Libanon sei eine Raketen-Startrampe gewesen und Sodom und Gomorra sei von einer außerirdischen Atombombe zerstört worden. Der amerikanische Ufologe Donald E. Keyhoe vertrat 1960 die Ansicht, eine mittelalterliche türkische Karte, die sogenannte Piri-Reis-Karte, stamme von einer frühgeschichtlichen, außerirdischen Zivilisation.

Zu Beginn der 60er Jahre erschienen die ersten Bücher, die sich ausschließlich mit frühgeschichtlichen Raumfahrern und ihren Hinterlassenschaften beschäftigten. Robert Charroux (1909–1978) deutete 1963 in *Phantastische Vergangenheit* die Piri-Reis-Karte, die Visionen des Hesekiel und die Bodenzeichnungen Perus als Relikte oder Darstellungen von Außerirdischen. W. Raymond Drake (1913–1989) veröffentlichte 1964 sein erstes Buch über *Götter und Astronauten*, dem zahlreiche weitere folgten. Der italienische „Prä-Astronaut" Peter Kolosimo (1922–1984) startete seine Schriftstellerlaufbahn 1964. Gegen Mitte der 60er Jahre hatten sich so bereits mehrere feste prä-astronautische Interpretationen etabliert, die dann wieder in Ufo-Büchern zitiert wurden. Dazu gehörte die These, daß das Buch Hesekiel in der Bibel ein außerirdisches Raumflugzeug beschreibt (als Fakt bereits bei Jacques Vallee 1965 in seinem Buch *Anatomy of a Phenomenon* aufgeführt), die Vorstellung, die Bundeslade sei ein extraterrestrisches Gerät gewesen (und der Gott des Alten Testaments ein Raumfahrer) sowie die Sicherheit, daß zahlreiche Bauten und Hinterlassenschaften der Antike und des Mittelalters nur dadurch zu erklären seien, daß Astronauten entweder selbst die Erbauer gewesen waren oder aber daß sie zumindest das Know-how geliefert hatten (etwa die Tempel in Mittelamerika, die gewaltigen Bodenbilder in der Ebene von Nazca, schließlich Artefakte wie antike Landkarten). Sicher war man sich auch, daß die Götter alter Mythen und Schriften sowie

Darstellungen in steinzeitlichen Höhlen nicht Geister und Dämonen, sondern extraterrestrische Raumfahrer abbildeten.

Alle diese Bücher erreichten allerdings nur Insider, vor allem Ufologen und Atlantologen, die Uminterpretationen der menschlichen Geschichte gegenüber aufgeschlossen waren. Da veröffentlichte Erich von Däniken (*1935), dessen erste Artikel zum Thema bereits 1960 erschienen waren, 1968 sein richtungweisendes Buch *Erinnerungen an die Zukunft*, in dem er das bereits existierende Korpus an Interpretationen zusammenfaßte und in einem provokativen Stil präsentierte. Der Erfolg war immens, die Zeit für eine populäre Aufarbeitung des Themas ideal: Der Protest der Jugend förderte die Skepsis hergebrachten Lehrmeinungen gegenüber, die Mondlandungen ließen Reisen zwischen verschiedenen Planeten wahrscheinlich werden. Zwar hatte Däniken den Belegen für Astronautenbesuche in der Frühzeit keinen eigenen Gedanken beizufügen, doch war er der erste, der die beschriebenen Orte tatsächlich besucht und für seine Leser fotografiert hatte.

Fast ausschließlich dem Erfolg von Dänikens damals in viele Sprachen übersetzten Büchern ist es zu verdanken, daß am 14. September 1973 der Rechtsanwalt Dr. Gene M. Phillips in Chicago die *Ancient Astronauts Society* (AAS) gründete (die deutschsprachige Zweigstelle befindet sich in Feldbrunnen in der Schweiz). Die AAS hat den Zweck, Indizien zu sammeln, auszutauschen und zu publizieren, die Dänikens Hauptthesen belegen: daß „a) die Erde in prähistorischen Zeiten Besuch aus dem Weltraum erhielt, oder b) die gegenwärtige technische Zivilisation auf diesem Planeten nicht die erste ist, oder c) a und b kombiniert".

Die Gesellschaft veröffentlicht Zeitschriften, Sammelbände, veranstaltet Kurz- und Weltkongresse. Trotz früher internationaler Erfolge ist Prä-Astronautik heute zum Großteil eine deutsche Para-Wissenschaft: Im Gegensatz zu den 16 Seiten des deutschen Organs der Gesellschaft, *Ancient Skies*, hat die US-Version nur vier; auch sind seit Jahren Erich von Dänikens Bücher nicht mehr als englische Übersetzungen erschienen.

Obwohl die AAS – aufgrund vieler leichtfertiger und schneller Spekulationen der einzelnen Autoren – seit Jahren versucht, wissenschaftlicher zu arbeiten (die Umbenennung der Disziplin in das seriöser klingende Paläo-SETI und die Herausgabe des „wissenschaftlichen" *Scientific Ancient Skies* sind zwei Beispiele dafür), sind die Arbeitsmethoden und Indizien der Prä-Astronautik seit Forts Erfindung der revidierten Vorgeschichte nicht überdacht worden.

Als Indizien für prähistorische Raumfahrer gelten vor allem Darstellungen von Außerirdischen, ihren Ufos und ihrer Technologie auf Felszeichnungen, Stelen und in alten Manuskripten, die Beschreibung außerirdischer Eingriffe in Mythen und Sagen, die Deutung megalithischer Bauwerke (etwa in Europa, auf der Osterinsel, bei den Inkas) als entweder extraterrestrisch oder zumindest unter astronautischer Federführung erbaut sowie die Entzifferung angeblicher geheimer Kenntnisse, die ebenfalls in Sagen, Bildern oder Ruinen überliefert sind (z.B. geomantische Kenntnisse, kartographische Darstellungen Amerikas vor seiner Entdeckung oder Wissen um astronomische Vorgänge, die erst in diesem Jahrhundert entdeckt wurden).

Dabei gelten den Prä-Astronauten Mythen und Sagen als wortwörtlich interpretierbare Reportagen, sie weisen also vergangenen und fremden Kulturen ein Textverständnis zu, das sich erst innerhalb der letzten 200 Jahre in Europa entwickelt hat. Mythen werden so ihrer vielfältigen Bedeutungsschichten beraubt, die Metaphorik wird wörtlich genommen, so daß aus jeder Himmelsfahrt gleich eine Weltraumfahrt wird, aus den übermenschlichen Kräften des Helden der Gebrauch einer außerirdischen Waffe. Selten wird bedacht, daß viele Sagen über Ruinenstädte von Völkern stammen, die lange nach der Erbauerkultur lebten und die sich selbst ein mythologisches Erklärungsmodell für die Reste schufen, weil sie deren Zweck nicht mehr verstanden. Auch die naive Gleichsetzung von Himmel und Weltraum (letzterer ist ein naturwissenschaftlicher Begriff, der kaum in eine Mythologie paßt) und das vollkommene Ignorieren der Erkenntnisse jahrhundertelanger wissenschaftlicher Sagen- und Mythenforschung macht die meisten präastronautischen Deutungen von Folklore zu einer Pseudo-Wissenschaft, die aufgrund fehlender Methodik einer objektiven Überprüfung nicht zugänglich ist.

Ähnlich verhält es sich mit der prä-astronautischen Erklärung alter Felszeichnungen. In steinzeitlichen und späteren Ritzungen und Bildern – etwa in der Darstellung eines Maya-Fürsten aus Palenque – sehen die Prä-Astronautiker Abbilder von Außerirdischen und ihrer Technologie. Obwohl viele alte Kulturen ihre Bilder stark abstrahiert und symbolisch codiert haben, ignorieren die Interpreten den bekannten Gehalt und sehen in abstrakten Schlangen Einfüllstutzen für Galvanisieranlagen. Der Anteil von Felszeichnungen in prä-astronautischen Büchern ist seit dem Beginn der AAS allerdings stetig zurückgegangen; vielleicht weil man heute weiß, daß Astronauten keine geweihartigen Antennen auf dem Kopf mit sich herumschleppen und somit viele Umdeutungen von antiken Schamanendarstellungen nun selbst auf den Unglauben der Anhänger der Dänikenschen Thesen stoßen würden.

Nur einige prähistorische Ruinenstätten, die Prä-Astronautiker zur Unterstützung ihrer Thesen aufzeigen, sind auch für die konventionelle Wissenschaft noch geheimnisvoll. Allerdings läßt sich der Prä-Astronautiker nie dazu herab, eine bestimmte Ruine auch tatsächlich außerirdischen Besuchern zuzuschreiben – eine solche eindeutige Zuschreibung wäre dann falsifizierbar, also widerlegbar; meist begnügen sie sich mit der vagen Andeutung, extraterrestrische Lehrmeister oder Technik müsse mit im Spiel sein. Das ist zumindest denkbar, doch stammen die von den Autoren am häufigsten angeführten Beispiele – die Pyramiden, die Statuen der Osterinsel, die gewaltigen Gebäude auf der mikronesischen Insel Nan Madol, die Inka- und Maya-Bauten in Amerika, die Scharrzeichnungen der Nazca-Ebene, Stonehenge – aus weit auseinanderliegenden Zeiten, die eine eventuelle Chronologie außerirdischer Besuche vollkommen unmöglich machen. Zudem stammen nur die wenigsten der aufgelisteten Ruinenstätten tatsächlich aus der Frühzeit der Menschen, der Stein- und Bronzezeit (z.B. die megalithischen Bauten Westeuropas und die Pyramiden); der weitaus größere Teil stammt aus nachchristlicher Zeit, aztekische Städte aus dem Mittelalter, ebenso die Nazca-Bilder oder die erst sehr spät entstandenen Gigantenstatuen der Osterinsel. Bisher ist noch kein prä-astronautischer Autor auf die Idee gekommen, die zeitgleich in Europa entstandenen Kolossalbauten – etwa das Colosseum in Rom, die Dome in Speyer und Köln oder das Heidelberger Schloß – dem unergründlichen Wirken von Weltraum-Besuchern zuzuschreiben.

Die Folgerung ist nicht schwer: Prä-Astronautik findet ihre Indizien immer nur bei Kulturen, deren Schrift noch nicht entziffert oder deren Geisteswelt uns vollkommen fremd ist, wie das bei den Indianerkulturen Altamerikas der Fall ist. Sobald eine Kultur für uns verständliche Aufzeichnungen über die eigene Vergangenheit hinterlassen hat, kann es keine Raumfahrerdeutungen geben. Diese Unkenntnis der Vergangenheit ist jedoch häufig kein Problem der Wissenschaft, sondern der Prä-Astronautik: Sie kennt weder die bereits veröffentlichten Ergebnisse der Archäologie noch die Publikationen der Völkerkundler. Das führt dazu, daß Fachwissenschaftler sich selten die Zeit nehmen, auf prä-astronautische Autoren einzugehen, was von den Prä-Astronauten gerne als Abwehrimpuls der „Schulwissenschaft" gesehen wird. In Wirklichkeit hat praktisch keine der bisher veröffentlichten prä-astronautischen Thesen so viel wissenschaftliche Grundlage, daß sich eine eingehende intensive Beschäftigung für Archäologen rentieren würde.

Die einzige Methode, die in prä-astronautischer Forschung zu erkennen ist, ist das Errichten neuer Hypothesen auf alten – ein gewaltiges Thesenbauwerk, das nicht auf dem Fundament gesicherter Tatsachen steht. Ein gutes Beispiel ist ein Buch von Peter und Johannes Fiebag, beide „wissenschaftliche Paläo-SETI-Forscher", über „die Entdeckung des Grals". Die Autoren gehen davon aus, daß das Manna der Bibel von einer außerirdischen Maschine produziert wurde. Aus der prä-astronautischen Interpretation der jüdischen Geheimlehre Kabbalah (ca. 1200 n. Chr.) gehe hervor, daß die Manna-Maschine ein radioaktives Gerät war, das Außerirdische Moses überreichten und in dem Algenkulturen zur Ernährung der aus Ägypten ausgezogenen Israeliten produziert wurden. Auf diese – durch keine konkreteren Beweise als durch Textumdeutungen gestützte – Hypothese folgen dann weitere: etwa die, der Gral des Mittelalters sei mit dieser Manna-Maschine identisch, den Gral hätte der Templerorden besessen, er sei aufgrund der Manna-Maschine verfolgt worden, schließlich hätten sie die Manna-Maschine versteckt.

Die komplexen soziologischen Ereignisse, die zur Gründung, später zum Erfolg und letztlich zur Vernichtung des Templerordens geführt haben, ignoriert eine solche Darstellung, indem sie Geschichte monokausal angeht. Darüber hinaus ist kein einziges der Elemente dieser Geschichtsdarstellung bewiesen, keines mehr als eine kühne Hypothese, und doch wird daraus eine alternative Geschichtsschreibung für Europa. Ähnlich – noch viel vager jedoch – sind die prä-astronautischen Umschreibungen der Frühgeschichte der ganzen Welt.

Da die Prä-Astronautik nie ein kohärentes Welt- und Geschichtsbild erstellt hat, sind bisher alle Versuche gescheitert, die extraterrestrischen Gedankengänge zu widerlegen. Wo keine feste Chronologie, keine Datierung und Lokalisierung von Astronautenbesuchen besteht, ist es müßig, einzelne, wenn auch fest geglaubte Elemente der prä-astronautischen Gedankenwelt eindeutig zu entzaubern, weil auf ihnen kein logisches Gebilde steht, das zusammenfallen könnte.

So kümmert die Astronautensucher die Wissenschaft letztlich auch wenig. Erich von Däniken verspottet sie als „Erbsenzähler", so etwa die Archäologen, die mit modernsten Methoden versuchen, Übersicht und Ordnung ins ergrabene Material zu bringen. Prä-astronautische Leser kennen die – häufig auch schwer verständliche – Literatur der Archäologen nicht und glauben daher, was ihnen von Erfolgsautoren vorgesetzt wird. Erich von Däniken kann ein ganzes Buch über die Megalithkultur der Steinzeit schreiben, ohne mit einem Wort auf die archäologische Definition und Datierung von Steinzeit einzugehen und ohne die Forschungsergebnisse der Archäologie auf diesem Gebiet zu kennen (er sagt z. B., Dolmen würden von der Wissenschaft als Fürstengräber gedeutet, obwohl die Archäologie davon ausgeht, daß es sich um Friedhöfe für Großsippen, nicht um Einzelgräber gehandelt hat). Wenn solche „archäologischen Erklärungen" von den Prä-Astronautikern selbst erfunden werden, wundert es nicht, wenn die gleichen Autoren sie auch widerlegen können.

Die Prä-Astronautik ist ein großes, vage umrissenes und niemals bis zur Erstellung einer allgemein akzeptierten Methodik gekommenes alternatives Geschichtsverständnis, das nur in den allerseltensten Fällen auf Konsenswissen zur Geschichte zurückgreift. In sich logisch, ist dieses neue Geschichtsverständnis nicht angreifbar, stützt es sich doch nicht auf Fakten, sondern Interpretationen. Insofern ist die Prä-Astronautik keine Para-, nicht einmal eine Pseudo-Wissenschaft. Sie ignoriert ganz bewußt den Stand der wissenschaftlichen Forschung. Die Prä-Astronautik ist nicht mit einer Anzahl von Anomalien konfrontiert, die sie zu erklären sucht (wie z. B. die →Ufologie oder die →Kryptozoologie), sie schafft sich ihre Anomalien selbst.

Es bleibt abzuwarten, inwieweit die verbesserte Methodik der „wissenschaftlichen" Paläo-SETI-Forscher und ihre Veröffentlichungen in *Scientific Ancient Skies* eine Revision der hier geäußerten Beurteilung notwendig machen.

Literatur:

E. v. Däniken, Erinnerungen an die Zukunft, Düsseldorf 1968; E. v. Däniken, Die Spuren der Außerirdischen, München 1990; U. Dopotka, Lexikon der Prä-Astronautik, Düsseldorf 1979;

Ch. Fort, The Complete Books, New York 1974; E. v. Khuon, Waren die Götter Astronauten?, München 1970; L. E. Navia, Unsere Wiege steht im Kosmos, Düsseldorf 1976. *U. Magin*

Präkognition →Paraphysik, →Parapsychologie

Prophetie

Das griechische Wort *prophetei̇a* (Weissagung) wird hier als Sammelbegriff für alle Versuche verwendet, Kenntnisse über zukünftige Vorgänge zu erlangen, von denen der Normalsterbliche „eigentlich" nichts wissen dürfte. Die dabei verwendeten Methoden und Verfahren, Anlässe und Situationen können – wie die Kulturgeschichte zeigt – beträchtlich variieren: Horoskop →Astrologie, Kaffeesatz, Traumgesichte, Glaskugeln, Handlinien, Schafgarbenstengel →I Ging, Bleigießen, Leberschau oder Vogelflug: All dies ist nur eine kleine Auswahl aus der unübersehbaren Zahl der Divinations- und Orakelpraktiken, die für die Zukunftsbefragung entwickelt wurden. „Jedes Phänomen, jede Erfahrung, alles, was irgendwie auffiel oder bedeutungsvoll erschien, aber auch alles, was irgendwie manipuliert werden konnte – auf ganz einfache Art oder in einem komplizierten Ritual –, hat zu irgendeiner Zeit in irgendeinem Kulturkreis der Deutung der Zukunft gedient" (Luck 1991). So gibt es wohl keine Kultur, die nicht derartige Versuche zur Schicksals- oder Götterbefragung institutionalisiert hätte oder in der nicht die Fähigkeit zur prophetischen Schau im Zustand der Trance oder Ekstase als besondere Gabe bestimmter Personen angesehen würde.

Die sich von lateinisch *divinare* (erraten, voraussagen) herleitende Fähigkeit der Divination galt als eine Gabe der Götter, die manchen Sehern oder Propheten verliehen war. Die Gottheit, die aus dem Mund des Propheten sprach, bedurfte der Deuter, so wie die unverständlichen Äußerungen des Orakels von Delphi von privilegierten Priestern in Umgangssprache „übersetzt" werden mußten. Dies ist kennzeichnend für alle Voraussagen: In der Regel sind sie vieldeutig, dunkel oder unverständlich – sie bedürfen der Entschlüsselung durch den Kundigen oder Eingeweihten. Ausgearbeitete Methoden der Zukunftsdeutung, insbesondere astrologische Prognose oder Traumdeutung, finden sich bereits in Mesopotamien, in Ägypten und in der klassischen Antike (siehe Cicero: *De Divinatione*). Sie spielen ebenso in den prophetischen Büchern des Alten Testaments eine große Rolle: So gehört Josephs Traum (1. Moses 37. 5–11) zu den ersten aufgezeichneten Wahrträumen; da Joseph den „Geist Gottes" besitzt, kann er auch den Traum des Pharao (1. Moses 41.1–45) „richtig" deuten, an dem die ägyptischen Magier scheitern.

In den kulturgeschichtlichen Rahmen der Prophetie fallen auch die universell verbreiteten Techniken der Kristallomantie, wie z.B. das Kristallsehen, das psychologisch besonders aufschlußreich ist, da es als Vorstufe einer halluzinatorischen Mantik aufgefaßt werden kann. Es handelt sich bei dieser schon in der Antike bekannten Technik um die Erzeugung subjektiver Bilder (Phantasmen), hervorgerufen durch intensives Betrachten leuchtender oder durchsichtiger Körper, etwa mit Wasser gefüllter Glasgefäße. In solchen Kristallvisionen sollten sich auch zukünftige Ereignisse widerspiegeln. Spätere Laboratoriumsexperimente ergaben, daß diesen visionären Bildern eine unterbewußte, vom Wachbewußtsein vorübergehend dissoziierte und ihr unzugängliche intelligente psychische Tätigkeit zugrunde liegen konnte (sensorischer Automatismus); das seelische Material setzte sich aus unterschwellig wahrgenommenen, vergessenen oder verdrängten Inhalten zusammen, die unter die Bewußtseinsschwelle gesunken waren.

Prophetische Erfahrungen in Form von Wahrträumen, Vorahnungen, Zweitem Gesicht begleiten seit jeher das Leben der Menschen. Aus einschlägigen Umfrageergebnissen zum Thema „subjektive paranormale Erfahrungen" (→Parapsychologie) geht hervor, daß etwa 40% der Befragten von Vorschau-Erlebnissen berichten, wobei der Traum als Erlebnisform dominiert (ca. 70%). In der Mehrzahl beziehen sich solche Erfahrungen auf existentielle Grenzerfahrungen (Tod, Unfall, Gefahr u.ä.). Dies zeigt sich besonders in den Berichten über das Zweite Gesicht, das „Spökenkieken", das früher besonders in Norddeutschland und in anderen Landschaften um die Nordsee (z.B. Schottland) verbreitet war. Die Vorausschau drückt sich in bestimmten, kulturell vorgeprägten Inhalten aus – z.B. in der Vision eines Brandes oder Leichenzuges –, wobei der Spökenkieker oftmals nur über ein vages Gefühl für die Bedeutsamkeit seines Gesichtes verfügt; das „wahrhaft Gemeinte" erschließt sich erst im nachhinein. Allgemein gilt, daß bei der Einschätzung solcher spontan auftretenden prophetischen Erlebnisse die gleichen Fehlerquellen zu berücksichtigen sind, wie sie auch sonst von der Untersuchung paranormaler Spontanberichte bekannt sind.

Die wissenschaftliche Parapsychologie untersucht das Problem des Vorauswissens zukünftiger Vorgänge unter dem Stichwort Präkognition und zählt diese – neben Telepathie und Hellsehen – zu den Ausprägungsformen der Außersinnlichen Wahrnehmung (ASW). Unter Präkognition (im strengen Sinn) wird dabei das Vorauswissen eines zukünftigen Vorganges verstanden, für den erstens zum Zeitpunkt der Voraussage keine zureichenden Gründe bekannt sind, die ihn auf rational erschließbare Weise herbeiführen könnten und der zweitens auch nicht als Folge des Vorauswissens eintreten darf. Diese Einschränkung ist wichtig, um Präkognition von „sich selbst erfüllenden Prophezeiungen" abzugrenzen, also von Voraussagen, die rein aufgrund der Tatsache, daß sie gemacht wurden, das betreffende Ereignis zur Wirklichkeit werden lassen.

Systematische Präkognitions-Experimente wurden von dem amerikanischen Parapsychologen J. B. Rhine durchgeführt: Seine Versuchspersonen sollten voraussagen, wie bestimmte Kartensymbole liegen, wenn sie zu einem bestimmten Zeitpunkt gemischt würden. Eine zusammenfassende Auswertung (Meta-Analyse) aller Präkognitions-Experimente, die von 1935 bis 1987 in der englischsprachigen Forschungsliteratur mit dieser Karten-Methode veröffentlicht worden waren (insgesamt 309 Experimente mit 62 Untersuchern), ergab einen zwar schwachen, aber hochsignifikanten Gesamtwert. Das „Präkognitionsintervall" schwankte zwischen wenigen Millisekunden und einem Jahr.

Eine Weiterentwicklung stellen die von dem Physiker Helmut Schmidt eingeführten Experimente mit Zufallsgeneratoren dar; hier mußten die Versuchspersonen z. B. erraten, welches von zwei Lämpchen als nächstes aufleuchten würde. Die statistischen Abweichungen von der Zufallserwartung fallen gering aus, sind aber vorhanden. Die Versuchssituation läßt die interessante theoretische Frage stellen, wie sich Präkognition von Psychokinese unterscheiden läßt (→Paraphysik). Die heutige Parapsychologie zählt die mit quantenmechanischen Zufallsgeneratoren erzielten Präkognitions-Effekte zu den statistisch gesicherten Psi-Anomalien.

Schon seit den Tagen der *Society for Psychical Research* sind die Maßstäbe, die an die Dokumentation von Wahrträumen anzulegen sind, Gemeingut kritisch betriebener Parapsychologie. So muß ein idealer Fall folgenden Kriterien genügen: „Präkognition muß 1. vor ihrer Erfüllung erzählt und aufgezeichnet worden sein; sie muß 2. genügend Einzelheiten enthalten, um die Erfüllung zu fixieren und eine zufällige Erfüllung unwahrscheinlich zu machen; sie muß 3. so geartet sein, daß bekannte Tatsachen oder das Eintreten unbekannter Tatsachen das Vorauswissen nicht erlaubt haben konnten; sie muß 4. so geartet sein, daß Perzipient (gemeint ist hier: der Berichterstatter) die Erfüllung auf keine Weise selbst verursacht haben konnte" (Schriever 1988).

Zur Einhaltung der ersten Bedingung bietet sich die „Methode der erwartenden Beobachtung" an, die im Falle mutmaßlicher Wahrträume einer Hamburger Schauspielerin verwendet wurde. Von 1954 bis zu ihrem Tode 1982 hatte sie über 3000 Traumaufzeichnungen an das Freiburger *Institut für Grenzgebiete der Psychologie* gesandt. Eine Auswertung von nahezu 1700 Träumen ergab eine geringe Anzahl (48 Texte) mußmaßlich präkognitiver Träume, die eine detaillierte Übereinstimmung mit einer zeitlich späteren „Erfüllungssituation" aufwiesen. Die meisten Träume bezogen sich in der Regel auf persönliche Lebensthemen der Träumerin, die sehr häufig aus ihrem Alltag stammten. Allerdings konnten keine spezifischen Merkmale – etwa Inhaltsqualitäten, Lebendigkeit, Erinnerbarkeit, Bedeutungsbewußtsein, Traumbildqualität o. ä. – in den als präkognitiv klassifizierten Träumen gefunden werden, die sie von den nicht-präkognitiven unterschieden. Welche Beweiskraft man solchen Untersuchungen zubilligen will, hängt sehr davon ab, wie man traumdiagnostische Methoden, die aus der Tiefenpsychologie stammen, beurteilt: Ein subjektiver Ermessensspielraum läßt sich bei solchem qualitativem Material niemals ausschließen.

Wie sich dieses Problem trotzdem wissenschaftlich behandeln läßt, zeigt sich beispielhaft in der Methodendiskussion um die Auswertung des Platzexperiments mit dem holländischen „Paragnosten" Gerard Croiset (1910–1980). Die Grundidee dieses Platzversuchs, so wie sie von H. Bender und seinen Mitarbeitern in verschiedenen Phasen entwickelt wurde, war folgende: Croiset machte Voraussagen über äußere Merkmale oder markante Vorkommnisse aus der Lebensgeschichte von Personen, die bei zukünftigen Veranstaltungen auf bestimmten Stühlen sitzen würden. Das methodische Problem bestand darin, festzustellen, ob die Aussagen spezifisch genug waren, die spätere Zielperson eindeutig zu charakterisieren.

Das experimentelle Protokoll sah deshalb folgende Schritte vor: Vor der Auslosung des Zielplatzes wurden alle Aussagen Croisets den Versuchsteilnehmern vorgelegt und ihre Stellungnahme dazu eingeholt. Aufgrund der Häufigkeit der Zustimmungen wurde jeder Aussage eine Gewichtszahl für ihre Spezifität zugeordnet. Je häufiger die Teilnehmer einer Aussage zustimmten, desto geringer wurde ihre Spezifität. Für jeden Versuchsteilnehmer wurde ein Gesamtwert errechnet, der sich aus der richtigen Anzahl der Antworten, multipliziert mit der Gewichtszahl der jeweiligen Aussagen, ergab. Aufgrund der Verteilung der Punktzahlen konnte dann zum einen festgestellt werden, ob es eine Person gab, deren Punktzahl erheblich über dem Durchschnitt lag – was darauf hindeutete, daß sie möglicherweise die Zielperson war –, und zum anderen, ob sie auch tatsächlich auf dem ausgelosten Platz saß, den Croiset vorhergesagt hatte. Eine Gesamtauswertung des verfügbaren Croiset-Materials, die U. Timm vorgenommen hat, zeigt zwar einen statistisch signifikanten Effekt, allerdings weisen die Ergebnisse in den Einzelexperimenten eine erhebliche Schwankungsbreite auf – von einer zuverlässigen paragnostischen Begabung Croisets kann keine Rede sein.

Präkognitive Fernwahrnehmungs-Experimente wurden von dem Physiker Robert Jahn und seiner Forschungsgruppe an der Princeton University entwickelt. Die *Remote-Viewing*-(Fernwahrnehmungs-)Technik sieht folgende Schritte vor: Die als Empfänger (Perzipient) fungierende Versuchsperson bleibt zusammen mit Experimentator A in einem Laborraum, während Experimentator B ein zufällig ausgewähltes Zielgebiet aufsucht, das zum Beispiel innerhalb einer 20minütigen Autofahrt erreicht werden kann. Während Experimentator B sich als Sender (Agent) am Zielgebiet aufhält, beschreibt der Perzipient seine Eindrücke, fertigt Zeichnungen vom Zielgebiet an und dergleichen. Eine Versuchsserie mit unterschiedlichen Zielgebieten wird durchgeführt. Zufällig zusammengestellte Gruppen von Beschreibungen und Listen mit Zielgebieten werden unabhängigen Beurteilern übergeben, die den Ähnlichkeitsgrad zwischen Beschreibungen und Zielgebieten einstufen sollen.

Bei der Präkognitionshypothese wird der Perzipient gebeten, seine Schilderung zu Protokoll zu geben, bevor der Sender den Zielort aufgesucht hat bzw. bevor überhaupt das Zielgebiet ausgewählt worden ist. Eine Analyse von 334 Protokollen hebt die unterschiedlichsten Grade der Übereinstimmung hervor – von beinahe photographischer Genauigkeit bis zur völligen Irrelevanz. Besonderer Wert wurde auf die Entwicklung eines quantitativen Beurteilungsmaßstabes gelegt. Auffallend war ferner die Unabhängigkeit der Wahrnehmungsgenauigkeit von physikalischen Faktoren: Weder interkontinentale Distanzen noch die Variation des präkognitiv zu überbrückenden Zeitintervalls schienen den Effekt zu beeinflussen.

Zu den großen geschichtlichen Prophezeiungen, die durch die Jahrhunderte hindurch bis heute nichts von ihrer Anziehungskraft verloren und immer wieder zu Deutungen herausgefordert haben, gehören die 1555 (bzw. 1568) erschienenen *Prophéties* des provençalischen Arztes, Astrologen und Sehers Michel de Notre Dame (1503–1566, latinisiert Nostradamus). In gereimten Vierzeilern *(Quatrains)* geschrieben, sind sie zu je hundert in einem Buch (*Centuries* oder „Zenturien“) zusammengefaßt und sollen die Zukunft bis zum Jahr 3797 beschreiben. Abgesehen davon, daß es umstritten ist, wie Nostradamus zu seinen Prophezeiungen gelangt ist, sind die *Quatrains* in einer absichtlich dunklen Sprache geschrieben – einer Mischung aus Französisch im Languedoc-Dialekt und mittelalterlichem Latein, vermischt mit zahlreichen Fremdwörtern aus anderen Sprachen –, die der Deutungskunst seiner Interpreten natürlich einen weiten Spielraum lassen. Aus historisch-kritischer Perspektive ist festzustellen, daß es niemals gelungen ist, aufgrund der *Quatrains* ein politisches oder soziales Ereignis bzw. eine wichtige wissenschaftliche Entdeckung oder technische Erfindung vorherzusagen.

Retrospektiv fällt die Deutung natürlich viel leichter: Kein populäres Nostradamus-Buch, das nicht auf die Paradebeispiele – in der Regel die *Quatrains* I, 35; V, 94 oder X, 100 – verweisen würde. Dabei wird aber in der Regel nicht berücksichtigt, wie bestimmte Deutungen von der jeweiligen sozio-kulturellen Situation und den individuellen Bedürfnissen des Interpreten abhängig sind. Ein gutes Beispiel dafür bildet der Bestseller *Nostradamus: Historiker und Prophet* (1981) von Jean-Charles de Fontbrune, der einen richtigen Nostradamus-Boom ausgelöst hat. Das vom Autor prophezeite Katastrophenszenario – von 1980 bis zur Jahrtausendwende – sah in Umrissen folgendes vor: Der Papst solle in Lyon ermordet werden, ein dritter Weltkrieg ausbrechen, eine sowjetisch-islamische Invasion Europa bezwingen; Paris werde von der zurückflutenden Roten Armee verbrannt, Avignon Hauptstadt und die Fünfte Republik spätestens im September 1984 blutig zusammenbrechen. Am Ende würde sich aber alles zum Guten wenden: Europa werde unter der milden Hand Heinrichs des Glücklichen (der in unseren Tagen geboren werde) zur Monarchie zurückkehren. Angesichts dieser „prophetischen" Seifenblasen versteht man Dessoirs Äußerung: „Das Wunder bei Nostradamus ist nicht sein Text, sondern die Auslegekunst seiner Erklärer."

Was für Nostradamus gilt, gilt erst recht für die Flut der Bücher zu Kriegs- und Endzeitprophetien, die Anfang der 80er Jahre den Büchermarkt überschwemmten. Unter dem Schlagwort „Psi und der Dritte Weltkrieg" wurden Motive der „Großen Weissagung" (Hübscher) – sensationell aufgebauscht – verarbeitet, die alle aus einem jahrhundertealten prophetischen Vorratskorb stammen: Darunter fallen die „Große Finsternis", (gefälschte) Päpste-Weissagungen, die „Schlacht am Birkenbaum", die Invasion aus dem Osten, die „Kosmische Katastrophe" und andere Naturereignisse (etwa der „Polsprung"), die Bestrafung der sittlich verkommenen Menschheit, das Kommen eines großen Monarchen und schließlich der Anbruch eines glücklichen Zeitalters. Endzeitprophetien und Weissagungsklischees dieser Art spiegeln kollektive Erwartungsmuster wider, die sich leicht zu einem gewinnbringenden Geschäft mit einer verbreiteten Katastrophenangst ummünzen lassen.

Auf Prophetien ist kein Verlaß. Es gibt kein inneres Kriterium, mit dessen Hilfe die Richtigkeit einer prophetischen Aussage im vorhinein zu erkennen wäre. In Einzelfällen mögen sich durchaus erstaunliche Übereinstimmungen zwischen Voraussagen und der späteren Erfüllungssituation abzeichnen, aber dies läßt sich immer erst hinterher feststellen. Diese Aussage ist von theoretischer Bedeutung, denn sie läßt auch das bekannte Interventionsparadox in einem neuen Licht erscheinen. Dieses Paradox besagt, daß das Vorausgesehene, wenn es Präkognition wirklich gäbe, durch entsprechende Gegenmaßnahmen verhindert werden könne, wodurch es natürlich zu einem Widerspruch mit der präkognitiven Aussage käme. Die parapsychologische Theoriebildung kennt nicht-klassische Modelle, bei denen dieser Widerspruch nicht auftritt und Präkognitions-Effekte in einem logisch konsistenten Rahmen möglich sind (→Paraphysik).

Literatur:
H. Bender, Zukunftsvisionen, Kriegsprophezeiungen, Sterbeerlebnisse, München 1983; M. Ebon, „Die Titanic wird untergehen und Kennedy getötet werden…“, München 1974; W. v. Lucadou, Über die Unmöglichkeit, über den eigenen Schatten zu springen, in: Zs. Parapsychol. Grenzgeb. Psychol., 30, 1988, S. 133–151; G. Luck, Magie und andere Geheimlehren in der Antike, Stuttgart 1990; F. Schriever, Ein 30jähriges „Experiment mit der Zukunft“: Evaluation einer Einzelfallstudie (…), in: Zs. Parapsychol. Grenzgeb. Psychol., 30, 1988, S. 99–132. *E. Bauer*

Psychokinese (PK) →Okkultismus, →Paraphysik, →Parapsychologie

Radiästhesie

Im Volksmund bedeutet Radiästhesie traditionell eine aus unterschiedlichsten Beobachtungen abgeleitete körperliche und mentale Strahlenfühligkeit des Menschen. Es handelt sich jedoch nicht um eine wissenschaftliche Kategorie, da es völlig unklar ist, um welche Art von Strahlen es sich hierbei handeln soll. Verschiedene Autoren sprechen wahlweise von Grund- oder Kopfstrahlen, Biostrahlen, Bionen, Gestirnstrahlen, Od, Prana, Emanationen, rhabdomotorischen Kräften oder Aurastrahlungen; meist werden bekannte physikalische Strahlungsarten sogar explizit ausgeschlossen. Demzufolge verkörpern sich die buntesten Bereiche unter dem Oberbegriff Radiästhesie, wie Telepathie (→Parapsychologie), Weissagekunst (→Prophetie), Fernmutungen, Mentalorientierung, Lebenshilfe und vieles mehr.

Der am weitesten verbreitete radiästhetische Bereich betrifft die Tätigkeit von Rutengängern und Pendlern, welche sich in der Regel unkritisch unterstellen, daß sie mittels des Ausschlages von Wünschelrute oder Pendel nahezu jedes beliebige Fragenproblem lösen könnten. Obwohl immer wieder erstaunliche Leistungen beobachtet werden, sind die Ansprüche insgesamt zu diffus und umfangreich, als daß sie hier im einzelnen Beachtung finden könnten.

Besondere Verbreitung finden seit langer Zeit die beiden folgenden von Rutengängern (und Pendlern) produzierten Vor-Ort-Phänomene: das Aufspüren unterirdischer Bodenschätze (meist Wasser) und das Erkennen gesundheitsschädlicher Orte (sogenannte geobiologische Reizzonen).

Historische Erfahrungen. Rutengänger können an bestimmten Orten bei ausreichender Sensibilität eine Körperreaktion erfahren, welche sich u.a. durch die Bewegung einer Wünschelrute anzeigt; ereignet sich dieser Ausschlag reproduzierbar an der gleichen Stelle, spricht man von einer ortsgebundenen Reaktion. Es wurde schon frühzeitig erkannt, daß einer Rute nur die sekundäre Funktion als Anzeige-Instrument zukommt, während die primäre Reaktion im Körper des Rutengängers zu suchen ist. Bei erfahrenen Rutengängern bewegt sich die Rute nicht plötzlich oder schlagartig; bei einer V-förmigen, astgabelähnlichen Rute sind z.B. während des Gehens langsame Auf- und Abwärtsbewegungen zu beobachten. Möglicherweise spüren die Rutengänger die variierende Stärke eines bisher nicht identifizierten Feldes und reagieren sichtbar darauf. In Ermangelung besseren Wissens wird die auslösende, externe Ursache mit Erdstrahlen bezeichnet; damit ist natürlich noch keine wissenschaftlich sinnvolle Definition gegeben.

Berichte über erfolgreiche Tätigkeiten von Rutengängern bei der Suche nach Grundwasser und unterirdischen Rohstoffen sind aus allen Epochen zahlreich vorhanden, einschließlich höchst spektakulärer Einzelfälle. Das Phänomen ortsgebundener Reaktionen von Rutengängern stellte schon in historischen Zeiten ein kontrovers gesehenes Problem dar. Einer der Gründe hierfür dürfte darin zu suchen sein, daß die zur Debatte stehenden rutengängerischen Leistungen einen erstaunlichen und – gemessen an unmittelbaren Möglichkeiten des Verständnisses – unglaubhaften Umfang aufweisen. Die Beobachtungen und Interpretationen waren aber so widersprüchlich, daß keine allgemein akzeptierte Beurteilung betreffs der Echtheit des Rutengänger-Phänomens möglich war.

Aufgrund der anhaltenden Erfolgsberichte über einzelne Rutengänger sind in jüngster Zeit eine Reihe von Forschungsprojekten zur unkonventionellen Wasserprospektion begonnen worden, die zum Teil noch andauern und möglicherweise zu einer verläßlicheren Diskussionsbasis führen. Allerdings wagten sich die Forscher bisher noch nicht an die Untersuchung der geobiologischen Fragestellungen, so daß hier in absehbarer Zukunft keine befriedigenden Informationen verfügbar sein werden.

Fehlinformationen, Scharlatanerie und Betrug. Die Literatur zum Thema Erdstrahlen ist nach wie vor überwiegend laienhaft, mehr von Meinungen als Fakten geprägt, und ignoriert fast alle zuverlässigen Erfahrungen. Damit wird eine kaum zu übertreffende Verwirrung und Fülle von Fehlinformationen verursacht. Dies gilt ganz besonders für geobiologische Fragen, welche Erdstrahlen mit Auswirkungen auf die menschliche Gesundheit verbinden. Solchen Informationen muß mit Skepsis begegnet werden.

Es ist unumstritten, daß Rutengänger in der Regel ihre eigenen Fähigkeiten bei weitem überschätzen und nicht entfernt erbringen, was sie zu leisten vorgeben. In den meisten Fällen handeln Rutengänger aber wohl eher gutgläubig, wenn sie durch mangelhafte Literatur und schlechte Ausbildungskurse irregeführt werden. Daneben treten immer wieder Rutengänger auf, die, hauptsächlich aus kommerziellen Gründen, zum Verruf des Gebiets beitragen; hierunter fallen leichtfertige Publikationen und Lehrgänge, in welchen gutgläubigen Interessenten nach dem Motto „Jeder kann Rutengehen“ suggeriert wird, sie könnten nach kurzem Training schwierigste Aufgaben selbständig übernehmen und anderen Menschen damit helfen. Noch viel weniger zu rechtfertigen ist das Anbieten von Abschirm- und Entstörgeräten gegen Erdstrahlen und Wasseradern an Schlafplätzen von kranken Menschen.

Wissenschaftliche Untersuchungen. Zu jeder Zeit gaben die unglaublich anmutenden Behauptungen der Rutengänger zu Zweifeln Anlaß. Es kam daher öfter zu Überprüfungen durch Einzelpersonen, Gremien und Kommissionen, im 20. Jahrhundert vielfach auch zu wissenschaftlichen Untersuchungen. Dazu liegen ausführliche, teilweise nach den Standpunkten der Berichterstatter gefärbte Beschreibungen vor. So gibt es absolut einseitige Sammlungen tatsächlich oder vermeintlich negativ ausgegangener Rutengänger-Tests und Berichte über erfolgreich verlaufene Prüfungen. Von 1954–1990 sind 21, zum Teil anspruchsvolle Untersuchungen bekannt geworden, welche sich vorwiegend im Rahmen universitärer Forschung abspielten. Sie sprechen überwiegend für die Existenz eines echten Rutengänger-Phänomens. Es kann daher nicht behauptet werden, es gebe keinerlei angemessene Untersuchungen, oder es lägen nur negative Resultate vor.

Allerdings haben die meisten Untersuchungen komplizierte Fragestellungen verfolgt, oder sie wiesen nicht genügend Umfang und Sicherheit in der Ausführung auf. Daher hat das Bundesministerium für Forschung und Technologie 1987 eine sorgfältige Studie durch Münchener Universitätsinstitute gefördert. Es zeigte sich nach etwa 2jähriger Versuchsdauer mit über 4000 Einzelexperimenten und nahezu 100 Probanden:

- Die Treffsicherheit durchschnittlicher Rutengänger war in den durchgeführten Testreihen schlecht und in den meisten Fällen kaum oder nicht vom Zufall zu unterscheiden.
- Einige Rutengänger wiesen bei speziellen Aufgaben eine so hohe Treffsicherheit auf, daß sie kaum oder nicht durch den Zufall erklärt werden kann.
- Die Leistungen des gesamten Probanden-Kollektivs waren hochsignifikant und daher praktisch nicht mit der Zufallshypothese verträglich; es konnten hierfür keine konventionellen Erklärungen gefunden werden.

Da sich die Studie jedoch nur mit der Untersuchung der Existenz des Phänomens befaßte und keine Aufklärung der zugrunde liegenden Ursachen zum Ziel hatte, sind geowissenschaftliche und geobiologische Folgestudien notwendig.

Wasserfindung. Obwohl die Standortbestimmung von Brunnen schon in frühen Zeiten rutengängerisch erfolgreich betrieben wurde, dominiert bis heute auf wissenschaftlicher Ebene die Meinung, daß Rutengänger bei der Wasserfindung nicht mehr leisten, als durch triviale Erklärungen abgedeckt werden kann. Ungeachtet der nachweisbaren Mißerfolge vieler Rutengänger lassen sich aber höchst gewichtige Beobachtungen und praktische Erfahrungen dafür anführen, daß einige Personen doch in der Lage sind, bestimmte räumlich eng konzentrierte Wasserführungen genau und mit wenig Aufwand aufzufinden, und damit eine interessante Ergänzung zu modernster Technik bieten. Es bleibt daher aus wissenschaftlich-technischen und wirtschaftlichen Gründen interessant, diese Frage näher zu beleuchten.

Sorgfältige Analysen der Leistungen herausragender Rutengänger bestätigen immer wieder einen harten Kern an Befunden. Über Jahrzehnte haben einzelne Rutengänger kontinuierlich so hervorragende Ergebnisse bei der Wassersuche erzielt, daß sie von staatlichen Behörden und großen Wirtschaftsunternehmen engagiert wurden.

Auch heute gibt es Brunnenbohrfirmen, die Bohrpunkte nahezu aussschließlich nach der Rutengänger-Methode ermitteln und damit permanent erfolgreicher sind, auch in wirtschaftlicher Sicht, als rein konventionell arbeitende Unternehmen. Da dies Insidern durchaus bekannt ist, werden Rutengänger in bescheidenem

Maße in aller Welt zur Wassersuche eingesetzt, allerdings nur inoffiziell.

Beeindruckende Ergebnisse weisen die seit zehn Jahren andauernden Einsätze von Rutengängern bei der Wasserprospektion in Trockenzonen in staatlich organisierten Programmen der *Deutschen Gesellschaft für Technische Zusammenarbeit* (GTZ) auf, die im Auftrag der Deutschen Bundesregierung mit vielen Ländern, vor allem in der Dritten Welt, Entwicklungprojekte betreibt. Es wurden Erfolgsquoten zwischen 80 und 95 % erzielt, wo konventionelle Methoden allenfalls 30 % ermöglichen. Selbst im Zentralgebiet der Wüste Sinai konnten auf Anhieb spektakuläre Erfolge verzeichnet werden.

Bisher gelang es weder Experten noch Kritikern, diese und zahlreiche andere ausführlich und gut dokumentierte Erfolgsserien unter Würdigung aller relevanten Umstände mit konventionellen Argumenten überzeugend zu erklären; das Rutengänger-Phänomen ist somit auch für die Wissenschaft nicht mehr von der Hand zu weisen.

Krankheit als Standortproblem. Seit langer Zeit wird die Bevölkerung durch die Behauptung von Rutengängern beunruhigt, daß Schlafplätze gesundheitsschädlich sein können, wenn sie auf bestimmten, meist sehr schmalen Zonen (Reizzonen) liegen. Nicht selten wird kranken Menschen nach dem Motto „Krebs durch Erdstrahlen“ leichtfertig suggeriert, die Ursache des Leidens könne allein durch Schlafplatzänderung oder Kauf von Geräten zur Abschirmung oder Entstörung der unterstellten Erdstrahlen gelingen. Soweit Informationen verfügbar sind, wird in der überwiegenden Anzahl von Hausuntersuchungen durch Rutengänger eine solche Erdstrahlen-Gefahr behauptet.

Trotz des erkennbaren Mißbrauchs ist die Frage nach der Relevanz solcher geobiologischer Störfaktoren nicht unberechtigt. Es ist inzwischen davon auszugehen, daß einige Rutengänger (zumindest bei erfolgreicher Wassersuche) eine ortsgebundene Körperreaktion erfahren und bei längerem Aufenthalt über einem Bohrpunkt körperliches Unwohlsein spüren. Da im Bohrpunktsbereich eine biologische Spontanreaktion zu konstatieren ist, drängt sich die Hypothese auf, ob eine Langzeit-Exposition an solchen Zonen einen Streßfaktor darstellen könnte, der bei Versagen anderer Regel- und Regulationsmechanismen zum Ausbruch einer Krankheit beitragen würde.

Es gibt zwar eine große Anzahl von Untersuchungen und Berichten, die zu ernstzunehmenden Hinweisen für die Existenz gesundheitsproblematischer Zonen führen. Dies schließt auch Erfahrungen zahlreicher niedergelassener Ärzte ein, wonach bei bestimmten chronischen Leiden austherapierter Patienten eine einfache Veränderung des Schlafplatzes spontane Besserung erbringen kann. Es ist jedoch noch nicht möglich, daraus konkret abzuleiten, wie solche Zonen mit der erforderlichen Zuverlässigkeit geortet werden könnten. Derzeit kann dieser allgemein wichtige Fragenkomplex nicht zuverlässig beantwortet werden, da ausreichende Studien fehlen.

Erklärungsversuche. Nachdem es bislang nicht möglich war, den harten Kern der vorliegenden Beobachtungen durch Zufall oder normal-sensorische Effekte zu deuten, muß nach neuen Lösungsansätzen gesucht werden. Es bietet sich die Hypothese an, dem Menschen eine noch nicht näher bekannte biologische Sensibilität auf natürlich vorhandene Felder physikalischen Ursprungs zu unterstellen, welche bei bestimmten Rutengängern besonders effizient ausgeprägt ist. Die mögliche Reaktionskette stellt sich demnach in vier Schritten dar: erstens das Vorhandensein physikalischer Felder mit ortsabhängigen Gradienten; zweitens die Detektion dieser Feldgrößen durch den menschlichen Organismus; drittens Interpretation, Klassifizierung und Selektion der empfangenen Feldinformation; viertens Reaktion (z.B. Ausschlag oder dosierte Bewegung der Rute) bei Vorliegen und Erkennen bestimmter Eigenschaften der Feldinformation.

Vor allem der dritte Schritt (Interpretation) scheint entscheidend dafür zu sein, ob sich ein Mensch als Rutengänger besonders eignet; die Fähigkeit, empfindbare Information in höchstem Maße sensibel zu verarbeiten, dürfte bei verschiedenen Menschen sehr unterschiedlich entwickelt sein. Es gibt derzeit keine klaren Vorstellungen davon, welche physikalischen Signale von den Rutengängern ausgenutzt werden könnten. Zwar wurden z.B. Korrelationen zwischen Meßdaten, die auf Anomalien des Untergrundes hinweisen, und Angaben von Rutengängern an den entsprechenden Stellen festgestellt, doch der gesuchte Mechanismus wird daraus nicht erkenntlich.

Obwohl einzuräumen ist, daß von einer schlüssigen Erklärung noch keine Rede sein kann und sich nur unbewiesene Hypothesen erörtern lassen, sei auf drei Richtungen hingewiesen, welche Aufmerksamkeit finden sollten. Diese sind elektromagnetische Strahlung einschließlich statischer Felder, Infra- und Ultraschall sowie Gravitationsfeldrichtung. Dabei ist klarzustellen, daß die erforderliche Sensibilität zur Wahrnehmung der angenommenen Signale oder Umgebungsreize in der Regel nicht im Normalzustand des Menschen in vollem Umfang vorhanden sein muß, sondern beispielsweise erst durch eine besondere empfindungssteigernde – angespannte, sensibilisierende – Haltung einer Wünschelrute im labilen Gleichgewicht erzeugt werden dürfte. Aus biologischer Sicht wäre eine besondere Sensibilität für die genannten Felder durchaus nicht überraschend: In letzter Zeit wurden im Tierreich die erstaunlichsten sensorischen Leistungen nachgewiesen, die vorher nicht für möglich gehalten wurden. Es bieten sich damit weitere Begründungen, wissenschaftliche Debatten zu führen und einer Klärung der anstehenden Fragen näherzukommen.

Kritiker und Skeptiker. Seit historischen Zeiten veranlaßt die Tätigkeit von Rutengängern endlose Kontroversen um Für und Wider, die auch heute noch nicht abgeklungen sind. Die zahlreichen negativen Aspekte der Radiästhesie rechtfertigen zwar eine skeptische Einstellung, doch leider dominierten extreme Kritiker allzu lange das Bild; unter ihnen ist z. B. die Meinung verbreitet, daß die Unsinnigkeit der Radiästhesie insgesamt bewiesen und jeder, der sich weiter damit befaßt, ein Schreibtischtäter sei und psychiatrischer Untersuchung bedürfe. Durch solche Tabuisierung wird echte Aufklärung verhindert: Wissenschaftler haben Berührungsangst, fühlen sich nicht zuständig und verneinen Handlungsbedarf – trotz der interessanten offenen Fragen.

Die Erklärung der Kritiker für das Rutengänger-Phänomen beruht hauptsächlich auf dem sogenannten Kohnstamm-Effekt: Danach können durch bestimmte Muskelanspannungen aus physiologischen Gründen zufällige Rutenausschläge erfolgen. Das ist zwar richtig, erklärt aber nicht im mindesten die reproduzierbaren ortsgebundenen Ausschläge, wie sie z. B. bei erfolgreicher Wassersuche auftreten, und schon gar nicht die herausragenden Leistungen besonders qualifizierter Rutengänger. Skeptiker konzentrieren sich meist auf die zweifellos vorhandenen Fehlschläge rutengängerischer Aktivitäten und meinen, durch möglichst lange Listen solcher Vorkommnisse die Unsinnigkeit der Rutengängerei auch prinzipiell zu erweisen; dabei verschweigen sie aber sorgfältig, was zugunsten der Rutengänger spricht.

Wenig oder keine Beweiskraft haben bestimmte Tests, welche von Skeptikern immer wieder veranstaltet werden, besonders wenn solche Fähigkeiten geprüft werden, die von ernsthafter Seite gar nicht behauptet werden. So meinen naive Rutengänger zwar immer wieder, daß sie künstliche Objekte wie Leitungen oder in Schachteln versteckte Goldmünzen mit hoher Trefferquote finden könnten; in keiner der wissenschaftlichen Arbeiten aber ist eine solche Fähigkeit jemals erwiesen oder auch nur wahrscheinlich gemacht worden. Wenn Rutengänger darauf angelegte Tests nicht bestehen, sagt das nichts über andere, zuverlässig beobachtete radiästhetische Phänomene aus.

Literatur:
F. Wetzel und L. Oberneder, Tatsachen und Dokumente zum Streit um die Wünschelrute, München 1933, 1960; H.-D. Betz, Geheimnis Wünschelrute – Aberglaube und Wahrheit über Rutengänger und Erdstrahlen, Frankfurt 1990; H.-D. Betz, Unkonventionelle Wasserprospektion – Felderprobung der Rutengänger-Methodik in Trockenzonen, Bericht im Auftrag der Gesellschaft für Technische Zusammenarbeit, 2. Aufl., Eschborn 1993; Ch. Bird, Wünschelrute, München 1987; H. L. König und H.-D. Betz, Erdstrahlen? – Der Wünschelruten-Report. Wissenschaftlicher Untersuchungsbericht, München 1989 (zu beziehen über den Autor oder Herold-Druck München); H.-D. Betz und H. L. König, Rutengänger und Erdstrahlen – ein Thema für die Wissenschaft? Ergebnisse eines neuen Forschungsprojekts, in: Schulwissenschaft, Parawissenschaft, Pseudowissenschaft, G. Eberlein (Hrsg.), S. 53–70, Stuttgart 1991.

H.-D. Betz

Reinkarnation

Reinkarnation (aus dem Lateinischen: Wiederfleischwerdung) ist der Glaube, daß eine Person (Seele oder Geist) nach ihrem Tode in einem Körper wiedergeboren wird und daß sie vor ihrer Geburt in einem anderem Körper gelebt hat. Der Glaube an Wiedergeburt ist ein wesentlicher Bestandteil des Buddhismus und Hinduismus, der von der überwiegenden Mehrzahl der asiatischen Bevölkerung bejaht wird. Darüber hinaus ist der Reinkarnationsglaube in West- und Ostafrika verbreitet, wo Islam und Christentum sich nicht ausgedehnt haben, unter großen Gruppen von Schiiten in Westasien, bei Indianern in Nordwest-Amerika und einem Teil der brasilianischen Bevölkerung. Anthropologen berichten auch vom Auftreten dieses Glaubens bei Naturvölkern in verschiedenen Teilen der Welt.

Umfragen zeigen, daß heute der Glaube an Reinkarnation über alle nationalen und religiösen Grenzen hinaus verbreitet ist. Eine großangelegte repräsentative Umfrage, die 1981 in den meisten Ländern Westeuropas durchgeführt wurde, ergab, daß 21 % der Befragten angaben, an Reinkarnation zu glauben, unabhängig davon, welcher Altersgruppe sie angehörten. In Deutschland glaubten 19 % an Reinkarnation. Am höchsten war der Glaube in Großbritannien (27 %) und am niedrigsten in den Niederlanden (10 %). Eine Wiederholung dieser Umfrage 1990 erbrachte, daß die Zahl in der Bundesrepublik auf 26 % und in Großbritannien auf 29 % gestiegen war. In den Niederlanden hatte sie sich auf 17 % erhöht. In Norwegen war die Anzahl mit 15 % am niedrigsten.

Es gibt jedoch nicht nur den Glauben an Reinkarnation. Erlebnisse von angeblichen Erinnerungen an ein früheres Leben können bei hypnotischer Regression auftauchen. Kleine Kinder insbesondere in Ländern, in denen der Glaube an Wiedergeburt verbreitet ist, berichten manchmal spontan über angebliche Erinnerungen aus früherem Leben. Es kommt auch vor, daß *déjà-vu*-Erlebnisse und sogar einzelne Träume als Rückerinnerungen interpretiert werden.

Kinder, die von sich behaupten, sie könnten sich an Vorgänge aus einem Leben vor ihrer Geburt erinnern, sind vor allem in Indien, Sri Lanka, Thailand, Burma, in der Türkei und im Libanon zu finden. Einige solcher Fälle sind durch Zeitungsberichte berühmt geworden, z. B. der Fall „Shanti Devi". In westlichen Ländern sind solche Fälle dagegen relativ selten. Die Rückerinnerungen setzen üblicherweise kurz nachdem die Kinder das Sprechalter erreicht haben ein, also ungefähr im zweiten oder dritten Lebensjahr. Das Kind kommt auf Vorgänge, die mit einem „früheren Leben" zu tun haben sollen, immer wieder zu sprechen, bis die „Erinnerungen" um das fünfte Lebensjahr herum allmählich zu verblassen beginnen und in den meisten Fällen bald danach vergessen werden.

Ernsthafte Untersuchungen solcher Berichte wurden insbesondere von Ian Stevenson, einem Psychiater der Universität Virginia, vorgenommen. Er hat den Wahrheitsgehalt derartiger Behauptungen in Hunderten von Fällen detailliert und systematisch nachgeprüft, eine Methode für deren Untersuchung entwickelt und seine Ergebnisse in Büchern und wissenschaftlichen Zeitschriften veröffentlicht (Stevenson, 1986, 1989).

Die Aussagen der Kinder über ihre angeblichen Erinnerungen ähneln sich in bestimmten inhaltlichen Merkmalen. So berichten sie häufig davon, es sei ihnen in ihrem früheren Leben ganz plötzlich etwas zugestoßen: sie hätten einen Unfall gehabt, oder (selten) sie seien ermordet worden; sie entwickeln bestimmte Phobien oder Vorlieben bzw. ausgeprägte Neigungen, die sie mit bestimmten Angewohnheiten oder Vorkommnissen in einem früheren Leben in Verbindung bringen. In manchen Fällen, die jedoch nicht so häufig sind, zeigen sie Muttermale oder angeborene Mißbildungen, die sie – oder ihre Eltern – gewöhnlich mit den Umständen in Verbindung bringen, unter denen sie in ihrem früheren Leben gestorben sind (Haraldsson, 1994; Keil 1994; Stevenson, 1989).

Die meisten Kinder beschreiben ihre angeblichen Rückerinnerungen recht zusammenhängend und lassen sich in ihren Aussagen meistens auch nicht beirren. Sie äußern fast immer den Wunsch, den Ort oder die Familie zu besuchen, an dem oder in der sie angeblich früher gelebt haben, und sie nennen auch sehr häufig eine bestimmte Ortschaft, die sich in der Mehrzahl der Fälle in relativer Nähe zu ihrem „jetzigen" Wohnort befindet; die Entfernung liegt im Umkreis von ein paar bis mehreren Dutzenden Kilometern oder darüber. In nahezu allen Fällen scheint das „frühere" Leben relativ kurz vor dem Zeitpunkt ihrer (neuerlichen) Geburt beendet worden zu sein – die Zeitspanne beträgt ein bis mehrere Jahre.

Die wiederholten und manchmal auch in aufbegehrendem Ton vorgebrachten Behauptungen der Kinder bringen sie oftmals mit anderen Familienangehörigen in Konflikt. Manche der Kinder behaupten z. B., daß ihre Eltern nicht ihre Eltern seien und verlangen, daß man sie zu ihren „wahren" Eltern bringen solle. Manche Kinder beschweren sich über die bescheidenen Verhältnisse, unter denen sie aufwachsen und behaupten, sie hätten es in ihrem früheren Leben – was Nahrung, Kleidung, Dienerschaft usw. betreffe – besser gehabt. In Kulturen, in denen die Vorstellung von der Wiedergeburt weit verbreitet ist, pflegen Eltern – im vermeintlichen Glauben, ihr Kind würde lediglich phantasieren – derartige Aussagen nur selten zu unterdrücken; aber bei einer beträchtlichen Anzahl gibt ihnen ihr Kind durch seine Aussagen und das ungewöhnliche

Verhalten Rätsel auf. Die Rückerinnerungen reichen immer nur in die unmittelbare Vergangenheit zurück, und die Kinder behaupten so gut wie nie, sie könnten sich an das Leben berühmter Personen erinnern.

Der Verfasser hat 32 neue Fälle in Sri Lanka untersucht. Vier Fälle seien zusammenfassend vorgestellt, um daran typische Merkmale zu veranschaulichen.

Der Fall mit der geringsten Anzahl von Aussagen (acht), aber mit vielen Übereinstimmungen im Verhaltensbereich, ist derjenige von Duminda B. Ratnayake. Er begann als Dreijähriger, von einem früheren Leben als Abt im Kloster Asgiriya in Kandy zu erzählen, wobei sein Wohnort ca. 24 Kilometer entfernt auf dem Land liegt. Er gab an, Brustschmerzen gehabt zu haben, dann gestürzt, ins Krankenhaus gebracht und dort gestorben zu sein. Er hätte ein rotes Auto besessen, dazu ein Radio, einen Geldbeutel, einen Elefanten usw. Er verhielt sich wie ein Mönch, wollte wie ein solcher gekleidet werden, verlangte, nach Asgiriya gebracht zu werden, sagte korrekt Gebetslitaneien auf Pali her – der altertümlichen religiösen Sprache des Buddhismus –, zeigte häufig das typische Verhalten eines frommen Buddhisten und legte eine besonnene und abgeklärte Art an den Tag, wie man sie nur selten bei Kindern dieses Alters findet. Die Nachforschungen ergaben, daß Gunnepana Saranankara, einer der fünf Äbte, die seit dem Ersten Weltkrieg dem Kloster Asgiriya vorgestanden hatten, an einem Herzanfall gestorben war, ein rotes Auto besessen sowie einen Elefanten bei sich gehabt hatte. Die meisten von Dumindas Angaben trafen auf Gunnepana zu, aber nicht auf das Leben der übrigen Äbte.

Die größte Anzahl von Aussagen (42) weist der Fall von Prethibha Gunawardane auf, der in der Nähe von Colombo lebt. Im Alter von zwei Jahren behauptete er hartnäckig, er habe früher in Kandy in der Pilagoda Road 28 gelebt. Er sagte weiter aus, sein Wagen habe plötzlich Feuer gefangen, und er habe schwere Brandverletzungen erlitten, an deren Folgen er im Krankenhaus gestorben sei. Er beschrieb detailliert seine damalige Familie und nannte einige Namen, darunter auch seinen eigenen, nämlich Santha Megahatenne. Seine Familie habe ein Haus mit einem Stück Land besessen, er habe ein Zimmer im ersten Stock gehabt und auch eine Freundin, die er aber später nicht hätte heiraten wollen. Von einem Besuch in Indien habe er Geschenke für seine Mutter mitgebracht, und er sei noch zur Schule gegangen. Bei den Nachforschungen war weder eine „Pilagoda Road“ in oder in der Nähe von Kandy noch eine Person namens Santha Megahatenne aufzuspüren.

In 22 von 32 Fällen gaben die Kinder einen gewaltsamen Tod an: Sie seien tödlich verunglückt (18mal) oder seien ermordet worden (viermal). Typisch dafür ist der Fall Thusita Silva (der Name ist, auf Verlangen der Familie, ein Pseudonym), die zweieinhalbjährig damit begann, von einem Leben in Akuressa zu erzählen, einer Stadt ca. 48 Kilometer von ihrem Wohnort entfernt und ihrer Familie völlig unbekannt. Sie gab an, sie sei von einer schmalen Hängebrücke für Fußgänger gestürzt und ertrunken. Ihr Haus sei in der Nähe der Brücke gewesen; ihr Mann sei in den Fluß gesprungen, um sie – vergeblich – vor dem Ertrinken zu retten. Sie sei zu diesem Zeitpunkt schwanger gewesen und habe in einem Krankenhaus gearbeitet. Ihr Vater habe Jeedin Nanayakkara geheißen. In Akuressa war tatsächlich eine Hängebrücke ausfindig zu machen. In einem der Häuser in Brückennähe lebte eine Familie, deren Oberhaupt Edwin Nanayakkara hieß. Neun Jahre vor der Geburt Thusita Silvas war die Schwiegertochter, Chandra Nanayakkara, die damals schon mehrere Monate schwanger gewesen war, beim Versuch, die Hängebrücke zu überqueren, in den Fluß gefallen und ertrunken. Ihr Mann, der sie hatte retten wollen, wäre dabei beinahe selbst ums Leben gekommen. Von den 27 Aussagen stimmten 17 mit Angaben aus Chandras Leben überein, sieben trafen nicht zu, und drei konnten nicht nachgeprüft werden. Das Protokoll der Leichenschau bestätigte, daß Chandra Nanayakkara ertrunken war.

Dilupa D. Nanayakkara ist der Name des jüngsten von neun Geschwistern einer armen Familie, die in der Nähe Colombos lebt. Im Alter von dreieinhalb Jahren begann sie – zur Bestürzung ihrer Familie, die sich zum römisch-katholischen Glauben bekennt – zu erzählen, sie habe schon einmal in Maharagama gelebt, einer 40 Kilometer entfernten Ortschaft. Alle Versuche ihrer Familie, ihr solche Erinnerungen auszureden, schlugen fehl. Sie behauptete ferner, sie habe früher in einem aus Lehm gebauten Haus gelebt, und in dessen Nähe habe es einen Brunnen gegeben wie auch eine Schule, ein kleines Krankenrevier und einen Steinbruch. Sie gab weiterhin an, ihr Vater habe in einem Steinbruch gearbeitet, ihr Bruder Straßen geteert, ihre Schwester habe Simetha geheißen; ihre Großmutter habe in Kadawatta gelebt, ihre Mutter habe sie schlecht behandelt und sei eine böse Frau gewesen. Insgesamt machte sie 19

Aussagen. In Maharagama ließ sich kein Steinbruch lokalisieren, und alle Versuche, jemanden zu finden, auf den diese Angaben zugetroffen hätten, waren vergeblich.

Die meisten Kinder behaupten, als „frühere" Persönlichkeiten relativ kurz vor ihrer Geburt gelebt zu haben und nahe an ihrem Geburtsort. Dies ermöglicht oft eine Untersuchung ihrer Behauptungen. Solche Untersuchungen sind insbesondere von Interesse, wenn die Aussagen des Kindes registriert worden sind, bevor versucht wurde, ihren Wahrheitsgehalt zu überprüfen, bzw. bevor eine Person gefunden wurde, deren Eigenschaften und spezielle Lebensumstände einem Teil der Aussagen des Kindes entsprechen. In der Fallsammlung des Verfassers gab es 25 solcher Fälle. In ihrer Mehrzahl (19) blieb die Untersuchung ergebnislos, während in sechs Fällen verstorbene Personen an dem angegebenen Ort gefunden wurden, deren Erlebnisse und Lebensumstände eine gewisse Ähnlichkeit mit den Aussagen des Kindes zeigten. In allen Fällen gab es jedoch eine Anzahl von Aussagen des Kindes, die nicht mit den Tatsachen übereinstimmten.

Beim Versuch, die Übereinstimmungen in den eindrucksvolleren Fällen zu erklären, wurden bisher mehrere Interpretationsansätze vorgeschlagen. Sie umfassen eine zufällige Koinzidenz zwischen den Aussagen des Kindes und bestimmten Ereignissen im Leben eines Verstorbenen; Paramnesie, die eine besondere Form von Erinnerungstäuschungen erkläre; eine mögliche ASW-Begabung (→Parapsychologie) des Kindes, mit deren Hilfe es solche Einzelheiten erfährt; schließlich die Theorie der Reinkarnation selbst, die in den Ländern, in denen solche Fälle berichtet werden, am verbreitesten ist.

Es gibt eine Reihe psychologischer und sozialpsychologischer Faktoren, die das Auftreten solcher Erinnerungen an ein früheres Leben begünstigen könnten. Derartige Faktoren könnten z. B. sein: eine lebhafte Phantasie; das Bedürfnis, soziale Isolierung zu kompensieren; eine ausgeprägte Suggestibilität in Kulturen, in denen der Glaube an Reinkarnation hoch im Kurs steht; dissoziative Tendenzen; die Suche nach Zuwendung; schwierige Eltern-Kind-Beziehungen, die das Kind behaupten lassen, es gehöre woanders hin.

Die Anthropologin Antonia Mills hat zusammen mit dem Psychologen Patrick Fowler die Theorie der „Alternativen Identitäten" bei Kindern entwickelt. Sie geht davon aus, daß Kinder in allen Kulturen im Alter von 30 bis 90 Monaten eine sensible Periode durchlaufen, die für die Herausbildung Alternativer Identitäten (AIs) besonders geeignet ist. In dieser Zeitspanne können AIs im Leben eines Kindes eine bedeutsame Funktion ausüben. Nach Ablauf dieser Phase geraten die AIs allmählich in Vergessenheit. In Kulturen, in denen der Glaube an die Reinkarnation nicht zur herrschenden Religion gehört, können AIs die Form von imaginären Spielkameraden annehmen, wogegen in Ländern, in denen der Reinkarnationsglaube verbreitet ist, die Kinder dazu tendieren, Bilder vom Leben einer früheren Persönlichkeit zu erzeugen. In diesen Ländern werden AIs nicht als Produkte kindlicher Phantasietätigkeit betrachtet, sondern als „echte" Rückerinnerungen. AIs treten am wahrscheinlichsten bei Kindern auf, die aufgrund ihrer Persönlichkeitsstruktur den Umgang mit Phantasien genießen. Die Herausbildung von AIs kann ferner vom Bedürfnis des Kindes abhängen, aus Situationen, in denen es mißhandelt wurde oder die ihm Angst einflößen, in eine Phantasiewelt zu flüchten.

Eine psychodiagnostische Vergleichsuntersuchung wurde in Sri Lanka an einer Gruppe von 23 Kindern mit Erinnerungen und mit einer gleich großen gleichaltrigen Kontrollgruppe ohne Erinnerungen vorgenommen. Kinder mit Rückerinnerungen erwiesen sich als besonders frühreif, hatten eine größere verbale Geschicklichkeit und bessere Gedächtnisleistung, ihre Schulleistungen waren wesentlich besser und sie waren in sozialer Hinsicht kompetenter, aber nicht suggestibler als andere Kinder (Haraldsson, 1994).

Hypnotische Regressionen in angebliche frühere Leben sind in den letzten Jahrzehnten recht weit verbreitet und werden auch zur Therapie verwendet, über deren Heilungseffekt jedoch noch keine Untersuchungen vorliegen. Hypnotische Regressionen haben auch den Stoff für mehrere populäre Bücher geliefert (z.B. Iverson, 1977). Besonders berühmt wurde der Fall Bridey Murphy, eine amerikanische Hausfrau, die über ein Leben in Irland berichtete, das sie nie besucht hat.

Ein Teil der Bevölkerung (5–10%) ist leicht hypnotisierbar. In einer großangelegten Untersuchung in Finnland hat der Psychiater Kampman gezeigt, daß 7% von Schülern unter Hypnose Erinnerungen an frühere Leben produzieren können – diejenigen leichter, die gut angepaßt sind. Der Hypnoseforscher Ernst Hilgard an der Stanford University hat gezeigt, daß leicht hypnotisierbare Personen unter Hypnose zu einem Leben in einem vom Hypnotiseur verlangten Zeitalter und Ort geführt werden können. Dies ist darauf zurückzuführen, daß der Hypnotisierte unter Hypnose äußerst beeinflußbar durch die Suggestionen und Erwartungen des Hypnotiseurs ist. Die Hypnose ist vor allem durch einen hohen Grad von Einleben in Phantasie und *Role-playing* (Rollenspiel) geprägt.

Es gibt einige Untersuchungen von detaillierten Aussagen gut dokumentierter Fälle von hypnotischer Regression. Verifizierbare Aussagen erwiesen sich entweder als allgemein bekannt oder leicht zugänglich. Aussagen, die unbekannt oder schwer zugänglich waren, haben sich hingegen im allgemeinen als falsch erwiesen. Es scheint jedoch seltene Ausnahmen zu geben, wie z.B. den Fall von Laurel Dilmen, der einer ausführlichen historischen Untersuchung in einigen Ländern unterlag (Tarazi 1990).

Literatur:
E. Haraldsson, Psychodiagnostische Untersuchungen an Kindern, die sich an frühere Leben erinnern, mit Fallbeispielen aus Sri Lanka, in: Zs. f. Parapsychol. u. Grenzgeb. der Psychol., 36 (1/2), S. 22–38; J. Iverson, Leben wir öfter als einmal? Die Tonbandprotokolle des Hypnose-Therapeuten Arnall Bloxham, München 1977; J. Keil, Kinder, die sich an frühere Leben erinnern. Neue Falluntersuchungen und ein Vergleich mit den Ergebnissen von Ian Stevenson, in: Zs. f. Parapsychol. u. Grenzgeb. der Psychol., 36 (1/2), 1994, S. 3–21; I. Stevenson, Reinkarnation: Der Mensch im Wandel von Tod und Wiedergeburt, Freiburg 1986; I. Stevenson, Wiedergeburt: Kinder erinnern sich an frühere Erdenleben, Grafing 1989; L. Tarazi, An Unusual Case of Hypnotic Regression With Some Unexplained Contents, in: J. of the Am. Soc. for Psychical Res. 84 (4), 1990, S. 309–344.

E. Haraldsson

Spiritismus →Okkultismus, →Parapsychologie

Spuk →Paraphysik, →Parapsychologie

Tarot

Ein Tarotblatt oder -deck besteht aus 78 Karten: aus den 22 Trumpfkarten, die das Herzstück, die sogenannten großen Arkana (von lateinisch arcanum: Geheimnis) ausmachen, und aus vier Kartensätzen zu je 14 Karten, die dem handelsüblichen Tarockblatt entsprechen und kleine Arkana genannt werden. Statt Herz, Karo etc. verwendet das Tarot die historisch älteren Embleme Kelch, Schwert, Stab und Münze (auch Pentakel oder Stern genannt).

Die 22 Trumpfkarten zeigen Motive aus sehr verschiedenen Epochen und Kulturkeisen. Viele sind jedoch dem christlichen Mittelalter zuzuordnen, dessen sozialer Realität sie entstammen: der Einsiedler, der Narr, der Magier, der Kaiser, die Kaiserin, der Papst sowie eine historisch nicht existente Päpstin. Dazu kommen allegorische Darstellungen der Welt, des Todes und verschiedener Tugenden: die Kraft, die Mäßigung und die Gerechtigkeit. Der Teufel, die Auferstehung, das Rad des Schicksals finden sich ebenso abgebildet wie die personifizierten Gestirne Sonne, Mond und Stern.

Dies ist die Struktur des Blattes *Tarot de Marseille*, das im 17. Jahrhundert in Frankreich aufkam. Es orientierte sich an früheren Vorgängern. Das *Tarot de Marseille* bildet die Grundlage für alle späteren Decks, deren Zahl inzwischen auf über 300 angewachsen ist. Die Abweichungen von der Vorlage sind teilweise erheblich; je nachdem, wes Geistes Kind ein neues Blatt ist, fließen andere Konzepte und andere Symbole mit hinein. Das gängigste und beliebteste Tarotdeck, auf welches sich auch die ausufernde Tarotliteratur zumeist bezieht, ist das sogenannte *Rider-Waite-Deck,* das 1910 erschien.

Die Ursprünge des Tarot liegen in geheimnisumwobenem Dunkel. Tatsache ist, daß die ersten Spielkarten in Europa im letzten Drittel des 14. Jahrhunderts auftauchten. Der Tarock verbreitete sich im 15. und 16. Jahrhundert vom Süden aus über den ganzen Kontinent. Von den frühesten Kartenspielen ist kein einziges erhalten, aus Beschreibungen ist jedoch bekannt, daß es sich um Blätter mit 52 Karten und vier Farben handelte. Erstmals tauchten die Trümpfe, also die großen Arkana, an den oberitalienischen Fürstenhöfen des 15. Jahrhunderts auf. Diese von Künstlern handgemalten Karten sind z.T. noch erhalten. Wie und was man in den vornehmen Kreisen damit spielte, ist nicht bekannt. Sicher ist nur, daß die Karten nicht zum Kartenlegen benutzt wurden, denn die Deutung der Zukunft mit Hilfe von Karten kam erst im 18. Jahrhundert auf.

„Entdeckt" wurden die Tarotkarten, d.h. die großen Arkana, von französischen Okkultisten des 18. und 19. Jahrhunderts. Der erste war Antoine Court de Gébelin (1719–1784), Freimaurer und Illuminat. Den Illuminaten des 18. Jahrhunderts war, ähnlich wie den Vertretern des New Age heute, der Brückenschlag zwischen exakter Wissenschaft und Spiritualität das wichtigste Anliegen. Court de Gébelin erkannte, welche Möglichkeiten und Potenzen in den großen Arkana schlummerten. Er stellte unter dem Einfluß der Ägyptomanie des 18. Jahrhunderts die These auf, es handle sich hier um allegorische Darstellungen ewiger Wahrheiten, die der altägyptische Magiergott Thoth seinen Adepten hinterlassen habe; sie hätten deren bildliche Fixierung auf profanen Spielkarten gewählt, um sicherzustellen, daß sie der Nachwelt erhalten blieben.

Die Anzahl der Tarottrümpfe, nämlich 22, und die Tatsache, daß das hebräische Alphabet 22 Buchstaben enthält, ließ bereits bei Court de Gébelin den Gedanken aufkeimen, es bestehe eine Verbindung zwischen Tarot und der Kabbala, der auf den 22 Buchstaben fußenden jüdischen religiösen Geheimlehre. Auch zu den Zigeunern zog bereits Court de Gébelin eine Verbindungslinie. Sie sollen die Karten aus ihrer Heimat, wofür damals Ägypten angesehen wurde, mitgebracht haben. Diese These wird teilweise immer noch vertreten, ist aber historisch nicht haltbar. Die Roma erschienen erst einige Jahre nach dem Auftauchen der Karten in Europa und betrieben zudem die Kunst des Wahrsagens traditionell nicht durch Kartenlegen, sondern durch Handlesen. Mit den Verbindungslinien, die Court de Gébelin zog, waren die Hauptfäden gesponnen, die das Tarot immer weiter in dem Kokon der Mythifizierung einhüllten. Die späteren Okkultisten, wie Eliphas Lévi oder Papus, bauten den Bezug zur Kabbala weiter aus, indem sie zwischen dem Tarot und dem zentralen kosmologischen Strukturmodell der Kabbala, dem Baum der Sefirot, einen Zusammenhang herstellten. Auch zwischen dem Tarot und der Astrologie sowie der Alchemie wurden nun Brücken geschlagen.

Ende des 19. Jahrhunderts entdeckten englische Okkultisten das Tarot für sich. Sie übernahmen die Gedanken ihrer französischen Vorgänger – „Das Buch Thoth" (also das in den Trumpfkarten enthaltene Geheimwissen) spielte eine zentrale Rolle in dem 1888 gegründeten Geheimbund *The Hermetic Order of the Golden Dawn* (Geheimorden der goldenen Morgenröte). Die Karten waren Bestandteil von Weihehandlungen, ihr Studium und die „richtige" Zuordnung der Buchstaben des hebräischen Alphabets zu den Trümpfen und zum Baum der Sefirot, der zum Baum des Lebens umgedeutet wurde, war Teil der Ausbildung im *Golden Dawn*. Das größte Verdienst des *Golden Dawn* besteht darin, die 56 Spielkarten, die zusammen mit den 22 Trümpfen das Tarotblatt bilden, mit esoterisch-psychologischen Inhalten versehen zu haben. Bislang hatten diese 56 Karten nur divinatorische Bedeutung, keine spirituelle wie die großen Arkana.

Der Fixierung von Bedeutungen durch den *Golden Dawn* folgte die Bebilderung. E. A. Waite, der führende Vertreter des Ordens, beauftragte die Künstlerin Pamela Smith mit der Illustration der kleinen Arkana. Auch bei den großen Arkana nahm Waite gegenüber dem *Tarot de Marseille* einige Veränderungen vor. So wurden die Karte VI: Die Liebenden, und die Karte XVIII: Die Sonne, völlig umgestaltet und die Positionen der Karten VIII: Die Gerechtigkeit und XI: Die Kraft vertauscht. Diese, von Waite als die „korrigierte“ Fassung des Tarot bezeichnete Version ist heute die am weitesten verbreitete.

Ein Hauptgrund für die in den 60er Jahren in den USA einsetzende Tarotrenaissance dürfte in der gefälligen, unmittelbar ansprechenden Gestaltung der Karten zu suchen sein, die nichts mehr von der holzschnittartigen Strenge des *Tarot de Marseille* haben. Auch die Liste der Ursprungstheorien des Tarot wurde durch Waite bereichert. Nachdem er alle bisher verbreiteten Theorien zu platten Mystifikationen erklärt hatte, behauptete er, der wahre Ursprung sei eine geheime Tradition der im 12. und 13. Jahrhundert in Südfrankreich verfolgten und ausgerotteten Sekte der Albigenser.

Auf dem fruchtbaren Boden des *Golden Dawn* erwuchsen noch andere Tarotblätter, so das gleichfalls recht bekannte Crowley-Deck. A. Crowley war zunächst der Star, dann aber der große Abtrünnige des *Golden Dawn*. →O.T.O. Das von ihm herausgegebene und von Lady Frieda Harris ästhetisch sehr reizvoll gestaltete Deck ist aufgrund seiner abstrakten Bildkompositionen und der sehr persönlichen und schwer nachvollziehbaren Konzepte Crowleys schwierig zu handhaben.

Die Tarotkarten sind weiten Kreisen nur in Zusammenhang mit Wahrsagerei und Kartomantie bekannt. Die Verwendung von Tarotkarten in der Kunst des Kartenlesens hat in der Tat Tradition. Alliette, Zeitgenosse von Court de Gébelin und bekannt unter dem Pseudonym Etteila, vertrat von Beginn an die divinatorische Richtung und verfaßte ein Handbuch, in dem er niederlegte, wie mit Hilfe der großen Arkana „die Geheimnisse des Lebens zu enthüllen und Orakel zu erteilen" seien. Obwohl der Gebrauch des Tarot für die Kartomantie von allen bedeutenden Okkultisten abgelehnt wurde – sie wollten „das Buch Thoth" als spirituelle Disziplin aufgefaßt sehen –, veröffentlichten doch einige von ihnen unter Pseudonym Schriften zum divinatorischen Gebrauch.

Die besondere Qualität der Tarotkarten liegt nun nicht darin, daß sie zur Zukunftsdeutung benutzt wurden und werden, sondern darin, daß diese Bildmotive archetypischen Ursprungs sind, wie C. G. Jung erkannte. Aus dieser Quelle beziehen sie ihre Kraft und Faszination sowie ihre universelle Gültigkeit. Die Trümpfe zeigen, zumindest in ihrer ursprünglichen Form im *Tarot de Marseille*, die typischen Erfahrungen, die gemäß den Erkenntnissen der analytischen Psychologie die Wegmarken des Individuationsprozesses darstellen. Kraft ihrer Symbolik eröffnen die Tarotbilder einen Zugang zum Unbewußten und bilden „eine Brücke zur angestammten Weisheit unseres Selbst" (Nichols).

Die französischen Okkultisten hatten das Tarot als Einweihungsweg begriffen, allerdings nicht mit dem Ziel der Individuation, sondern der Initiation in das geheime Wissen über die Gesetze des Universums. Eine Reihe zeitgenössischer Tarot-Experten hält an dieser Tradition fest: Der Tarot-Schüler soll sich durch Meditation und geistige Übungen mit dem Themenkreis der großen Arkana (Vater, Mutter, Liebe, Macht, Tod, Erfolg-Sieg-Ruhm, spirituelle Suche etc.) auseinandersetzen und so ein Stück Persönlichkeitsreifung vollziehen.

Während das Tarot seit dem 18. Jahrhundert zur Schicksalsdeutung und als esoterischer Einweihungsweg genutzt wurde, hat sich erst in den letzten 30 Jahren eine Form des Umgangs mit diesen Karten herausgebildet, die man am besten mit Tarot als Lebenshilfe umschreiben kann. Die Tarotkarten werden als Mittel zur Selbsterfahrung und Selbsterkenntnis eingesetzt und dienen als Orientierungs- und Entscheidungshilfe im Alltag. Das eigentliche Novum dabei ist, daß die Entscheidungshilfe Suchenden sich nicht mehr zur Wahrsagerin oder zum Tarotberater bemühen, sondern sich lieber zu Hause im stillen Kämmerlein die Karten selbst legen. Das Handwerkszeug dazu holen sie sich in den Seminaren und Workshops der Tarot-Experten sowie in der einschlägigen Literatur.

Der Anfänger, der auf die traditionellen Bedeutungen der Karten zurückgreift, die er in den zahllosen Einführungsbüchern und Interpretationshilfen findet, hat dann oft die Qual der Wahl. Er weiß nicht, ob eher dieser oder jener Aspekt der Karte auf ihn zutrifft. Fortgeschrittene pflegen häufig einen freieren oder intuitiven Umgang mit den Karten. Sie verfahren nach dem Grundsatz: „Jede beliebige Einzelheit kann die für den Augenblick entscheidende Bedeutung beinhalten“ (Fiebig 1987). Die Tarotkarte dient in jedem Fall als Projektionsfläche. Bei dem Dialog, der sich zwischen dem Fragenden und der Karte entspinnt, sollte nicht vergessen werden, daß es das eigene Unbewußte ist, das antwortet, und nicht etwa ein ominöser Tarotgeist, der quasi auf Knopfdruck zu orakeln beginnt. Die Auseinandersetzung mit verdrängten oder unbewußten Persönlichkeitsanteilen oder Kräften ist von größtem Nutzen. Die Tarotkarten ermöglichen oder erleichtern, ebenso wie Träume, den Kontakt mit diesen verborgenen Seiten.

Nur: Der „Königsweg zum Unbewußten“, ob er nun Traum- oder Tarotdeutung heißt, ist keine bequem befahrbare Autobahn, sondern ein schmaler und beschwerlicher Pfad voller Stolperfallen.

Literatur:

E. Graf, Mythos Tarot – Historische Fakten, Ahlerstedt 1989; S. Nichols, Die Psychologie des Tarot, Interlaken 1984; H.-D. Leuenberger, Schule des Tarot, Bd. 1: Das Rad des Lebens; Bd. 2: Der Baum des Lebens; Bd. 3: Das Spiel des Lebens; Freiburg 1987–93; E. Bürger und J. Fiebig, Tarot, Bonn 1984; J. Fiebig, Tarot, Bonn 1987; R. Pollack, Tarot, München 1985; H. Banzhaf, Das Tarot-Handbuch, München 1986. *I. Scherff*

Telekinese →Paraphysik, →Parapsychologie

Theosophie →Anthroposophie

Ufologie

Statt der Frage „Gibt es UFOs (unidentifizierte Flugobjekte) wirklich?“ ist zutreffender zu fragen: „Welche UFOs gibt es und für wen?“ Einige Zahlen: In den letzten neun Jahren gaben zwischen 20 und 40 % repräsentativ befragter Bundesbürger an, sie glaubten an UFOs, Außerirdische bzw. außerirdische Intelligenzen (→Para-

Gläubigkeit). Bei genauerer Betrachtung ist zwischen UFO-Gläubigen und UFO-Berichtern zu unterscheiden, da die berichteten Erscheinungen selbst nicht physisch nachweisbar sind. Aufgrund voneinander unabhängiger Untersuchungen in Deutschland und den USA, wo seit den 50er Jahren UFO-Clubs bestehen, kann – vorerst nicht repräsentativ – festgestellt werden: UFO-Gläubige sind tendenziell ältere, weniger gebildete, alleinstehende Menschen, überwiegend Frauen, mit unterdurchschnittlich schlechter Gesundheit. Es handelt sich dabei um religiös suchende oder sich als religiös gläubig bezeichnende Nicht-Kirchenmitglieder. Auffällig war in den USA wie in Europa die Angabe paranormaler Erfahrungen der Befragten vor ihren UFO-Erlebnissen: Hellsehen, Telepathie, Präkognition, Wahrträume u. a. (→Parapsychologie).

R. Henkes deutsche Untersuchung ergab weiter: „Wer fest an UFOs glaubt, sieht auch häufig welche!“ Älteren Jahrgängen anzugehören und außersinnliche Wahrnehmungen anzugeben, verbindet übrigens UFO-Gläubige mit UFO-Berichtern, wie eine nicht-repräsentative österreichisch-englische Befragung ergab. Aufschlußreich war dabei das Ergebnis des tiefenspychologischen Rorschach-Tests: Mitteleuropäische wie britische Berichterstatter wiesen wesentlich weniger entwickelte Objektbeziehungen auf als durchschnittliche Versuchspersonen. Das heißt, UFO-Berichter heben sich von anderen Menschen durch ein entwicklungspsychologisch früheres Stadium ihrer Phantasie ab. Damit ist weder ein pathologischer Befund noch überhaupt eine Wertung verbunden. Die deutsche Untersuchung fand übrigens heraus, daß UFO-Berichterstatter tendenziell eher jünger, mitteilungsbedürftiger und stärker in sozialen Netzen Gleichaltriger und Gleichgesinnter eingebunden sind.

Aufgrund der Tatsache, daß die meisten Bürger industrialisierter Gesellschaften weder erfahrene Himmelsbeobachter noch auch nur in der Lage sind, die wichtigsten Lichterscheinungen (Planeten/Sterne, Meteoriten) zu identifizieren, ist zu erwarten, daß für den Durchschnittsberichter ein Gutteil leuchtender Himmelserscheinungen UFOs sein werden („Begegnungen erster Art“). Für professionelle Beobachter, etwa Astronomen oder Piloten, ist folglich die Zahl der von ihnen unidentifizierten Objekte minimal. Die deutsche UFO-kritische Organisation CENAP nennt als Ursache identifizierter UFO-Meldungen: 1. Modell-Heißluftballons 30 %, Planeten/Sterne 21 %, Meteoriten 10 %, Wetterballons 8 %, Flugzeuge, Schwindel/Jux 6 %, Spielzeugballons 4 %, Scheinwerfer/Lasershows 3 %. Der Rest verteilt sich auf Sonne, Mond, Wiedereintritt von Raketen, Lichtreflexe usw. Da für Experten bei genauen Angaben der Sichter grundsätzlich mindestens eine rationale Erklärung möglich ist, sind fast 100 % der UFOs in Wirklichkeit IFOs (identifizierte Flugobjekte), und der UFO-Anteil liegt im einstelligen Prozent-Bereich. Umfragen bei Astronomen und Pilotenorganisationen ergeben zwei bis drei Promille echter unidentifizierter Meldungen dieser Experten. Diese wenigen „echten" UFOs bleiben als Stachel des Unerklärlichen, als nicht „Wegzuerklärendes" bestehen. Zusammengefaßt: 57 % Objekte aus Menschenhand (darunter Ballons 42 %), 34 % Naturphänomene (darunter Planeten 54 %, Meteoriten 31 %) sowie Subjektives, als Schwindel bzw. psychologisch zu Erklärendes 9 %: eine glänzende Aufklärungsquote, die jeder klassischen Schulwissenschaft Ehre machen würde.

Eine objektive Sicherung physischer Spuren von UFO-Landungen („Begegnungen der zweiten Art") stößt auf drei spezielle Probleme. Einmal sind in der 50jährigen Geschichte zeitgenössischer UFO-Berichte überraschend wenig physische Spuren gesichert worden. Sie sind zweitens, selbst bei Objektivierungsbemühungen exakter Wissenschaftler, bei naturwissenschaftlich-technisch gebildeten Kritikern ausnahmslos umstritten, was ihre Echtheit angeht. Denn stets muß eine Erklärung ausgeschlossen werden, die andere Ursachen als UFOs oder UBOs (unidentifizierte Berichtsobjekte) zuläßt.

Ähnlich wie in der →Parapsychologie werden ursprüngliche „Paradefälle" nachträglich als Irrtum, Betrug u. ä., jedenfalls als einer anderen naturalistischen Erklärung zugänglich entlarvt. Es findet also eine „rückwirkende Erosion" scheinbar oder anscheinend belegkräftiger Beweise statt.

Eine dritte Schwierigkeit entsteht daraus, daß optische oder akustische Dokumentationen (Foto/Film, Recorder) manipuliert sein können; sie sind daher nicht beweiskräftig, sondern nach Expertenbeurteilung nur mehr oder minder wahrscheinlich ungefälscht. Seit Jahrzehnten haben nordamerikanische UFO-Kritiker Prämien von mehr als einer Million Dollar auf die Beibringung von Gegenständen oder Materialien ausgesetzt, die sich als unumstößlich außerirdischer Herkunft erweisen: Schon die kleinste Folie oder sonstige materielle Spur würde genügen.

Die Forschungsergebnisse verweisen darauf, daß die Lösung des UFO-Problems wahrscheinlich nicht in der physikalisch-chemischen, sondern mittels der „psychosozialen Hypothese“ gefunden werden muß. Para- und Tiefenpsychologie haben aus der Entdekkung der „Okkultpersönlichkeit“ fruchtbare Einsichten gewonnen, und nach der wissenschaftstheoretischen Regel der sparsamsten Erklärung ist anzunehmen, daß das UFO-Rätsel seine Auflösung am ehesten durch die Einsicht in die UFO-Berichter-Persönlichkeit finden dürfte. Da eine objektive Existenz von Beobachtungsinhalten nicht nachweisbar ist, wäre strenggenommen von (Un-)Identifizierten Berichtsobjekten (UBOs, IBOs) zu sprechen. Konkret gesagt geht es um die Bewertung der Zeugenaussage, den exemplarischen Gegenstand forensischer Psychologie. Bei Berichten von Nahbeobachtung und persönlichen Kontakten mit UFO-Insassen („Begegnungen der dritten Art“) wurde lange Zeit die tiefenpsychologische Befragung der Berichtenden unter Hypnose für beweiskräftig gehalten. Daß Aussagen in veränderten Bewußtseinzuständen (Hypnose, Traum, Drogeneinfluß) nicht objektiv beweiskräftig, sondern nur subjektiv charakteristisch sind, ist inzwischen aus der Psychologie (therapeutisches Verfahren des Katathymen Bilderlebens) wohlbekannt: Ängste, Wünsche, Träume, Phantasien sind von der Erinnerung tatsächlicher Erlebnisse nicht zu trennen. Damit entfällt aber der Löwenanteil archivierter Berichte über UFO-Insassen.

Unter diesen Umständen sind Maximalerklärungen, UFOs kämen aus dem Weltraum, aus der Zukunft oder parallelen Welten, als der Science-fiction entlehnte Motive verständlich. Auch Hilfsannahmen wie unbekannte Strahlungen oder Stoffe als UFO-Grundlage dürften unschwer als pseudophysikalische Science-fiction zu betrachten sein.

Hingegen dürfte die Erforschung der Berichterpersönlichkeit, die Psychologie der UFO-Zeugenaussage, die tiefenpsychologische Erfassung streßbedingten persönlichen Erlebens und Erleidens der mehrversprechende, „minimalistische“ Erklärungsweg sein, sieht man von der Möglichkeit pathologischer Prozesse und Strukturen bis hin zu Massen-Halluzinationen einmal ab.

Weitere Erklärungschancen liefern Religionswissenschaft, Mythologieforschung und Volkskunde. Warum werden bis ins 19. Jahrhundert überall in Europa Begegnungen mit Elfen, Kobolden, Gnomen geschildert, warum ist der Glaube an Feen, böse

Geister, gute und böse Hexen zu früheren Zeiten ebenso selbstverständlich wie Besuche von Fremden aus anderen Welten? Und warum treten im 20. Jahrhundert „Dinge, die am Himmel gesehen werden" (so der Untertitel von C. G. Jungs berühmtem Buch: *Ein moderner Mythos,* 1958) anstelle früherer überirdischer Gestalten? H. Biedermann leitet Ufonen und Astronautengötter von Astralgeistern antiker und mittelalterlicher Magie ab. Der Astronom und Psychologe A. Keul spricht von „partizipativer Folklore" und erklärt die Struktur unseres „imaginären Universums" so: „Durch UFO-Spiele und -Filme, Fantasy-Wesen ... und entsprechende Werbeinhalte erfährt der ... Heranwachsende eine Konditionierung auf Symbole, die in veränderten Bewußtseinszuständen ... kreativ abgewandelt und auf die persönliche Lebensgeschichte bezogen – aus dem Unbewußten auftauchen können und eventuell dem Mythos vom Außerirdischen durch ‚echte Beobachtungen' neue Nahrung geben. Bestehende gesellschaftliche Defizite – körperfeindliche, gefühlsarme Erziehung, Säkularisation, Sinnmangel – erhalten die Chance, auf phantastische Weise symbolisch ins Bewußtsein zu treten." Unsere Archetypen sind eben keine Geister mehr, sondern Personen und Bestandteile der „space opera". Anders formuliert: Nach Hexen oder Frau Holle sind Ufonauten, graue oder grüne Männlein archetypische Verkörperungen in technosozial gewandelter Gestalt.

Oberflächliche UFO-Wegerklärungen – etwa: Raumschiffe, Hysterie, Krisenerscheinung, gefälschte Fotos, militärische Geheimnisse – greifen viel zu kurz. Es ist davon auszugehen, daß militärische Einrichtungen weltweit UFO-Berichte besonders aufmerksam geprüft haben – unabdingbar fürs Überleben im „Kalten Krieg". Wenn militärisch ausgewertete UFO-Berichte gesperrt blieben, dann nicht, weil Außerirdische gelandet waren oder beweiskräftiges Material vorlag, sondern deswegen, weil Militärs behauptete UFO-Eigenschaften mit fortgeschrittenster eigener Technik verglichen, deren Merkmale natürlich unter Verschluß bleiben mußten.

Ein unvoreingenommener Beobachter der UFO-Szene dürfte ein Kontinuum sehen, das von UFO-Clubs und weltanschaulich betonten UFO-Begegnungs-Organisationen bis zu (un-)organisierten Kritikern reicht. Er dürfte dann zu folgender Meinung gelangen: Tendenziell neigen Mitglieder internationaler Ufologie-Organisationen eher dazu, UFOs für physische Erscheinungen, also für objektiv gegeben zu halten. Hingegen werden UFO-Kritiker und skeptische Untersuchergruppen UFOs eher als psychosoziale Wirklichkeit ansehen, sie also subjektiv zu erklären suchen. Leider gibt es weltweit keine systematisierte, methodische UFO-Forschung, insbesondere keine interdisziplinär arbeitenden Hochschulinstitute.

Während in den letzten Jahren Berichte über UFO-Fern- und Nahbeobachtungen stark nachgelassen haben, nehmen Aussagen von „Kontaktlern", besonders von „Begegnungen der vierten Art", also Entführungen, beinahe stürmisch zu. 1957 ging eine Meldung um die Welt, derzufolge ein junger brasilianischer Farmer von einer extraterrestrischen Schönheit im UFO vergewaltigt worden war. Seither liegen Hunderte derartiger Berichte vor, die insbesondere durch das Fernsehen Millionen Menschen bekannt wurden, dadurch freilich auch neue Erlebnisberichte induzierten.

Werden idealtypisch wesentliche Bestandteile solcher wiederkehrenden Reportagen mosaikartig zusammengesetzt, so ergibt sich folgendes Bild: Bereits vor ihrer Inkarnation begleiten „Führungsoffiziere" (der klassische Spiritismus seit dem 19. Jh. spricht von „Leitgeistern") manche Menschenseelen, die sie immer wieder heimsuchen werden. Das beginnt in Gestalt der entwicklungspsychologisch bekannten Dunkelangst *(pavor nocturnus)*: Extraterrestrier erscheinen urplötzlich in geschlossenen (Kinder-)Zimmern, sprechen und manipulieren dort in kontrollierender, ja diagnostizierender Absicht. Auch Erwachsene werden in zeitlichen Abständen von 1,20 m großen Außerirdischen besucht und in UFOs entführt. Es werden ihnen Proben von Körpergewebe und -Flüssigkeiten entnommen, teilweise schmerzvoll Kontrollimplantate in Gehirn oder Auge eingesetzt. Der heimgesuchte Erdenbürger ist bewegungs- und wehrlos, verdrängt oder vergißt die Besucher aufgrund deren hypnotischer Blockade. Die Implantate waren bisher diagnostisch nie nachweisbar; ein amerikanischer Arzt hat auf einen solchen Nachweis eine hohe Prämie ausgesetzt.

Als Belege werden blaue Flecken, nächtliche Blutungen und Narben vorgewiesen; betrugen letztere vor wenigen Jahren noch wenige Quadratmillimeter, so sind es seitdem fünfmarkstückgroße Wunden oder Narben in unterschiedlichen Körpergegenden. Ist die Feststellung medizinischer Fachzeitschriften ein merkwürdiger Zufall, daß in den letzten Jahren immer mehr Frauen vaginale Verletzungen aufweisen, die von der beharrlichen Suche nach dem fabelhaften G-Punkt herrühren? Ist es auch Zufall, daß Berichte über körperliche Eingriffe durch Ufonauten seit Beginn der minimalinvasiven Chirurgie auffällig zugenommen haben? Ist es nicht merkwürdig, daß Beschreibungen der Entführung durch Außerirdische sich immer stärker technischer Standards bedienen, wie sie aus der Fernsehserie „Raumschiff Enterprise" bekannt sind – daß nämlich Menschen aus ihren Schlafzimmern ins UFO „gebeamt" werden? Woran erinnern UFO-Stigmata den Theologen, den Psychologen?

Ebenso auffällig ist die Tatsache, daß sich in den USA die Vorstellungen über Extraterrestrier inzwischen zu „kleinen grauen Männchen" vereinheitlicht haben, die mandeläugig in Kutten mit Kapuzen gekleidet und niemals einzeln auftauchen, während in Deutschland noch ganz unterschiedliche Formen und Gestalten der ungebetenen Besucher registriert werden. Wodurch ist wohl die nordamerikanische Standardisierung zustande gekommen? Selbst UFO-gläubige Autoren verweisen auf die auffällige Übereinstimmung solcher Berichte mit Sagen- und Märchengestalten der europäischen Vergangenheit, wobei sogar festgestellt wird, daß die Erzählungen heute noch teilweise aus den gleichen abgelegenen europäischen Gebieten kommen, wo auch die Sagenwelt am längsten lebendig war. Daß „Kontaktler" oder „Entführte" überwiegend in kleinen Orten leben und auffällig oft Frauen oder Kinder sind, läßt den Sozialwissenschaftler aufhorchen. Kritische Hintergrundrecherchen bei Persönlichkeiten, die durch TV-Sendungen über „Begegnungen der 3. und 4. Art" bekannt wurden, haben in der Regel eine signifikant problematische Lebensgeschichte zutage gefördert: Psychisch traumatisierte Erfahrungen wie schwere Geburten, Scheidungen, Todesfälle im engsten Umfeld, schwere Krankheit, Operationen usw.

Ein aufsehenerregender, jüngster Bestandteil derartiger Berichte ist das Syndrom des *missing embryo*: Es werden Schwangerschaften behauptet, die durch Embryonenraub Extraterrestrischer beendet wurden und die – soweit zuvor zuverlässig diagnostiziert – somatisch schwer erklärlich sind. Während Mediziner von Scheinschwangerschaft sprechen, haben Psychologen bzw. Psychotherapeuten bei kritischen Nachuntersuchungen teilweise starke Schuldgefühle der Mütter aufgrund verdrängter früherer Kinderwünsche, Abtreibungen usw. diagnostiziert. UFO-Gläubige wie Skeptiker kommen nicht umhin, an Gnome, Trolle, Wichtel, Zwerge historischer Folklore zu erinnern, und was Vergewaltigungen angeht, fällt es schwer, sich der Vergegenwärtigung der *incubi* und *succubi* mittelalterlicher Dämonologien zu entziehen. Treten Berichte über Teufelserscheinungen und Querverweise UFO-Gläubiger auf kürzliche Marienerscheinungen in Medjugorje hinzu, dann dürfte die Hypothese kaum mehr von der Hand zu weisen sein, daß UFO-Berichte Zeugnisse der Entstehung einer neuen Religion des 20. Jahrhunderts sind. Der maximalistischen „Mimikry-Hypothese" (J. Fiebag) muß der kritische Sozialwissenschaftler allerdings die minimalistische „Problem-Maskierungshypothese" entgegensetzen: Daß nicht etwa die Außerirdischen sich und ihre Interventionen mimikryhaft in menschlicher Folklore verbergen, sondern daß vielmehr Kontakt- und Entführungsberichter körperliche und tiefenpsychische eigene Probleme in Ufonauten-Folklore maskieren. Jüngst wird die Hypothese diskutiert, Außerirdische seien „Deckerinnerungen" für häusliche sexuelle Gewalt gegen Frauen und Kinder. Keuls Frage „Beobachtung oder psychosomatische Symptome?" scheint unscharf zu werden, denn die Berichterstatter erweisen sich emotional hochgradig engagiert und bestehen ebenso energisch auf der Wirklichkeit ihrer Erfahrungen wie andere religiös Gläubige auch.

Es handelt sich also um „Bruchstücke einer großen Konfession", um Erlebnisse sinnsuchender Menschen, die massenmedial weltweit verbreitet werden. Offensichtlich hat sich, ebenso wie zuvor eine „okkulte Sozialwelt" (Bruckner), inzwischen eine UFO-Sozialwelt gebildet, die sich neuerdings auch in Deutschland in Form von „Entführten-Clubs" zu organisieren beginnt. Nach kritischen Schätzungen betrifft das „Abductee-Syndrom" mittlerweile 2% der US-amerikanischen Bevölkerung (J. Fiebag: 20%), und es ist bekanntlich weder wissenschaftlich noch juristisch möglich, unechte von echter Religiosität zu trennen.

Ob die frühere Überzeugung vieler UFO-Gläubiger, die Ufonauten wollten die Erde aus Atom- oder ökologischen Gefahren retten, ob der heutige Glaube, Extraterrestrier hätten den Auftrag, unsere „Seelen zu recyceln", weniger religiös ist als der Glaube der Weltreligionen an die Unsterblichkeit der Seele – wer wollte sich anmaßen, das zu entscheiden? Die von Millionen Bürgern modernisierter Gesellschaften geglaubte Wirklichkeit ist vermutlich nicht weniger wirklich und wirksam als diejenige der früheren Hochreligionen.

Literatur:
J. Clark, The UFO Encyclopedia, Detroit 1990–1992, 2 Bde.; J. Fiebag, Kontakt, München 1994; R. Henke, Deutschlands ‚UFO' Nr. 1 besteht fast nur aus heißer Luft, in: Skeptiker 1/1992, S. 4–8; J. A. Hynek, UFO-Report, München 1978; A. Keul, Science-fiction, Psychologie und Religion, in: Communicatio Socialis 18/1985, S. 33–46; U. Magin, Von UFOs entführt, München 1991; P. A. Sturrock, Report on a Survey of the Membership of the American Astronomical Society Concerning the UFO-Problem, in: J. of Scientific Exploration, 1994, Vol. 8/1–3. – Wichtige kritische Zeitschriften: CENAP-Report, Mannheim; Journal für UFO-Forschung, Lüdenscheid. *G. Eberlein*

Weissagungen → Prophetie

Wünschelrutengehen → Radiästhesie

Wunder

Die Definition von Wunder zeigt meist die Erklärung von Wunder, die der Definierende zustimmend oder ablehnend zugrunde legt. So gibt es theistische Wunderdefinitionen, die Wunder auf ein direktes oder indirektes Wirken eines Gottes beziehen, unabhängig davon, ob der Definierende die Existenz oder ein Wunderwirken dieses Gottes für möglich hält oder nicht. Daneben gibt es nichttheistische Wunderdefinitionen, die Wunder als „naturgesetzlichen" Ausdruck außergewöhnlicher, erworbener oder angeborener Fähigkeiten ansehen.

Falls für das Naturwirken eine durchgehende naturgesetzliche Kausalität angenommen und ein Eingreifen übermenschlicher Mächte in die Natur nicht als völlig „normal" angesehen wird, ist bei der theistischen Gruppe von Definitionen wichtig, das Verhältnis des wunderbaren Wirkens Gottes zur Natur zu verstehen: Ist ein Wunder eine Verletzung der Naturgesetze, oder ist es außerhalb der Naturgesetze, durch Naturgesetze grundsätzlich nicht erklärbar? Ist ein Wunder nur außergewöhnlich, aber durch Naturgesetze grundsätzlich erklärbar, auch wenn die zugrundeliegenden Naturgesetze noch nicht bekannt sind?

D. Hume versteht Wunder als Verletzung von Naturgesetzen: Wunder ist „eine Überschreitung eines Naturgesetzes durch einen besonderen Willensakt der Gottheit, oder durch Vermittlung eines unsichtbaren Faktors". J. Köstlin, ein gläubiger Protestant, definiert Wunder als zumindest außerhalb der Naturgesetze stehend: Wunder „sind solche in der äußeren Natur und Geschichte eingetretenen Tatsachen, für welche ihre wirkende Ursache nicht in den Kräften dieser irdischen Natur oder des natürlichen Menschengeistes, sondern nur in einer unmittelbar eingreifenden, höheren, göttlichen Kraft gesucht werden kann" (1886). Ähnlich die katholischen Theologen K. Rahner und H. Vorgrimmler: „Wunder heißt ein im Gesichtskreis unserer menschlichen Erfahrung antreffbares Ereignis, das wesenhaft nicht aus den (grundsätzlich einsichtigen) Eigengesetzlichkeiten dieses Erfahrungsraumes erklärt werden kann und deswegen den Menschen in jener Tiefe seines Daseins anruft, die seine gesamte überblickbare Erfahrungswelt ständig begleitet und zugleich übersteigt" (1961).

Ein theistisches Verständnis von Wunder als einem prinzipell naturgesetzlich erklärbaren Ereignis ist typisch für die rationalistische Theologie: „Alles das, was wir wunderbar und übernatürlich nennen, ist beziehungsweise zu verstehen, und zeigt nichts weiter an, als eine unleugbare Ausnahme von dem, was durch die natürlichen Ursachen möglich ist, soweit wir sie kennen und von ihrem Vermögen durch unsere Erfahrung belehrt sind. Der bescheidene Denker wird es in keinem Falle wagen, irgend eine Wirkung für so außerordentlich zu erklären, daß sich Gott zu ihrer Hervorbringung keiner Mittelursachen bedienen konnte, sondern selbst wirken mußte" (F. V. Reinhard, 1781).

Ein Wunderverständnis, nach dem Wunder natürlichen Gesetzmäßigkeiten entsprechen, ist z. B. im Buddhismus zu finden. Im Buddhismus sind Wunder außergewöhnliche, Staunen erregende Phänomene, die streng gesetzmäßig auftreten. So treten z. B. bei Empfängnis, Geburt, Erleuchtung oder Dahinscheiden jedes Buddha notwendigerweise bestimmte außergewöhnliche Ereignisse, etwa große Erdbeben, auf. Auch außergewöhnliche Fähigkeiten von Wunderpersonen, wie die Fähigkeit zu Bilokation, zum Wandeln auf Wasser u. ä., sind nach buddhistischer und hinduistischer Ansicht mit naturgesetzlicher Notwendigkeit durch die erfolgreiche Praxis entsprechender weltlicher Übungen bedingt (→Mystik, →Esoterik).

Die Ansichten über die Möglichkeit von Wundern reichen von der Verneinung der grundsätzlichen Möglichkeit von Wundern über grundsätzliche Skepsis bis zur Akzeptanz von Wunderberichten zumindest in bestimmten Kontexten und der Bereitschaft, eigene Erfahrungen als Wundererlebnisse zu interpretieren. Die grundsätzliche Möglichkeit von Wundern im theistischen Sinne kann auch mit theologischen Gründen geleugnet werden. So argumentiert J. Wegscheider (gest. 1849) gegen Wunder mit der Vollkommenheit Gottes: Läge in der Natur eine Wirkung vor, welche die Kräfte der Natur nicht hätten hervorbringen können, so litte die Natur an einer Unvollkommenheit, und es wäre auch im Schöpfer der Natur eine Unvollkommenheit anzunehmen. E. Drewermann argumentiert theologisch gegen Wunder: Ein Gott, der alles kann, aber nichts tut, ist nicht glaubwürdig angesichts von unendlich viel Leid auf Erden (1993). Den Standpunkt der Skepsis gegen Wunder jeglicher Art formuliert M. Gardner: „Absolut nichts bleibt der Kritik entzogen. Wer etwas behauptet, ist beweispflichtig. Und je stärker, ungewöhnlicher, abweichender eine Behauptung, desto strengere Anforderungen sind an ihre Begründung zu stellen" (1981).

Die Annahme der Möglichkeit von Wundern und die Akzeptanz von Wunderberichten zumindest im eigenen religiösen Kontext ist ein typisches Kennzeichen des Fundamentalismus in allen Religionen.

Gegenüber Berichten von Wundern ist es möglich, die dem Bericht zugrunde gelegte ursprüngliche Erfahrung zu leugnen, zu bezweifeln oder anzuerkennen. Eine Anerkenntnis der Erfahrung schließt nicht notwendigerweise auch die Übernahme der Interpretation als Wunder ein. Leugnet man die dem Wunderbericht zugrundegelegte ursprüngliche Erfahrung, so kann man dies, indem man bei Wundertätern und Wunderzeugen Betrug bzw. Selbsttäuschung annimmt. Der klassische Vertreter der Betrugs- und Selbsttäuschungstheorie ist D. Hume: „Kein Zeugnis reicht aus, ein Wunder festzustellen, es müßte dann das Zeugnis von solcher Art sein, daß seine Falschheit sonderbarer wäre, als die Tatsache, die es festzustellen trachtet." Es „findet sich in der ganzen Geschichte nicht ein Wunder, das durch eine genügende Anzahl von Personen bezeugt wäre, deren gesunder Verstand, Erziehung und Bildung so außer Frage stehen, daß jede Verblendung bei ihnen sicherlich ausgeschlossen ist; deren unzweifelhafte Redlichkeit sie jedem Verdacht, andere betrügen zu wollen, entrückt; deren Glaubwürdigkeit und Ansehen so hoch ist in den Augen der Welt, daß sie viel zu verlieren hätten, wenn sie bei einer Unwahrheit ertappt würden; und deren Zeugnis außerdem Tatsachen betrifft, die sich so öffentlich und an einem so weltberühmten Orte abgespielt haben, daß jene Entdeckung unvermeidlich gewesen wäre. All diese Umstände wären aber erforderlich, um mit voller Sicherheit menschlichem Zeugnis zu vertrauen." Es steht im Einklang mit regelmäßiger Erfahrung und Beobachtung, wenn die bekannten und natürlichen Prinzipien, Leichtgläubigkeit und Verblendung, als Grund für Wunderberichte angegeben werden.

An der Seite der Betrugs- und Selbsttäuschungstheorien stehen Mißverständnis- bzw. Anpassungstheorien. Diese Theorien versuchen Wunderberichte umzuinterpretieren. So, wenn Wunderberichte nur als zeitbedingte Auffassungs- und Darstellungsformen verstanden werden: Die Werkzeuge der Vorsehung hätten ihre Taten gar nicht als Wunder beabsichtigt und angesehen, die Berichterstatter hätten sie aber unter dem Einfluß ihrer Zeit in dieser wunderhaften Form aufgefaßt und berichtet. Auch die allegorischen, mythischen und legendenhaften Deutungen von Wunderberichten gehören in diese Kategorie. Nach allegorischen und mythischen Deutungen sind Wunderberichte ein Ausdrucksmittel für religiöse Ideen und Wahrheiten. So ist nach D. F. Strauß ein religiöser Mythus eine geschichtsartige Einkleidung religiöser Ideen, gebildet in der absichtslos dichtenden Sage und konsolidiert an einer historischen Persönlichkeit (1835). Den gläubigen Zeitgenossen bestimmter religiöser Persönlichkeiten war eine rein historische Darstellung unmöglich. Ihre Erinnerung schuf die Berichte unter dem Eindruck der Idee, welche jene Persönlichkeit in der Menschheit zum Leben gerufen hatte. Nach E. Drewermann sind die Wunderberichte der Evangelien im wesentlichen Bilder, die symbolisch zeigen sollen, welche Kraft Jesus gehabt hat, Menschen zu sich selbst zu führen (1993).

Wird die in Wunderberichten behauptete ursprüngliche Erfahrung anerkannt, so können die als objektiv behaupteten Fakten anerkannt oder als objektive Fakten geleugnet oder bezweifelt werden. Im letzten Falle werden die Wunderberichte als Fehlwahrnehmungen, Fehlinterpretationen oder Überzeugungen der Zeugen gedeutet, über deren Richtigkeit nichts ausgesagt werden kann.

Wie J. Randi 1982 nachgewiesen hat, sind gerade Naturwissenschaftler oft schlechte Zeugen für Wunder, da sie wenig geeignet sind, Betrug durch sogenannte Wundertäter zu durchschauen; sie sind nicht darauf vorbereitet, von ihrem Forschungsobjekt bewußt betrogen zu werden. Erscheinen die berichteten Fakten als objektiv gegeben, so können sie als Wunder im engeren Sinne je nach dem eigenen Wunderverständnis betrachtet, oder aber die Fakten können anders interpretiert werden.

Zur zweiten Kategorie gehören rationalistische, magische u.a. Erklärungen. So sind nach Pomponazio (gest. 1526) Wunder durch eine in den Religionsstiftern stattfindende Steigerung und Konzentrierung der bloßen Naturkräfte erzeugt worden. Ch. Weiße führt Wunder auf außerordentliche, mit dem tierischen Magnetismus zusammenhängende Kräfte zurück (1838). Hierher gehören auch die psychosomatischen Erklärungen für Heilungswunder als prinzipiell nicht aus der Naturgesetzlichkeit fallende Glaubensheilungen. Wenn Wundertaten statt dem im Wunderbericht behaupteten Wirken Gottes oder des Wundertäters dem Wirken des Teufels oder dem von Dämonen zugeschrieben wird, handelt es sich um eine theologische Abart dieser Kategorie von Wundertheorien.

Wunder werden oft als Zeichen für die religiöse Autorität oder Heiligkeit des Wundertäters betrachtet. Nach dem Ersten Vatikanischen Konzil (1870) beweisen Wunder Gottes Allmacht und sind deswegen „ganz sichere und der Fassungskraft aller angemessene Zeichen der göttlichen Offenbarung“. In katholischen Heiligsprechungsprozessen wird der Nachweis von Wundern durch die Heiligsprechungskandidaten als Zeichen göttlicher Bestätigung verlangt. Demgegenüber hängt für den Rationalismus die Berechtigung und Richtigkeit von Religion einzig von ihrer Vernünftigkeit, nicht von äußerer Beglaubigung ab. Unerklärliche Änderungen im Naturverlauf können eine geistige Wahrheit weder umstoßen noch beweisen (H. Paulus, 1828).

Für die Entmythologisierer gilt die Aussage von R. Bultmann: „Wären alle Wunder historisch gesichert ..., so gilt doch, daß sie als Werke eines Menschen der Vergangenheit uns unmittelbar nichts angehen“ (1964).

Literatur:

D. Hume, Eine Untersuchung über den menschlichen Verstand, Hamburg 1777; G. v. Randow (Hrsg.), Mein paranormales Fahrrad, Reinbek 1993; A. Schweitzer, Geschichte der Leben-Jesu-Forschung, Gütersloh 1913; K. L. Woodward, Die Helfer Gottes, München 1991.

A. Payer

Zukunftsschau →Prophetie

Die Autorinnen und Autoren

Eberhard Bauer, geb. 1944, Dipl.-Psych., wiss. Mitarbeiter am „Institut für Grenzgebiete der Psychologie und Psychohygiene“ Freiburg/Br., Red. der *Zeitschrift für Parapsychologie und Grenzgebiete der Psychologie.* Arbeitsschwerpunkte: Parapsychologie und Grenzgebiete der Psychologie, insbesondere Wissenschafts- und Rezeptionsgeschichte „okkulter“ und „anomaler“ Phänomene. Zahlreiche Veröffentlichungen. (Parapsychologie; Prophetie)

Hans-Dieter Betz, geb. 1940, Prof. Dr. rer. nat., 1967–1972 Professor am Massachusetts Institute of Technology in Cambridge, USA. Seit 1972 an der Sektion Physik der Ludwig-Maximilians-Universität München, 1975 Habilitation und Universitätsdozent, seit 1980 Professor. Zahlreiche Publikationen auf dem Gebiet der Atomphysik. (Biorhythmus; Radiästhesie)

Gerald L. Eberlein, geb. 1930, Dr. phil., Professor für Soziologie an der Technischen Universität München; spezielle Forschungsgebiete: Wissenschaftsforschung, Anomalistik, Kultursoziologie. Wichtige Bücher: *Maximierung der Erkenntnisse ohne sozialen Sinn? Für eine wertbewußte Wissenschaft*, Zürich 1987; *Schulwissenschaft, Parawissenschaft, Pseudowissenschaft*, Stuttgart 1991. (Anomalistik; Esoterik; Geheimwissenschaften; Parasoziologie; Ufologie)

Suitbert Ertel, geb. 1932, Dr. phil., Professor für Psychologie an der Georg-August-Universität Göttingen seit 1972. Forschungsschwerpunkte: Differentielle Psychologie, Psycholinguistik, Grenzgebiete der Psychologie; zahlreiche Veröffentlichungen zu diesen Fragestellungen. (Astrologie; Morphische Felder)

Helmut Gebelein, geb. 1940, Dr. rer. nat., Chemiker. Seit 1972 Professor für Didaktik der Chemie an der Justus-Liebig-Universität Gießen. Er hält u. a. in Kooperation mit dem Zentrum für Philosophie Vorlesungen über Alchemie und hermetische Philosophie. Wichtigste jüngste Veröffentlichung: *Alchemie*, München 1991. (Alchemie)

Erlendur Haraldsson, geb. 1931, Dr. phil., Professor für Psychologie an der Universität Island, Studium der Psychologie an den Universitäten Freiburg und München (Dipl.-Psych.). 1972 Promotion bei Prof. Hans Bender. Autor von vier Büchern, die in mehreren Sprachen erschienen sind.

Über 100 Veröffentlichungen in psychologischen und parapsychologischen Zeitschriften. (Reinkarnation)

Joachim Hornung, geb. 1935, Dr. rer. nat., Professor an der Abteilung für Naturheilkunde des Universitätsklinikums Benjamin Franklin in Berlin. Er beschäftigt sich mit den Methoden des Wirksamkeitsnachweises für unkonventionelle Therapieverfahren, insbesondere für Homöopathie, biologische Krebstherapie, Pflanzenheilkunde usw. Hierzu gehört die sorgfältige methodische Analyse bereits vorhandener Forschungsarbeiten ebenso wie die Entwicklung neuer methodischer Ansätze. (Homöopathie)

Ilas Körner-Wellershaus, geb. 1959, M. A., Dr. phil., Religionswissenschaftler und Verlagsredakteur in Stuttgart. Veröffentlichungen: *Religionsstatistik,* in: König/Waldenfels, *Lexikon der Religionen,* Freiburg/Br. 1987; *Anthroposophie als Esoterik,* Stuttgart 1992; *Wilhelm Reich – Ein Vater des New Age,* Alfter b. Bonn 1993; *Sozialer Heilsweg Anthroposophie,* Alfter b. Bonn 1994. (Anthroposophie)

Anton Krammer, geb. 1947, Dr. phil., Naturwissenschaften, Kybernetik, Psychologie; Entwicklungsingenieur, Lehrbeauftragter an der Universität Salzburg, Physikprofessor in Salzburg; Forschungsschwerpunkte: Elektromagnetismus und Gravitation. Zahlreiche naturwissenschaftliche, ethische und harmonikale Publikationen. (Harmonik)

Susanne Lanwerd, geb. 1956, Dr. phil., wiss. Mitarbeiterin am Religionswissenschaftlichen Institut der Freien Universität Berlin. Veröffentlichungen u. a.: *Mythos, Mutterrecht und Magie. Zur Geschichte religionswissenschaftlicher Begriffe,* Berlin 1993. Forschungsschwerpunkte: Transformationsprozesse von Religion und Kunst. (Magie)

Oskar Lockowandt, geb. 1935, Dr. phil., Professor für Psychologie an der Fakultät für Psychologie und Sportwissenschaft der Universität Bielefeld. Interessengebiete: Psychologische Diagnostik, Pädagogische Psychologie, Kinderpsychotherapie, Grenzgebiete der Psychologie. (Graphologie)

Walter von Lucadou, geb. 1945, Dipl. Phys., Dr. rer. nat., Dr. phil., war Assistent an der Abteilung für Psychologie und Grenzgebiete der Psychologie der Universität Freiburg, Gastdozent am Parapsychologischen Laboratorium der Universität Utrecht, leitet seit 1989 die „Parapsychologische Beratungsstelle" in Freiburg. Publikationen: *Experimentelle Untersuchungen zur Beeinflußbarkeit von stochastischen quantenphysikalischen Systemen durch den Beobachter,* Frankfurt 1986; *Wigner's Friend Revitalized?,* in: H. Atmanspacher, G. J. Dalenoort, *Inside versus Outside,* Berlin 1994. (Paraphysik)

Ulrich Magin, geb. 1962, Studium der angewandten Sprachwissenschaft, arbeitet als Journalist in Stuttgart. Buch- und Zeitschriftenveröffentlichungen zu den Themen Fortianismus, Ufologie, Kryptozoologie, Geomantie und alternative Geschichtsschreibung. Bücher: *Kontakte mit „Außerirdischen"*, 1991; *Von Ufos entführt*, 1991 (BsR 462); *Trolle, Yetis, Tatzelwürmer*, 1993 (BsR 1004). (Atlantologie; Geomantie; Kryptozoologie; Prä-Astronautik)

Alois Payer, geb. 1944, Lic. phil., M. A., Lehrbeauftragter für Indologie, Buddhismuskunde und Religionswissenschaft in Tübingen und Stuttgart. Veröffentlichungen: *Buddha* in: E. Brunner-Traut (Hrsg.), *Die Stifter der großen Religionen*, Freiburg/Br. 1994. (Wunder)

Ingrid Scherff, geb. 1938, Dr. phil., Studium der Literaturwissenschaft, Promotion 1968 in Romanistik; Studium der Psychologie, seit 1978 Tätigkeit an einer Erziehungsberatungsstelle. (Tarot)

Michael Schneider, geb. 1958, Dipl.-Psych., Dr. phil., Wirtschafts- und Organisationspsychologe, zunächst tätig in der kommerziellen Markt- und Sozialforschung, seit 1992 wiss. Assistent am Lehrstuhl für Soziologie der Technischen Universität München. Wichtigste Arbeitsgebiete: Neue soziale Bewegungen, Wertewandel und Hochschulsozialisation. Veröffentlichungen: *New Age. Glaubensspielräume*, München 1991; *Esoterik und New Age. Das Zeitalter des Wassermannes*, Augsburg 1995; *Fleiß ohne Preis? Zwei Berichte zur Lage an der Technischen Universität*, München/Wien 1994. (New Age)

Emi Speidel, geb. 1940, Dipl.-Psych., Psychotherapeutin BDP in eigener Praxis. Seit 25 Jahren Beschäftigung mit dem I Ging. Die Ergebnisse der Matriarchatsforschung von Marija Gimbutas, Heide Göttner Abendroth u. a. machten ihr deutlich, daß das I Ging matriarchalen Ursprungs sein muß. Die Bestätigung fand sie in verstreuten Ausführungen bei H. Wilhelm. In Prozessen der Selbstfindung ist für sie das Wiederentdecken matriarchaler Wurzeln von großer Bedeutung. (I Ging)

Josef Sudbrack, geb. 1925, Dr. theol., Bonn, Innsbruck, Visiting Professor der Harvard University, Cambridge, USA; Mitglied der Societas Jesu (SJ). Forschungsgebiet: Christliche Spiritualität; zahlreiche Veröffentlichungen zu dieser Thematik, insbesondere: *Mystik: Selbsterfahrung – kosmische Erfahrung – Gotteserfahrung*, Stuttgart 1988; *Mystik im Dialog*, Würzburg 1992; *Meditative Erfahrung – Quellgrund der Religionen?*, Mainz 1994; *Hildegard von Bingen: Schau der kosmischen Ganzheit*, Würzburg 1995; sowie zahlreiche populär-religiöse Bücher. (Mystik)

Michael Terwey, Dr. phil., Dokumentation und Distribution des ALLBUS im Zentralarchiv für Empirische Sozialforschung an der Universität zu Köln. Forschungsgebiete: Wertewandel und Politik, Wahlverhalten, Ausländerakzeptanz sowie Armut und soziale Not in Deutschland. Neuere Publikationen: *Stadt, „Socialismus“ und Entzauberung, Lebensauffassungen und Mythen in der pluralistischen Gesellschaft,* in: Jens S. Dangschat, Jörg Blasius (Hrsg.), *Lebensstile in den Städten,* Opladen 1994; (mit Steffen M. Kühnel) *Gestörtes Verhältnis? Die Einstellung der Deutschen zu Ausländern in der Bundesrepublik,* in: Michael Braun, Peter Ph. Mohler (Hrsg.), *Blickpunkt Gesellschaft 3. Einstellungen und Verhalten der Bundesbürger,* Opladen 1994. (Para-Gläubigkeit)

Hartmut Zinser, geb. 1944, Dr. phil., FU Berlin, University of Pennsylvania, USA. Professor für Religionswissenschaft an der FU Berlin. Veröffentlichungen u. a.: *Arbeit und Mythos,* 1977; *Der Mythos des Mutterrechts,* 1981; *Der Untergang von Religionen* (Hrsg.), 1986; *Religionswissenschaft* (Hrsg.), 1988; *Herausforderung Ethikunterricht* (Hrsg.), 1991; *Jugendokkultismus in Ost und West,* 1993. (Okkultismus)

Buchanzeigen

Lexika in der Beck'schen Reihe

Wolfgang U. Eckart/Christoph Gradmann
Ärztelexikon
Von der Antike bis zum 20. Jahrhundert
1995. 420 Seiten. Paperback
Beck'sche Reihe Band 1095

Rüdiger vom Bruch/Rainer A. Müller (Hrsg.)
Historikerlexikon
Von der Antike bis zum 20. Jahrhundert
1991. X, 379 Seiten mit 8 Abbildungen. Paperback
Beck'sche Reihe Band 405

Wilfried Härle/Harald Wagner (Hrsg.)
Theologenlexikon
Von den Kirchenvätern bis zur Gegenwart
2., neubearbeitete und erweiterte Auflage. 1994. 311 Seiten. Paperback
Beck'sche Reihe Band 321

Lexikon der Ethik
In Zusammenarbeit mit Maximilian Forschner, Alfred Schöpf und Wilhelm Vossenkuhl
4., neubearbeitete Auflage. 1992. 332 Seiten. Paperback
Beck'sche Reihe Band 152

Hartwig Walletschek/Jochen Graw (Hrsg.)
Öko-Lexikon
Stichworte und Zusammenhänge
Unveränderter Nachdruck der fünften, neubearbeiteten Auflage. 1995.
268 Seiten mit 10 Abbildungen und zahlreichen Tabellen. Paperback
Beck'sche Reihe Band 344

Peter Steinbach/Johannes Tuchel (Hrsg.)
Lexikon des Widerstandes 1933–1945
1994. 238 Seiten. Paperback
Beck'sche Reihe Band 1061

Verlag C. H. Beck München

Auf den Spuren des Unerklärlichen

Ulrich Magin
Trolle, Yetis, Tatzelwürmer
Rätselhafte Erscheinungen in Mitteleuropa
1993. 184 Seiten mit 18 Abbildungen. Paperback
Beck'sche Reihe Band 1004

Ulrich Magin
Von Ufos entführt
Unheimliche Begegnungen der vierten Art
33. Tausend. 1991. 159 Seiten mit 20 Abbildungen. Paperback
Beck'sche Reihe Band 462

Rima Handley
Eine homöopathische Liebesgeschichte
Samuel und Mélanie Hahnemann
2. Auflage. 1995. 272 Seiten. Paperback
Beck'sche Reihe Band 1131

Roland Edighoffer
Die Rosenkreuzer
1995. 144 Seiten. Paperback
Beck'sche Reihe Band 2023
C. H. Beck Wissen

Alain Demurger
Die Templer
Aufstieg und Untergang 1120–1314
Aus dem Französischen von Wolfgang Kaiser
23. Tausend. 1995. 345 Seiten mit 9 Abbildungen und 5 Karten. Leinen
Beck's Historische Bibliothek

Heinrich Schipperges
Hildegard von Bingen
1995. 123 Seiten mit 4 Abbildungen. Paperback
Beck'sche Reihe Band 2008
C. H. Beck Wissen

Verlag C. H. Beck München